U0771936

XINGFA SHIHOU ZIDONG HUIFU
ZHIDU GOUJIAN YANJIU

刑法事后自动恢复
制度构建研究

闫　雨／著

中国检察出版社

图书在版编目（CIP）数据

刑法事后自动恢复制度构建研究 / 闫雨著 . —北京：
中国检察出版社，2021.8
　　ISBN 978-7-5102-2613-7

　　Ⅰ . ①刑… 　Ⅱ . ①闫… 　Ⅲ . ①刑法－司法制度－研究
－中国 　Ⅳ . ① D924.04

中国版本图书馆 CIP 数据核字（2021）第 137316 号

刑法事后自动恢复制度构建研究

闫　雨　著

责任编辑：王　欢
技术编辑：王英英
美术编辑：曹　晓

出版发行：中国检察出版社
社　　址：北京市石景山区香山南路 109 号（100144）
网　　址：中国检察出版社（www.zgjccbs.com）
编辑电话：（010）86423703
发行电话：（010）86423726　86423727　86423728
　　　　　（010）86423730　86423732
经　　销：新华书店
印　　刷：保定市中画美凯印刷有限公司
开　　本：880mm×1230mm　32 开
印　　张：9.25
字　　数：218 千字
版　　次：2021 年 8 月第一版　　2021 年 8 月第一次印刷
书　　号：ISBN 978-7-5102-2613-7
定　　价：40.00 元

检察版图书，版权所有，侵权必究
如遇图书印装质量问题本社负责调换

见微知著的学术探索

闫雨于 2011 年考入北京师范大学刑事法律科学研究院，在我的指导下攻读刑法学博士学位。在我指导的众多博士生中，她应该是比较勤奋努力的一位。在攻读博士学位期间，就在《中国法学》等杂志发表论文十余篇，所研究的内容大多围绕中国刑法中重大理论和实践问题，有一定的学术价值。2014 年顺利通过博士论文答辩，获得法学博士学位，论文获评北京师范大学优秀博士学位论文，为她的博士学习生涯画上了圆满的句号。在工作之后的两年时间里，发表论文十余篇，其中 CSSCI 来源期刊 5 篇，主持省（部）级课题 2 项，因学术成果突出在工作两年之余就获评法学副教授。近日，闫雨博士的专著《刑法事后自动恢复制度构建研究》即将付梓出版，特邀我为之作序，作为她的博士指导老师，我欣然应允，同时也确实想将此书推荐给刑法学界广大读者。

闫雨的这本专著是在她博士论文的基础上修改完成的。事后自动恢复这一博士论文选题，在刑法学研究领域中是一个"小众"的主题。当她与我谈起她的博士论文选题时，我就对刑法事后自动恢复制度构建这一选题十分赞同。"事后自动恢复"的案例也许只是个案，至多是局部问题，但理论研究体现的倾向性值得留意。目前刑法理论研究重犯罪论而轻刑罚论，犯罪论研究也主要是倚重规范分析而疏远司法实务。制定刑法是为适用刑法，研究刑法是为科学合理施行刑法，取得刑法最佳社会效益。刑法研究应当以实践为路径，发展面向司法的刑法学。对"事后自动恢复"作出罪处理，其实践意义在于开启合理宽容之门：回头是岸！悔过是金！从这一角度分析，本书具有一定的开拓性。

作为刑法学界首部全面、系统研究刑法事后自动恢复的专著，本书具有如下特点：

第一，研究颇具全面性、系统性、协同性。本书共分为五章，第一章以典型案例入手，提出司法实践中事后自动恢复这一颇具争议的现象。第二章一脉相承，在第一章的基础上精炼事后自动恢复的概念，从制度层面和实践层面加以界定，并创新性地提出事后自动恢复制度构建的理论基础。第三章围绕刑法的基本原则、基本理论以及犯罪学相关理论进行阐述。第四章结合现有社会条件、政策条件、文化条件、法治环境进行分析，在此基础上论证事后自动恢复制度构建必要性与可行性。

第五章在前四章的基础上，围绕事后自动恢复的成立条件、成立范围、共犯的事后自动恢复问题、立法标准、立法模式以及条文设计等展开研究，提出事后自动恢复制度的具体设计方案。这五章内容相互衔接，并十分注意刑法与其他部门法乃至其他学科知识的协同，提出了切实可行的事后自动恢复制度的设计方案。

第二，注重结合我国刑事法治实践，提出创新性的研究观点。该书立足于我国司法实践，从实践中典型案例入手，在我国立法和司法解释的基础上，直面我国司法实践中的具体问题，并提出颇具创新性的观点。比如，事后自动恢复概念的提出；事后自动恢复的条文设计；共犯中事后自动恢复行为的认定等。以上观点自然不缺乏进一步探讨的空间，但是其探索性、创新性值得肯定。

第三，本书的研究见微知著。在事后自动恢复这一问题上，作者在进行理论研究的同时，还结合我国的司法实践进行了细致入微的分析，这既有利于读者了解事后自动恢复在立法上构建的意义，也有利于读者了解事后自动恢复现象在司法实践中的处理情况，进而反思构建方案。

作为一名在高校从事刑法学教学和研究工作的教师，我希望闫雨博士能以本书作为自己学术的新起点，不断提高自己的理论素养，不断探索刑法理论和司法实践的有机结合，为我国的法治建设贡献一份力量。

是为序。

储槐植[*]

2021 年 2 月 24 日于北京

---

[*]储槐植：（1933— ），男，江苏省武进县人，北京大学法学院教授、博士生导师；北京师范大学刑事法律科学研究院特聘教授、博士生导师；中国刑法学研究会顾问；全国杰出资深法学家。

内容提要

　　司法实践中经常存在这样的情况，行为人在实施犯罪之后，在被追诉之前，采取自愿的补救行为，有效地恢复了其先前的犯罪行为所破坏的法益的行为。对这类行为应如何定性和处理，成为刑法理论和司法实践亟须解决的问题。此行为既有利于弥补被害人因为行为人先前的犯罪行为所遭受的损失，同时也有利于促成犯罪人真诚悔悟、改过自新，给犯罪人多一条悔过自新的道路，其积极意义并不亚于自首与立功。对这类行为目前我国刑法尚缺乏理论评价与立法规范，司法实践中多作为酌定的量刑情节予以处理，且处理不规范。存在的突出问题是：认识存在分歧，处罚没有统一标准，有的处罚过轻，放纵了犯罪，有的处罚过重，损害了司法公正的形象。这种具有积极意义的行为，宜采用"事后自动恢复"的概念予以概括，在此基础上采取统一的调整方式是非常合适的。

　　事后自动恢复成立的逻辑顺序是：符合犯罪主体条件的行为人，在实施犯罪行为之后，在被追诉之前，在其自愿的心理态度的支配之下，实施了一定的恢复行为，全部或者部分恢复了其先行的犯罪行为所破坏的法益。按照事后自动恢复成立的逻辑顺序，可以清楚地得出，一行为之所以能够构成事后自动恢复行为，必须同时具备时空条件、主观条件、行为条件、结果条件以及关系条件。由于法益自身的特点，并非所有犯罪所侵害的法益都存在成立事后自动恢复的空间，只有在法益具有可恢复性的犯罪中，才存在成立事后自动恢复的可能。对共同犯罪中的事后自动恢复问题的处理，应当以脱离共犯关系理论为基础，综合运用事后自动恢复的理论合理解决。从恢复的效果及鼓励共犯实施事后自动恢复行为的角度出发，对恢复全部法益的行为人应当认定为构成事后自动恢复，部分恢复法益的，认定为构成部分的事后自动恢复。虽然是共同犯罪，但是在行为人恢复全部被害法益的情况下，与行为人单独实施犯罪恢复全部被害法益在结局上并无不同，所以没有必要设置两套处罚规制。

事后自动恢复条文设计的基本原则是兼顾法律的确定性和灵活性，寻求法律的适应性。在立法上宜采取"二元的立法模式"。首先在刑法总则中，对事后自动恢复的概念以及处罚原则作出原则性的规定，对成立事后自动恢复存在特殊要求的犯罪可以在分则具体条文之后作出特别规定。总则中事后自动恢复的条文可以表述为："行为人在实施犯罪之后，在被追诉之前，主动实施有效恢复被侵害之法益的行为，是事后自动恢复。对于完全恢复法益的，可以免除处罚；基本恢复法益的，可以从轻或者减轻处罚。在司法机关追诉之后，尚未抓获之前，行为人主动实施有效恢复被侵害之法益的行为，完全或者基本恢复法益的，以事后自动恢复论。"从保障刑法典体系协调的角度考虑，应该将该条文规定在刑法第 68 条立功条文之后，作为第 68 条之一。

本书正文总共分为五章。第一章主要通过司法实践中的典型案例总结事后自动恢复的现象，然后通过对国外事后自动恢复的相关立法以及我国目前涉及的事后恢复条文进行梳理、分析的基础上，分析事后自动恢复制度缺失所导致的不良后果。第二章在第一章的基础上，从制度层面和实践层面界定事后自动恢复的概念，界分事后自动恢复与相关概念的区别，剖析中外关于事后自动恢复的理论，创新性地提出事后自动恢复制度构建的理论基础。

第三章从刑法的基本原则、基本理论以及犯罪学相关理论出发，论证事后自动恢复制度能够成为刑法上一种建制的必要性。第四章在结合现有社会条件、政策条件、文化条件、法治环境分析的基础上，论证事后自动恢复制度构建的可行性。第五章主要探讨事后自动恢复的成立条件、成立范围、共犯的事后自动恢复问题、立法标准、立法模式以及条文设计，提出事后自动恢复制度的具体设计方案。

目　录

绪 论

一、选题原因

事后自动恢复，确切地说是犯罪人在实施犯罪之后的一种自愿、有效的补救行为。笔者之所以选择"事后自动恢复"作为自己的研究主题，原因如下：

（一）犯罪论与刑罚论是刑法学应当研究的主要内容

我国刑法学界一向偏重对犯罪论的研究。在此背景下，有关犯罪论问题的研究日趋成熟，相比较而言刑罚论研究则稍显不足。特别是对刑罚论中的量刑情节问题的研究尚缺乏系统性、综合性、实践性、开创性的理论贡献。但是随着刑罚目的论的兴起，刑法学界对刑罚的根本目的是什么发生了合乎时代发展的转变，即在刑事立法上，侧重一般预防；在量刑与刑罚执行上，在承认刑罚具有报应属性（一般预防）的前提下，更侧重对犯罪人的教育重塑（特殊预防），使之复归社会，（因为如果在量刑时过于重视一般预防的效果，就必然导致犯罪人成为一般预防的工具，势必造成刑罚与罪行的不适应，导致重刑主义）这才是刑罚科学的目的及符合时代要求的发展方向。很显然，犯罪论的研究侧重对行为人行为的定性分析，对如何实现刑罚目的而言，犯罪论的研究所起的作用是有限的。要重塑行为人的人格，刑罚论的研究必须有所作为。具体到个案的犯罪人，要体现刑罚个别化，就必须充分考察犯罪人犯罪行为的附随情况、主观恶性与人身危险性。从这个方面分析，量刑情节尤其是针对酌定量刑情节的研究显然具有重要

1

的理论与实践意义。在此问题上，或许永远没有一个令人满意的答案，但是这却从另一个角度说明了研究这一问题的重要价值。

（二）事后自动恢复的确是刑法理论与司法实践中的一个非常重要且存在较大争议的问题

针对事后自动恢复行为，目前司法实践中的处理结果大相径庭，影响了刑法的公信力。如何避免事后自动恢复案件同案不同判的局面出现，努力让人民群众在每一个司法案件中感受到公平正义，是每一个法律人为之努力的方向。虽然对事后自动恢复这一问题展开研究面临资料匮乏、个人能力有限等困难，但在征询各位师长特别是博导储槐植教授的意见之后，得到了各位师长的极大支持与鼓励，所以笔者决定以《刑法事后自动恢复制度构建研究》为题进行探讨，抛砖引玉。作为刑法研究者，自然十分期待刑法理论研究的日臻完善与司法实践的日趋规范。

二、研究现状

（一）刑法学界涉及事后自动恢复问题研究的相关成果

目前涉及事后自动恢复问题研究的相关成果并不多，就笔者掌握的有限资料来看，有学者在《"法益可恢复性犯罪"概念之提倡》《归纳与探索："法益可恢复性犯罪"的刑法评价思考》以及《论经济犯罪的"条件性"出罪机制——以犯罪的重新分类为视角》中提出的"法益可恢复性犯罪"的概念①，这与笔者主张构建的事后自动恢复制度的研究存在一定的交叉。该学者认为，根据法益的刑法评价，犯罪可以分为"法益可恢复性犯罪"与"法益不可恢复性犯罪"，其中"法益不可恢复性犯罪"占所有犯罪的

---

① 参见庄绪龙：《归纳与探索："法益可恢复性犯罪"的刑法评价思考》，载《法律适用》2014 年第 1 期。

绝大多数，与之相对应的"法益可恢复性犯罪"仅限不具有人身属性的、非暴力的以及不涉及国家公权力的犯罪，典型的包括侵犯财产法益的犯罪以及部分经济类犯罪。由于这些犯罪所侵犯的法益本身具有能够恢复的特性，行为人既遂后在特定时间内予以恢复的，应当在刑罚适用上予以出罪化、有罪免刑以及轻刑化的处理。这也就意味着"法益可恢复性犯罪"的评价方式并不具有完全性和普适性，仅限特殊犯罪。① 也有学者提出，事后恢复行为以罪刑一体化为理论根基，具有减轻犯罪性的作用，实践中将事后自动恢复行为仅作为酌定量刑情节的做法不利于鼓励犯罪人及时后退。故将事后自动恢复行为上升为法定量刑情节进行轻刑化评价，既符合量刑责任原则的要求，又能进一步提升对刑事被害人的保护机能。为了更好地回应司法实践，体现刑罚的立法公正，在立法上应采用二元的立法模式，对事后自动恢复行为减轻或免除处罚。② 但是该学者并未提出具体构建的方案，所提出的观点也与"法益可恢复性犯罪"的研究并无实质差别。

（二）事后自动恢复的研究与上述成果的区别

上述学者提出的"法益可恢复性犯罪"的概念与笔者所主张构建的事后自动恢复存在交叉，但是并不相同。首先，笔者主张构建的事后自动恢复制度中的事后可以恢复的法益的范围大于上述学者所提出的"法益可恢复性犯罪"的范围；其次，关于事后自动恢复行为的解决方案，笔者建议通过刑事立法的方式予以解决，而对于"法益可恢复性犯罪"的具体处理，上述学者并未提出任何方案；最后，在笔者看来，"法益可恢复性犯罪"的提法值

---

① 参见庄绪龙：《论经济犯罪的"条件性"出罪机制——以犯罪的重新分类为视角》，载《政治与法律》2011 年第 1 期。

② 参见房清侠：《事后自动恢复行为轻刑化探讨》，载《河南财经政法大学学报》2021 年第 1 期。

得商榷。

首先，从法益自身的特点来看，并非只有侵犯财产法益的犯罪才具有可恢复性，我国刑法分则中规定的其他类型的犯罪同样存在法益恢复的空间。以危险犯为例，很多危险犯在犯罪既遂以后，主动消弭危险状态的行为同样使受害法益得到了恢复，将此类犯罪的法益排除在可恢复之外，是不符合客观实际的。国外一些国家如克罗地亚已经通过刑法典的方式明文规定了部分危险犯的法益具有可恢复性。除此之外，我国澳门刑法典在第 23 条就对于危险犯既遂之后，行为人自动恢复法益的行为作出了明确的规定。与大陆法系其他国家的刑法典不同，我国澳门特区刑法典分则仅规定了危险犯。澳门刑法典第 23 条第 1 款规定："行为人因己意放弃继续实行犯罪，或者因己意防止犯罪既遂，或者犯罪虽既遂，但因己意防止不属于该罪状之结果发生者，犯罪未遂不予以处罚。"澳门刑法典第 21 条第 1 款明文规定，犯罪未遂是犯罪未至既遂，如果已经构成犯罪既遂，也就不能再成立犯罪未遂。依据该条规定可以得出这样的结论，澳门刑法典不承认犯罪既遂之后可以出现犯罪的任何停止形态。因此，澳门刑法典第 23 条受到了很多学者的质疑，提出澳门刑法典第 23 条的规定是将危险犯既遂后，行为人防止结果发生的有效行为规定为一种特殊的犯罪中止，这一规定确实具有积极的一面，但是不能否认第 23 条的规定与第 21 条的规定自相矛盾，在理论上对既遂后不能成立中止这一理论进行了否定，极大地影响了刑法的严肃性。[①]笔者认为，该学者在对澳门刑法典第 23 条的规定解读方面存在误读，因为澳门刑法典第 23 条本身并不是关于危险犯既遂后犯罪中止的规定，而是

---

① 参见程红：《中止犯基本问题研究》，中国人民公安大学出版社 2007 年版，第 146-147 页。

针对犯罪人实施犯罪之后也就是犯罪既遂之后事后自动恢复行为如何处理的规定。由此可以得出的结论是，澳门刑法典第 23 条的规定与第 21 条之规定并不矛盾，很好地解决了理论上关于危险犯既遂之后是否存在中止的争论，无碍于刑法的严肃性，值得学习与借鉴。

其次，在"法益可恢复性犯罪"的处理上，该学者并未提出任何的立法建议。目前我国现行刑法与司法解释已经出现了关于事后恢复的条款（包括自动恢复与被动恢复），虽然在个别条文上如行贿罪、收买被拐卖妇女、儿童罪上存在修改，但是总体呈逐年增加的趋势，2021 年 3 月生效的《刑法修正案（十一）》就在非法吸收公众存款罪、挪用资金罪中增加了事后恢复条款的规定。这些散见于零星条文中的事后恢复条款，缺乏明确的制度约束，导致部分事后恢复条款在设计上存在诸多问题。比如，针对恢复时间的问题，刑法条文和司法解释并未形成相对统一的标准，恢复行为没有严格的、明确的成立条件。上述存在的这些问题是引起刑法理论界与司法实务界对事后恢复的相关条文以及司法解释存在争议的主要原因。

最后，通过阅读该学者的论文可知，该学者提出的"法益可恢复性犯罪"与"法益不可恢复性犯罪"是出于使"法益可恢复性犯罪"的犯罪人得到从宽处罚的目的。但是这种提法并未将关注点和落脚点放在犯罪人上面。刑罚的最终承担者是犯罪人本人，法益恢复的前提和基础是人的行为。因此就概念本身的提出而言，自认应当将出发点和落脚点放在犯罪人的行为这一点上。针对恢复行为本身而言，犯罪人恢复法益的行为存在自动与被动之分，法益的恢复程度也存在全部与部分之分，这些区别决定了适用刑罚的区别，所以仅用"法益可恢复性犯罪"的概念显然是无法明确上述问题的。

三、研究的意义和价值

本书的基本命题是：人权状况既是一个社会文明发达的标志，也是社会文明程度最基本的条件之一。人权的法律保障是人权最基本、最有力的保障方式，而人权的刑法保障无疑是其中最重要的保障方式。刑法对人身权利的日趋重视（人身价值日益高于非人身价值）必然导致刑罚在总体上的趋轻。①2013 年 11 月 14 日，中国共产党第十八届三中全会在北京举行。全会首次提及"人权司法保障"的概念。相关改革安排也写入了党的重要纲领性文件——《中共中央关于全面深化改革若干重大问题的决定》。这意味着，我国充分完善人权司法保障制度将是最有形、最可靠的人权事业保障之一，促进人的全面发展。2014 年 10 月 23 日党的十八届四中全会通过的《中共中央关于全面推进依法治国若干重大问题的决定》，明确提出了"加强人权司法保障"的要求。这是继党的十八大把"人权得到切实尊重和保障"作为全面建成小康社会的重要目标、党的十八届三中全会提出"完善人权司法保障制度"以后，在人权保障上的又一重要部署，体现了我们党高度重视人权保障，高度重视司法在保障人权中的突出作用，高度重视落实国家尊重和保障人权的宪法原则。事后自动恢复制度在刑法上的建立，在有效保护犯罪人权利的同时，也能提高被害者（不仅限于自然人）权利恢复的概率，这无疑是对人权刑法保障的最有力诠释，对绝大部分事后自动恢复的行为人予以从宽处罚，与世界刑罚轻缓化的趋势相契合。它是以今天的刑法基本理念和价值观念为基础建立起来的，对于刑事法治的发展起着重要的作用，因而具有重要的理论与实践价值。

在"事后自动恢复"这一重要的命题之下，引申着许多重要

①参见储槐植：《刑事一体化论要》，北京大学出版社 2007 年版，第 170 页。

6

的刑法问题：

在抽象宏观层面，这些重要的问题包括：刑事立法相对稳定性与社会变动性之关系问题；犯罪与刑罚的成本、效益问题；公平、人道与实事求是之关系问题；习近平法治思想对刑事立法导向问题；刑法罪刑法定原则与罪责刑相适应原则的具体实现问题；刑法与刑事政策之关系问题；刑罚本质、目的的问题；监禁刑弊端与替代措施之关系问题；犯罪学理论相关问题；立法与司法关系问题；刑法条文合理化配置问题等。

在具体微观层面，这些重要问题包括：犯罪人人权保护问题与被害法益恢复之关系问题；刑事法律漏洞补充问题；具体个案法官个人价值判断问题；刑法的原则性规定与刑法的规则性规定之关系问题；刑法一般规范与特殊规范之关系问题；刑法总则性规定与分则规定之关系问题；量刑个别化与刑罚个别化实现问题等。

上述这些问题，无一不是法律领域与刑法学科中的重要问题。从理论角度看，这些问题可能是完全不相同的问题，但是它们之间显然因为"事后自动恢复"联系在一起。事后自动恢复最重要的意义在于，它可以将上述诸多问题纳入整体性的思考之中，从而为刑事法发展的未来走向提供一个总体的思路，实现刑法的正义性、安定性与合目的性。

四、本书的思想基础、研究方法与创新之处

本书的思想基础与研究方法是刑事一体化。刑事一体化强调刑法的研究应当不局限于刑法学本身，而应在刑法之中、之外、之上研究刑法。事后自动恢复制度的构建研究是对刑事一体化思想的一次实践。该制度构建的提出是基于刑法与刑事政策一体化以及刑法与伦理学、犯罪学一体化的思考。

（一）思想基础

1.刑法的刑事政策化与事后自动恢复制度之构建

长期以来，我国刑法学界对刑法与刑事政策之间的关系问题关注并不多。从笔者掌握的有限资料来看，储槐植教授是较早注意到刑法与刑事政策之间关系的学者，并且指出打击方式的选定是刑事政策对刑法导向功能的主要体现之一。[①] 虽然此后储槐植教授并未对此观点做进一步的推进，但是该观点的提出显然给了刑法学界很大的启示。我国刑法学者开始比以往更多地反思刑事法以内、以外的问题，并遵循着刑事一体化的方向开始重视对刑法的刑事政策化的考察。刑法的刑事政策化的核心内容在于，刑法要在制定、适用、执行中都要考虑刑事政策，并将刑法纳入刑事政策的框架内予以评价。在刑事立法、司法方面应当自觉地考虑现行的刑事政策，以现行的刑事政策作为导向。宽严相济是我国的基本刑事政策，那么也就意味着，在制定、适用、执行刑法中，都要始终考虑宽严相济的刑事政策，将刑法纳入宽严相济刑事政策的框架内予以评价。

事后自动恢复，对于这种行为的性质以及是否从宽、从宽的幅度等，现行刑法并未作出明确的规定。目前司法实践中，仅作为酌定的量刑情节予以考虑，直接导致认识上的分歧，处罚上的混乱。其实，这种行为的基本概念以及处罚原则完全应该在刑法典中予以明确的规定。正如贝卡里亚所言："仁慈是立法者的美德，而不是执法者的美德；它应当闪耀在法典中，而不是表现在单个的判决中。"[②] 事后自动恢复作为行为人在实施犯罪之后的自愿补救

[①] 参见储槐植：《刑事政策的概念、结构和功能》，载《法学研究》1993年第3期。

[②] 参见［意］贝卡里亚：《论犯罪与刑罚》，黄风译，中国大百科全书出版社1993年版，第60页。

行为，对犯罪所侵害的法益起到了挽回和补救的作用，对于犯罪人与犯罪被害人来讲，事后自动恢复可以创造一个"双赢"的局面，其积极的意义并不亚于自首和立功。但是，我国现行刑法并未系统规定该行为，目前关于此类行为的处理仅在分则部分条文中有所涉及。作为酌定的量刑情节，没有法律的约束力，实践中司法机关也未给予事后自动恢复足够的重视，导致针对事后自动恢复的评价显失公平，不利于犯罪人悔过自新，也不利于被犯罪行为所破坏的法益得到恢复。从给犯罪人增加一条悔过自新的道路，同时使被犯罪行为所侵害的法益尽可能及早恢复的角度考虑，我国刑法非常有必要将事后自动恢复同自首、立功行为一样规定在刑法总则中，在量刑上将其上升为一种法定的量刑制度，而不是现行司法操作中的一种酌定的从宽处罚的量刑情节。将对事后自动恢复行为采取宽缓的打击方式写入刑法，完全符合宽严相济刑事政策"以宽为主"的精髓，是宽严相济刑事政策导向功能的必然结果。符合刑事政策指导刑事立法化的具体要求，并且也符合刑法的刑事政策化的国际潮流趋势。

2. 主观恶性与事后自动恢复制度之构建

"主观恶性"在司法实践中的作用至关重要。它不同于"罪过"，亦不同于大陆法系三阶层犯罪论中的"责任"。恶性，首先是一个伦理评价的问题，其次才是一个法律评价的问题。从伦理学到刑法学的发展，在刑法学中地位的否定之否定的变化，经历了一个漫长的演变过程。[①]作为我国刑法司法实践中至关重要的概念，主观恶性在刑法的具体适用和量刑活动中的作用举足轻重。研究事后自动恢复制度的构建与主观恶性的关系问题，不能绕开的一个问题就是主观恶性与人身危险性的关系问题，该问题的厘

---

① 参见陈兴良:《刑法哲学》，中国政法大学出版社 2009 年版，第 29 页。

清对事后自动恢复行为的研究具有重要的意义。

　　有关主观恶性与人身危险性的关系，刑法学界存在不同的观点。第一种观点认为，主观恶性与人身危险性是等同概念的不同表达方式，即"等同说"。如有学者从刑罚制度（累犯、自首、立功、缓刑、减刑、假释）的规定出发，认为这些刑罚制度是刑法根据犯罪人的主观恶性程度加以规定的，而主观恶性也就是行为人的人身危险性。[①] 第二种观点认为，主观恶性与人身危险性之间存在包容关系，即"包容说"。包容说又可具体分为两种观点：一种认为主观恶性包容人身危险性。该观点提出主观恶性即行为人当然反社会性格，是罪过形式以及犯罪目的、犯罪动机、人身危险性等概念的上位概念。[②] 另一种则与之相反，认为主观恶性为人身危险性所包容，是人身危险性的下位概念。即主观恶性是人身危险性的重要内容之一，人身危险性可以充分说明主观恶性的大小，两者之间的变化成正比例关系。[③] 第三种观点认为，人身危险性与主观恶性分属已然范畴与未然范畴，二者之间虽存在一定的联系，但在很大程度上是并列存在的两个不同概念，即"独立说"。如有学者指出："主张主观恶性与人身危险性的包容说，无异于混淆已然与未然的界限，失之大谬。"[④]

　　[①] 参见杨春洗、杨敦先：《中国刑法论》（第三版），北京大学出版社 2005 年版，第 19 页。

　　[②] 参见叶良芳、卢建平：《也论人身危险性在我国刑法中的功能定位——兼与游伟研究员和陆建红审判员商榷》，载张仁善主编：《南京大学法律评论》（2008 年春秋号合卷），法律出版社 2009 年版，第 71—72、78 页。

　　[③] 参见刘勇：《犯罪基本特征新论》，载北京大学法律学系编：《改革和法制建设——北京大学九十周年校庆法学论文集》，光明日报出版社 1989 年版，第 541 页。转引自陈谦信：《人身危险性的基本理念与定罪量刑制度》，法律出版社 2012 年版，第 15 页。

　　[④] 参见邱兴隆：《犯罪的严重性：概念与评价》，载《政法学刊》2001 年第 1 期。

　　笔者赞同"独立说"。首先，从主观恶性与人身危险性的概念出发，两者的性质存在区别。主观恶性侧重对犯罪人"三罪"（罪前、罪中、罪后）的行为所反映出来的恶劣品质的评价，其着眼点和中心在于过去，即已然犯罪；人身危险性则主要评价犯罪人的再犯可能性，即未然犯罪。其次，两者的判断依据不同。作为对已然犯罪行为人所表现的恶劣品质的评价，主观恶性主要以现实存在的犯罪行为作为判断的依据。而人身危险性作为对行为人未然犯罪可能性的判断，除考虑已然犯罪行为以外，犯罪人的个人情况、家庭情况、受教育程度等也在其考虑范围之内。最后，两者的作用不同。主观恶性的判断相对强调主观方面因素的满足，旨在通过主观方面的判断揭示犯罪的社会危害性程度，进而影响定罪、量刑与行刑。而人身危险性关注客观方面的因素，旨在揭示犯罪人行为的倾向，对于矫正犯罪人，实现刑罚个别化具有重要的意义。当然，主观恶性与人身危险性之间并非完全没有共同属性。两者的主体都是针对已然犯罪人；两者都归属于对社会的主观危害；两者在变化上成正比例关系。总之，主观恶性作为对已然犯罪的犯罪人品质的评价，是量刑的根据之一，而人身危险性作为对未然之罪的评价只能作为量刑的参考因素之一，即行刑个别化的依据（我国刑法关于缓刑适用对象的规定，即缓刑适用于"确实不致再危害社会的人"。该规定涉及人身危险性的内容，而缓刑实际上属于一种行刑的制度）。因为对于犯罪的定罪和量刑只能依据现行法律规定以及已然的犯罪行为，这也是罪刑法定原则的根本要求。

　　作为犯罪人在实施犯罪以后的自愿补救行为，事后自动恢复行为体现的正是行为人实施犯罪之后的一种态度。事后自动恢复行为的实施表明，犯罪人已经认识到自己的不端行为，并开始努力地修正，其主观恶性有减弱的趋势。随着主观恶性的减弱，犯罪人的人身危险性也随之递减，所以在量刑时应当考虑对犯罪人予以从宽处罚。对存在事后自动恢复行为的犯罪人予以从宽处罚符合宽严相济刑事政策的内涵。宽严相济由宽缓的刑事政策与严格的刑事政策组成。针对主观恶性不深的犯罪人实行宽缓的刑事政策，而对主观恶性深的犯罪人实施严格的刑事政策是宽严相济刑事政策的应有之义。具体到事后自动恢复行为，存在事后自动恢复的犯罪人主观恶性较之同类案件中没有事后自动恢复行为的犯罪人小，所以一般情况下，给予事后自动恢复的行为人以刑罚上的"恩惠"是合适的，这也是事后自动恢复行为从宽处罚的重要依据。

（二）研究方法

本书研究的问题是关于刑法的立法建议问题。那么毫无疑问这个问题首先肯定是一个刑法学的问题，不过作为规范犯罪与刑罚的法律，刑法发展的外部直接动力源于犯罪和犯罪学以及刑罚和监狱学。除相关理论以外，任何一项刑法制度的制定与发展都必须能被现实社会所接受，即必须在有一定可行性的基础上构建。因此本书以刑事一体化的研究方法为基本方法，没有将视野局限于狭义刑法学的范围，而是试图以刑法学的基本理论为核心，结合犯罪学、监狱学、政治学、社会学等多学科的知识，对事后自动恢复制度的构建问题进行跨学科、多视角的分析和论证。除刑事一体化的研究方法以外，本书运用的研究方法还有比较分析法、案例分析法等常用的刑法学的研究方法，试图通过这些研究方法的运用，对事后自动恢复制度的构建进行合乎原则的设计。

（三）创新之处

本专著的创新之处在于：提出了构建事后自动恢复制度的观点，并设计了事后自动恢复制度的具体方案。

事后自动恢复制度的提出，彰显了刑法的人文精神。现代法律与人文精神有着密不可分的关系，人文精神是现代法律产生和不断改革的强大动因，人文精神在法律中的涵量是法治文明和社会进步的重要标志。[①]刑法的惩罚手段极为严厉，动辄使人丧失从事某种社会活动的资格，甚至剥夺人的生命。因此，更应当破除法律工具主义，彰显以人为本的人文精神，以人性为基础，以人道为命脉，以人权保障为价值追求。概言之，刑法的人文精神是刑法蕴含的一种以人（此处的人特指犯罪人与被害人）为终极关怀对象的精神气质，其根本涵义就是，刑事法律的创立和运行都以人为中心，注重人在法律活动中的主体地位，并给予充分的人文关怀。事后自动恢复制度的构建从犯罪人与被害人的角度出发，充分考虑了双方的个人情况，根据事后自动恢复的犯罪人的个人情况适用法律，实现了法律的正义与刑法对这类犯罪人的人文关怀；同时充分考虑了被害人法益的及时恢复对被害人的重要意义，实现了刑法对被害人的人文关怀。正如耶林所言，一切法律制度的基础毫无疑问是人。法律只有充分考虑个人的情况，根据个人情况适用法律才能实现正义。[②]刑法制度当然应当立足于人性基础之上，关注人的自身价值，尊重人道、保障人权，体现刑法在现代法治社会中所应具有的人文精神。

---

① 参见张文显:《市场经济与现代法的精神论略》，载《中国法学》1994年第6期。

② 参见翟中东:《刑法中的人格问题研究》，中国法制出版社2003年版，第75页。

第一章　停止于既遂形态的事后自动恢复现象

法律，就像一个旅行者，必须准备翌日的旅程。

——［美］本杰明·N.卡多佐

第一节　事后自动恢复——源于司法实践的观察

司法实践中，两则偶然接触的真实案例引起了笔者的注意，这些典型案例涉及的恰恰是本书所要研究的事后自动恢复的问题。

案例一："俞某绑架案"。大致案情如下：

2007年3月29日7时30分许，被告人俞某驾驶面包车途经浙江省桐乡市梧桐街道世纪大道与茅盾路交叉口时，看到被害人魏某（女，8岁）背着书包独自站在路边，因其无法偿还所欠他人债务顿生绑架勒索财物之念。俞某以驾车送其上学为由，将魏某诱骗上车，后驾车途经桐乡市下属乡镇及相邻的海宁市等地。其间，俞某通过电话，以魏某在其处相要挟，向魏某的父亲以"借"为名索要人民币5万元，并要求将钱汇至自己用假身份证开设的银行卡上。当日10时许，俞某出于害怕，主动放弃继续犯罪，驾车将魏某送回桐乡市梧桐街道，并出资雇三轮车将魏某安全送回所在学校。

桐乡市人民法院认为，被告人俞某以勒索财物为目的，采用拐骗等手段对人质进行控制，其行为已经构成绑架罪。俞某以勒索财物为目的，在将被害人魏某以拐骗的方式实际控制后，其犯罪行为即已既遂，其主动将被害人送回学校，放弃继续犯罪的行为不属于犯罪中止。俞某虽不具有法定减轻处罚的情节，但其绑架犯罪属于临时起意，绑架人质采用诱骗方式，控制人质期间未对被害人实施暴力或者威胁，后能及时醒悟，主动将被害人送回，未对被害人造成身体、心理上的伤害，犯罪时间较短，犯罪手段、情节、危害后果较轻，对其在法定刑幅度内量刑明显过重，应予以减轻处罚。最终判决被告人俞某犯绑架罪，判处有期徒刑4年，并处罚金人民币3万元。

宣判后，被告人俞某服判，未上诉，检察机关亦未抗诉。桐乡市人民法院依法逐级上报核准。①

显然，"俞某绑架案"中俞某的上述行为不符合犯罪中止的成立条件。根据刑法关于绑架罪的规定，只要行为人以勒索财物或者其他非法目的，实施了绑架并控制他人的行为，即构成绑架罪的既遂。换言之，犯罪人绑架人质的行为一经完成，犯罪就已然达到既遂的停止形态。那么犯罪人之后主动放弃犯罪的行为因为不符合犯罪中止（是指行为人自动放弃犯罪或者自动有效地防止犯罪结果的发生）的时间条件而不能认定为犯罪中止，其主动放

---

① 参见《俞某绑架案——绑架犯罪人绑架他人后自动放弃继续犯罪的如何处理》，载中华人民共和国最高人民法院刑事审判第一、二、三、四、五庭主办：《中国刑事审判指导案例——侵犯公民人身权利、民主权利罪》，法律出版社2012年版，第579页。

弃犯罪的行为属于犯罪既遂后的补救措施。就"俞某绑架案"而言，被告人俞某以勒索财物为目的，绑架被害人的行为，已然完成了刑法所规定的绑架罪的全部主客观构成要件，对被害人的人身权利构成了实质性侵害，而且实施了向被害人家属勒索财物的行为，足以认定构成绑架罪的既遂。之后放弃继续犯罪，将被害人安全送回的行为，其性质应当属于犯罪后的补救措施，系自动放弃继续犯罪，但并不属于犯罪中止。不过，俞某具有主动放弃犯罪、将人质安全送回、悔罪表现较好等情节，应当在刑罚上得到一定的鼓励，以有效地保护被害人的人身安全和自由。从法院的判决结果来看，在《刑法修正案（七）》尚未出台之前，绑架罪的最低刑期为 10 年以上有期徒刑的情况下，判处被告人俞某有期徒刑 4 年，说明法院对于俞某犯罪既遂后的这种补救行为是予以充分认可的，该判决实现了法律效果与社会效果的有机统一。

案例二："徐某盗窃案"。大致案情如下：

2015 年 10 月 2 日凌晨 2 时许，出租车司机徐某在驾车途中发现路边停放的一辆小轿车后备箱没有关，遂顺手牵羊将后备箱中一背包拿走，背包中有人民币 25800 元。在拿走背包后徐某非常害怕，于当日凌晨 5 时到派出所交还背包和现金，并且对于自己拿走现金的行为如实供述。最终法院认为徐某的行为符合盗窃罪的构成要件，构成盗窃罪，并且盗窃数额较大，同时考虑到徐某存在自首情节，并且全部退回了所盗取的财物，最终以盗窃罪判处徐某有期徒刑 1 年，并处罚金人民币 5000 元。[①]

---

① 参见江苏省江阴市人民法院（2015）澄刑初字 02240 号刑事判决书。

　　上述两则案件事实清楚，笔者对案件本身无意展开讨论。但是上述案件之后所蕴含的问题值得引起学界的关注与思考。俞某事后主动释放人质的行为从判决结果看得到了法院的充分认可，被告人俞某的刑罚得以削减。不过，另外一则案例中的当事人徐某盗窃既遂后的归还行为法院显然仅仅将该行为作为酌定量刑情节，最终徐某仍然被判处了较重的刑罚。两则案例中存在性质相同的既遂后自动恢复法益的良善行为，但是认可程度却不尽相同。这一现象引起了笔者的思考：犯罪既遂之后，行为人主动采取了恢复法益的行为，到底应当如何认定？司法实践中对上述行为的处理存在诸多争议，归根结底是因为：针对犯罪人在实施犯罪之后的自动有效的恢复行为的概念、处罚原则等，我国刑法并未作出明确规定。在笔者看来，其实非常有必要在刑法中用一个统一的概念对犯罪既遂后自动恢复法益的行为进行概括，并在刑法上予以规定。

　　通过对上述案例中行为人犯罪既遂后主动实施恢复法益的行为进行总结分析，不难发现上述案件中行为人的行为存在共性：（1）行为人采取恢复法益行为的时间均是在犯罪行为既遂之后，被追诉以前；（2）行为人均出于自愿采取的补救行为；（3）行为人自愿采取的恢复行为对之前犯罪行为所侵犯的法益起到了恢复的效果。对上述行为定性的研究，刑法学界学者几乎未有涉及。笔者认为，采取"事后自动恢复"的概念来概括其行为性质是非常合适的，接下来需要考虑的就是对"事后自动恢复"行为到底应当如何处罚的问题。

第二节　事后自动恢复之立法现状及评析

带着上一节的问题，笔者对国外立法及我国现行刑法、司法解释进行了梳理，发现国外一些国家的刑法典已然出现了比较成熟的事后自动恢复的规定。我国刑法虽然并没有明确确立事后自动恢复制度，但是在个别罪名的条文及司法解释中已经出现了部分事后恢复的条款，针对事后自动恢复行为已经透露出轻刑化、出罪化的端倪。

一、国外事后自动恢复制度之立法现状与评析

事后自动恢复行为所体现的保护和恢复权益的价值观，符合现代刑法的基本价值追求，所以世界上一些国家在刑法典中对于事后自动恢复的适用范围、处罚原则等进行了明确的规定。这些规定在我国事后自动恢复制度的构建方面可资借鉴。

（一）国外事后自动恢复制度的立法现状

在事后自动恢复制度方面，克罗地亚刑法典是规定得比较全面的。根据克罗地亚刑法典的规定，事后自动恢复行为表现为，在犯罪人实施犯罪行为之后，出于纯粹的主观愿望及真诚悔悟，主动努力实施补救行为，从而消弭犯罪影响、减轻犯罪后果等。克罗地亚刑法典则对这种主观色彩浓重的事后自动恢复行为予以了积极的回应，对于具备此情节的犯罪人给予免予处罚的宽缓与恩典。

克罗地亚刑法典中的事后自动恢复免予处罚的制度首先在刑法总则中有所涉及。克罗地亚刑法典第 58 条规定："（一）当存在

法定免予处罚的情况下，法庭应当对犯罪人免予处罚。（二）当法律规定，存在适用免除处罚的可能性时，法庭可以对犯罪人免予处罚。（三）当法律规定，存在适用免除处罚的可能性时，法庭可以作出更为宽缓的判决，其也可以在法律所规定之限度以外对犯罪人减轻处罚。"第59条规定："在下列情况下，法庭可以对过失犯罪人免予处罚：1. 如果犯罪后果对犯罪人造成非常不利的影响，以致适用刑罚已经完全没有必要，更不能达到适用刑罚的目的；或者实施犯罪后，犯罪人立即努力消除或者减轻犯罪后果，并且完全或基本弥补了该行为所造成的损失。"①

较之刑法总则，在克罗地亚刑法典分则中，因事后自动恢复免予刑事处罚的法条规定更是比比皆是。例如，克罗地亚刑法典第125条关于绑架罪的规定。即："（一）以迫使他人实施或不实施某种行为，或使他人忍受折磨为目的，非法关押他人，或者持续扣押他人的，或者以其他方式剥夺或限制其身体自由的，处六个月以上五年以下监禁。（二）犯本条第一款之罪时，如果人质是儿童或者青少年的，或者为实现本条第一款之绑架目的而威胁杀害或者严重伤害人质的，或者造成人质严重身体损害的，或者造成其他严重后果的，或者绑架行为系犯罪团伙或犯罪组织中的成员实施的，处三年以上十二年以下监禁。（三）……（四）犯本条第一款及第二款之罪，但在其绑架他人所意图达到之愿望实现前，出于自愿而将被绑架人释放的，可以免予处罚。"又如第173条滥用麻醉品罪规定："（一）未经授权，以出售被有关规章明确规定为麻醉品的物质或者制剂为目的，或者以将其投放市场流通为目的，持有上述物品的，处一年以上十二年以下监禁。（二）未经授权，

---

① 《克罗地亚刑法典》，王立志译，中国人民公安大学出版社2011年版，第22–23页。

生产、加工、贩卖、保管、运输被有关规章明确规定为麻醉品的物质或者其制剂的，或者为销售而提供上述物品的，或者以贩卖为目的而收购上述物品的，或为贩卖、收买上述物品提供中介服务的，或为实施麻醉品贸易活动而以其他方式将上述物品投放市场的，处三年以上十五年以下监禁。（三）作为犯罪团伙或者犯罪组织的成员，犯本条第一款及第二款之罪的，处三年以上或者长期监禁。（四）明知相关设备、原材料或物品系用以制造麻醉品、精神药品，未经授权而生产、采办、中介，或为使用而提供上述设备、原材料或物品的，处三个月以上五年以下监禁。（五）引诱他人服用麻醉品的，或向他人提供麻醉品以使其或第三人服用的，或提供服用麻醉品的场所的，或以其他方式使他人服用麻醉品的，处三个月以上五年以下监禁。（六）……（七）……（八）犯本条第一款至第五款之罪的，如果自愿揭发犯罪且对查获犯罪有实质贡献的，可以免予处罚。"第 210 条诱拐儿童或青少年罪规定："（一）行为人非法将儿童或青少年脱离其父母、养父母、监护人或接受委托而照顾青少年的机构或人员的控制的，或非法收留儿童或者青少年的，或者说服其投靠行为人的，处六个月以上三年以下监禁。（二）犯本条第一款之罪，并且使得儿童或者青少年离开克罗地亚共和国的，处一年以上五年以下监禁。（三）犯本条第一款之罪，出于自愿而使儿童或青少年回归家庭的，可免予处罚。"第 216 条盗窃罪规定："（一）以非法占有为目的，窃取他人可移动之财物的，处罚金，或者六个月以上五年以下监禁。（二）如果明知财物价值较小，但仍然进行盗窃的，处一百五十以下的日额罚金，或者六个月以下的监禁。（三）犯本条第二款之罪的，告诉才处理。如果是国家财物被盗的，则应当依照丢失财物的国有单位的建议而提起诉讼。（四）如果犯罪人在察觉其犯罪行为被发现之前，主动向被害人归还了所盗财物的，法庭可以对其免予处罚。"第 294

条在经济活动或者其他交易中提供贿赂罪规定："（一）行为人向法人中的责任人员提供或者承诺提供礼物或者其他财产性利益，以致使该责任人员签订有利于行为人的协议，或者提供有利于行为人的服务，但却损害该责任人员所代表法人的利益的，或者为向该责任人员实施此种行贿行为而提供中介活动的，处三个月以上三年以下监禁。（二）行为人向法人中的责任人员提供或者承诺提供礼物或者其他财产性利益，并以此作为该责任人员签订协议或者提供服务回报的，或者为向该责任人员实施此种行贿行为而提供中介活动的，处罚金，或者一年以下监禁。（三）行为人因受到法人中的责任人员的索要而犯本条第一、二款规定之罪，并且在该行为被发现之前，或者行为人察觉该行为被发现之前，主动向有关机关进行报告的，应当免予处罚。（四）本条第三款中的礼物或者财产性利益，应当返还其原先的所有人。"第303条虚假陈述罪规定："（一）证人、鉴定人、翻译人，或口译员在法庭程序、行政程序、公正程序或惩戒程序中，提供虚假的陈述、调查结果或者专业鉴定，或者进行虚假翻译的，处六个月以上五年以下监禁。（二）当事人在上述程序中，提供虚假陈述，并且相关部门依据其所提供的虚假陈述而在上述程序中作出最终决定的，依照本条第一款之规定予以处罚。（三）在刑事诉讼中提供上述虚假陈述的，并因此而导致一个无辜的人被定罪的，或者对刑事诉讼中的被告人造成其他严重后果的，处一年以上十年以下监禁。（四）行为人如果出于自愿，在相关部门作出最终决定之前，撤回其虚假陈述的，可以免予处罚。"第348条行贿罪规定："（一）向公职人员、其他自然人或法人提供或者承诺提供礼物或者其他财产性利益，进而使得该公职人员在其职权范围以内，实施其本不应该实施之公职行为的，或者不实施其本应该实施的公职行为的，或者为向公职人员或责任人员实施此种行贿行为提供中介活动的，处六个月以上五年以下监禁。（二）向公职人员、其他自然人或法人提供或者承诺提供礼物或者其他财产性利益，进而使得该公职人员在其职权范围以内，实施其本应该实施之公职行为的，或者不实施其本不应该实施的公职行为的，或者为向公职人员或责任人员实施此种行贿行为提供中介活动的，处三个月以上三年以下监禁。（三）因公职人员索要贿赂而犯本条第一、二款规定之罪，并且在该行为被发现之前，或者其察觉该行为被发现之前主动向有关机关进行报告的，应当免予处罚。（四）本条第三款中的，用于行贿的礼物或者财产性利益，应当返还给行贿人。"等。

除克罗地亚刑法典以外，波兰刑法典也是通过总则加分则的规定模式，对事后自动恢复进行了规定。波兰刑法典总则第53条第2款规定："在适用刑罚时，法院应当首先考虑下列情节：行为人的动机和行为方式……犯罪之前的生活方式和犯罪之后的行为表现（特别是努力赔偿损失或者以其他方式对公众的正义情感进行补偿的表现）。……"第60条第2款规定："对于即使适用最低刑仍显太重（尤其是具有下列情形之一）而有特别正当理由的案件，法院也可以对其特别减轻处罚：（1）如果被害人和行为人已经和解、所造成的损失已经被赔偿、被害人和行为人已经就损失赔偿方式达成一致的；（2）如果考虑到行为人的态度（尤其是行为人曾经努力赔偿损失或者阻止损失的发生的）；（3）如果过失犯罪的行为人或者与之有密切关系的人，承受了与所实施的犯罪有关的主要损害后果的。"其分则第160条规定："（1）任何人使他人面临死亡、严重身体伤害、严重健康损害之即刻危险的，处剥夺不超过三年的自由。（2）如果行为人负有照顾面临危险之人的义务的，处罚金、限制自由或者剥夺不超过一年的自由。（3）如果行为人过失地实施第一款或者第二款规定的行为的，处剥夺一至十年的自由。（4）如果第一款至第三款规定之行为的行为人主动地消除迫近的危险的，不应当追究刑事责任。"第 307 条规定："1. 第 296 条或者第 299 条至第 305 条规定之罪的行为人，主动地赔偿所造成的全部损失的，法院可以对其特别减轻处罚甚至免除处罚。2. 对于第 1 款所列之罪的行为人，如果主动地赔偿了损失数额之相当大的部分的，法院可以对其特别减轻处罚。"第 339 条规定："1. 军人出于永久地逃避服役的目的，离开所属的军事单位或被指定的地点或者不出现在这些场所的，处剥夺三个月至五年的自由。2. 如果行为人与其他军人一起共同实施本罪之行为或者同时带走武器的，处剥夺六个月至八年的自由。3. 军人在守卫边境时逃跑或者居留在国外不返回的，处剥夺一至十年的自由。4. 军人实施第一至三款规定之犯罪的预备行为的，处不超过两年的剥夺自由。"第 340 条规定："如果第 339 条规定之行为的行为人主动返回服役地点，且缺勤时间持续未超过十四日的，法院可以对其特别减轻处罚。"

　　除此之外，格陵兰刑法典第 88 条第 7 款规定："法院对罪犯完成犯罪后自动防止行为造成的危害，或者自动补救或是意图补救的行为的损害者可以酌情的减轻处罚。"德国刑法第 46 条（量刑的基本原则）第 2 款规定："法院在量刑时，应权衡对犯罪人有利和不利的情况。特别应注意下列事项……犯罪后的态度，尤其是为了补救损害所做的努力。"意大利刑法典第 62 条规定："在审判前，通过赔偿，或者在可能的情况下，通过恢复原状，完全弥补了损害；或者，除第 56 条最后一款规定的情况外，在审判前，主动并有效地消除或者减轻了犯罪的损害或者危险结果是普通的减轻情节。"俄罗斯联邦刑法第 75 条（因积极悔过而免除刑事责任）第 1 款规定："初次实施轻罪的人，如果在犯罪之后主动自首，赔偿所造成的损失或者以其他方式弥补犯罪所造成的损害，则可以被免除刑事责任。"可见，上述国家关于事后自动恢复的规定涉及事后自动恢复的特征、存在的时间范围以及处罚原则等几个方面。

（二）国外事后自动恢复制度的立法评析

通过对国外事后自动恢复的规定进行梳理可知，克罗地亚等国的刑法典总则中除了规定犯罪中止以外，总则和分则还创设性地规定了事后自动恢复行为（均系实施犯罪之后的补救性与揭发性行为）以及相应的处罚的原则。依照犯罪停止形态理论，只要犯罪的构成要件齐备，就构成犯罪既遂。其既遂后的补救行为与揭发行为均不存在成立犯罪中止的空间。以克罗地亚刑法典为例，克罗地亚刑法典关于绑架罪与盗窃罪事后自动恢复的规定就属于既遂之后的补救行为。详言之，由于绑架罪侵犯的法益为人身自由，那么在被害人被绑架之后，其人身自由丧失之时，绑架罪的所有构成要件就已经齐备，构成既遂，即使犯罪人事后释放了被害人，也不存在中止的可能。而盗窃罪的场合，在被害人丧失对财产占有之时，盗窃罪就已经既遂。犯罪人即使事后进行了归还，也不存在成立犯罪中止的空间。揭发性行为与我国的自首行为相似，只是从宽力度比自首要大。比如行贿罪、在经济活动或者其他交易中提供贿赂罪等规定。其实这种揭发性的行为在很多情况下也对法益的挽回起到了一定的作用，亦可以看作是一种事后自动恢复行为。可见，克罗地亚刑法典实际上在犯罪中止之外，重新构建了一个别出心裁的实施犯罪之后的事后自动恢复制度，大大拓展了对事后自动恢复行为缓免处罚的制裁空间，并因此而形成了独具特色的类似于以处罚故意犯罪为原则，以处罚过失犯罪为例外的责任主义双轨制处罚模式的双轨制事后自动恢复免予处罚模式。在这种双轨制立法模式中，由于犯罪中止在大多数犯罪中都有存在的空间，所以除了在总则中加以规定之外，从立法的简洁性出发，分则中并未一一列举。这与其他国家关于犯罪中止的立法模式相同。而对于既遂后的事后自动恢复行为（特别是其中的补救性行为），虽然刑法总则第58、59条已经进行了原则性的规定，但是并非所有的犯罪所侵害的法益都具有可恢复性，也并非所有的事后自动恢复行为都能获得免予处罚的待遇，所以分则在总则的基础之上，进行了特别的规定。即对于普通的既遂后的事后自动恢复行为并不适用免予处罚的措施，而以分则条文的规定为限适用。

西方一些国家的刑法典赋予事后自动恢复行为人同于犯罪中止之优惠措施，无疑是一种刑法制度的重要创新，其有助于法律规范引导功能的积极发挥，也合乎鼓励犯罪人在犯罪既遂时消弭危害后果，从而保护被害人权益的刑事政策的价值取向，有着深厚的刑事政策基础。从违法性之理论角度分析，事后自动恢复的行为人之所以得到刑罚的宽谅，其违法性之消弭也是重要的原因之一。根据大陆法系的刑法理论，违法性分为主观违法性与客观违法性。主观违法性论认为，法的目的是国家通过法规范向行为人传达特定命令或禁止的意思，通过具有能够正确理解法规范且有履行能力的人的行为，来保全特定之利益或社会伦理秩序，从而否定"无责任之不法"。客观违法论认为，凡一切与法规范相抵触之行为，无论是自然现象、动物所致，还是人为因素，均为不法，法的目的在于为国家维护客观的社会秩序与利益，肯定"无责任不法"。[①]事后自动恢复行为对此均有体现。

首先，依照主观违法理论，违法性之基础在于行为人反规范之犯意，而犯罪人实施犯罪之后的事后自动恢复行为，足以表明其反规范之犯意消失，主观违法性彻底得到消除。其次，依照客

---

① 参见［日］川端博：《刑法总论二十五讲》，余振华译，中国政法大学出版社2003年版，第149页。

观违法性论，违法之基础在于法益的侵害与危险，既然存在实施犯罪之后的悔悟行为，其违法性也就不复存在。故此，无论是从主观违法性论还是客观违法性论之角度分析，事后自动恢复的犯罪人均不具备刑事违法性。"行为人如此的表现以可修复其原本所展露出来的与法敌对的意思，且亦可以使原本受到震惊的社会印象得到平复，因而值得奖励行为人，故刑法透过不罚之待遇，以资奖赏。"① 从刑罚目的角度分析，事后自动恢复之本质在于，基于意志自由的"自愿"与基于良心道德而生的"恢复"之紧密结合。而对于这种"自愿"及"恢复"行为免予刑事处罚也和刑罚目的完全契合。因为"唯有诚挚悔悟者，方不具有社会危害性，才值得宽谅，刑罚权才有节制的必要。经过功利、理性的计算，非出于诚挚悔悟的人，都还藏着危险的性格，若还加以宽待，则无法平复社会大众的情感，甚至会起而效尤，则刑法预防目的将难以实现"。② 按照大陆法系的刑法理论，主流观点认为刑罚的目的包括一般预防与特殊预防。按照一般预防的理论，通过对犯罪的规定和对犯罪分子适用刑罚向一般人宣告：任何人实施犯罪就会受到刑罚处罚，从而起到威慑一般人的作用，使其不敢犯罪。一般预防以犯罪人之外的其他人作为威慑的对象，那么倘若对事后自动恢复行为动用刑罚，不但难以受到威慑大众的效果，反而会适得其反，而使普通民众认为即使事后自动恢复也不可能被刑法宽恕，甚至可能因为其事后自动恢复行为暴露自己，承受牢狱之灾，显然，这与一般预防的目的是背道而驰。同时，既遂后行为人的事后自动恢复行为表明行为人犯罪意志明显削减，甚至消除，其人身危险性已经不复存在，更谈不上再犯可能性。故此，从特

---

① 柯耀程：《刑法总论释义——修正法篇》（上），台湾元照出版公司 2005年版，第 273 页。

② 林东茂：《未遂犯》，载《月旦法学杂志》2006 年第 138 期。

殊预防（预防犯罪人重新犯罪）的角度分析，适用刑罚已经没有任何必要。倘若实施犯罪之后，行为人出于自己的意愿，真诚悔悟的，已经表明了其愿意重新回归规范体制的诚心与决意，从刑罚之目的考虑，对其免予刑事处罚，亦符合"刑期于无刑"的刑罚终极目的。

二、我国事后自动恢复立法现状与评析

我国刑法分则以及司法解释中，部分条文的规定对事后恢复行为的处理问题有所涉及。但是这些条文涉及事后自动恢复与事后被动恢复两种，其中在事后自动恢复成立的时间、从宽处罚幅度等重要问题上并没有形成统一的标准，也没有明确这类行为从宽处罚的根据，更没有明确此类行为的概念，导致理论界与司法实务界对于这类行为从宽处罚存在很大的争议。

（一）我国现行刑法涉及事后恢复的条款及评析

我国刑法在非法种植毒品原植物罪、拒不支付劳动报酬罪、逃税罪等罪名中规定有事后恢复（自动与被动）条款。《刑法修正案（十一）》增设非法吸收公众存款罪等罪名的事后恢复条款。

1. 非法种植毒品原植物罪

非法种植毒品原植物罪，是指非法种植罂粟、大麻等毒品原植物，情节严重的行为。刑法第 351 条非法种植毒品原植物罪是立法机关在对《禁毒决定》第 6 条的规定进行了两次修改的基础之上形成的。[①] 即非法种植罂粟、大麻等毒品原植物的，一律强制铲除。对于种植罂粟 500 株以上不满 3000 株或者其他毒品原植物数量较大的，经公安机关行政处理后又种植上述毒品原植物的

[①] 参见高铭暄：《中华人民共和国刑法的孕育诞生和发展完善》，北京大学出版社 2012 年版，第 576-577 页。

或者抗拒铲除的处 5 年以下有期徒刑、拘役或者管制，并处罚金；非法种植罂粟 3000 株以上或者其他毒品原植物数量大的，处 5 年以上有期徒刑，并处罚金或者没收财产。其中，该条第 3 款对于非法种植毒品原植物罪的事后自动恢复行为作出了规定："对于非法种植罂粟或者其他毒品原植物，在收获前自动铲除的，可以免除处罚。"之所以作出这样的判断，理由如下：

根据刑法第 351 条的规定可知，本罪的既遂只要行为人实施了播种行为并且达到了一定数量，且罂粟、大麻等正常生长成苗的情况下，行为人的行为就构成本罪的既遂。换言之，本罪不以是否收获果实作为区分既遂与未遂的标准。对于此问题有学者存在不同的意见，认为刑法之所以规定非法种植毒品原植物罪，其原因在于想从源头上对毒品犯罪进行控制，而毒品原植物在其成熟之前并不能作为毒品原材料使用，所以在罂粟、大麻等毒品原植物成熟之前对于社会是不存在任何危害的，且如果以"生长成苗"作为本罪既遂的标准，那么本罪的未遂与中止就只能发生在毒品原植物"生长成苗"以前了。这对于犯罪人来说显失公平，很不利于犯罪人在收获前停止自己的犯罪行为，降低该犯罪行为对于社会的危害。因此，本罪的既遂与否应以是否收获罂粟、大麻等毒品原植物为标准。[①]

笔者认为，这种观点值得商榷。首先，从本罪的法条规定来看，本条只是规定非法种植罂粟、大麻等毒品原植物的，应当一律铲除。因此，从文字意义的角度分析，我们不能得出只有罂粟、大麻等毒品原植物能够收获才能成立本罪的结论。其次，从世界各国刑法规定的通例来看，刑法分则对于具体犯罪的规定均是以

<hr />

① 参见彭凤莲：《非法种植毒品原植物罪的犯罪形态研究》，载《贵州警官职业学院学报》2007 年第 3 期。

犯罪既遂为模式的。刑法分则犯罪既遂模式说也是我国刑法理论的通说。例如，刑法分则规定的各种犯罪构成及其刑事责任，都是以犯罪既遂为标准的。[①] 刑法分则的条文的规定就是以既遂为标准的，[②] 犯罪既遂是犯罪的一般形态，可以直接按照刑法分则条文定罪处罚，因而在刑法总则中未予以专门规定。而犯罪预备、未遂和中止则是犯罪的特殊形态，因而在刑法总则中有必要专门规定，加以研究。[③] 我国刑法中有各个犯罪的成立和处罚条件，分散在刑法总则与分则当中。分则规定各个具体犯罪的最基本的形态，而对于基本形态之外的故意犯罪的停止形态（未遂、中止、预备）等各个具体犯罪具有共性的特殊情况，则在总则中统一规定。这样既减少了刑法的规模与篇幅，又便于司法工作人员灵活地应对现实中的各种案件。[④] 既然分则的罪名是以既遂为模式的，那么刑法第 351 条规定的非法种植毒品原植物罪也不例外。该罪规定非法种植罂粟、大麻等毒品原植物的，达到一定数量或者经公安机关行政处理后又种植上述毒品原植物的，或者种植上述毒源植物达到一定数量并且抗拒铲除的构成本罪的既遂。那么，是否收获只能作为判断本罪轻重的情节，并不能作为本罪的既遂标准，且如果以此作为既遂的标准，则无法解释本罪第 3 款第 3 项关于收获前自动铲除、可以免除处罚的规定的条文的合理性。最后，本罪是关于危险犯的规定。根据刑法理论通说，危险犯可以具体划分为抽象的危险犯与具体的危险犯。抽象的危险犯以法益侵害的抽象的危险发生为必要。[⑤] 具体的危险犯以法益侵害的现实的、具

---

① 参见高铭暄：《刑法学》，法律出版社 1984 年版，第 172 页。

② 参见何秉松：《犯罪构成系统论》，中国法制出版社 1995 年版，第 333 页。

③ 参见陈兴良：《本体刑法学》，商务印书馆 2001 年版，第 473 页。

④ 参见黎宏、申键：《论未遂犯的处罚范围》，载《法学评论》2003 年第 2 期。

⑤ 参见［日］前田雅英：《刑法总论讲义》（第 4 版），东京大学出版社 2006 年版，第 102 页。

体的危险的发生为必要。从非法种植毒品原植物罪的具体规定来看，该罪属于抽象的危险犯。不以现实的具体危险的存在作为既遂的条件，因此认为毒品原植物在其成熟之前并不能作为毒品原材料使用，所以在罂粟、大麻等毒品原植物成熟之前对于社会不存在任何危害，进而认为本罪的既遂与否应以是否收获罂粟、大麻等毒品原植物为标准的观点是不成立的。

关于本罪第 3 款规定的行为是何种性质，学界存在不同的观点。有学者认为该条文的规定属于非法种植毒品原植物罪的犯罪中止，并进一步认为，中止犯作为修正的犯罪构成在我国刑法总则中已经进行了规定，所以分则实在没有再规定的必要。并且刑法第 351 条第 3 款规定的是"可以免除处罚"这与总则关于犯罪中止规定的必减原则相悖，属于立法瑕疵，所以刑法第 351 条第 3 款的规定应当删除。① 也有学者认为，鉴于刑法第 351 条第 3 款规定的处罚原则与刑法总则关于犯罪中止的规定相冲突，因此，刑法第 351 条第 3 款的规定并不是严格意义上的犯罪中止，而是与犯罪中止相类似的"犯罪中止的特殊规定"。但是何谓"犯罪中止的特殊规定"该论者并没有进一步作出实质的阐述。② 笔者认为，之所以会得出上述中止的结论，源于对本罪既遂标准的认识。如果认为本罪的既遂标准是收获罂粟、大麻等毒品原植物的话，那么就会得出刑法第 351 条第 3 款的规定的行为属于犯罪中止的结论。不过依照论者的理论，犯罪中止在总则中有规定，因此分则中没有必要再规定。显然，持此观点者得出这样的结论自然也是以刑法分则的规定的模式是犯罪既遂标准说为前提的。既然承认

---

① 参见李化祥:《刑法总则与分则的冲突及其解救——从非法种植毒品原植物罪并具有自动中止犯罪的视觉》，载《西部学刊》2015 年第 6 期。

② 参见薛正俭:《对非法种植毒品原植物罪几个主要问题的检讨》，载《宁夏社会科学》1999 年第 6 期。

刑法分则的规定是以犯罪既遂为模式的，那么就不应该得出本罪的既遂标准是收获毒品原植物的结论。既然认为刑法第 351 条第 3 款的规定属于犯罪中止的规定，又不能合理解释为何会出现对于刑法第 351 条第 3 款的处罚原则与犯罪中止不同的原因，只是单方面将原因归咎于立法者的立法"漏洞"，未免有主观臆断之嫌。

综上，只要行为人实施了播种行为并达到了一定数量，且罂粟、大麻等正常生长成苗的情况下，就构成本罪的既遂。关于非法种植毒品原植物罪中规定的，毒品原植物收获前自愿铲除的（本罪既遂后的自愿铲除行为），可以免予处罚的规定则是典型的事后自动恢复的规定。刑法之所以作出该规定的原因在于，一是行为人在毒品原植物收获前的自动铲除行为就消除了其犯罪的潜在危险，同时行为人的自动恢复行为使特殊预防的必要性减少。二是上述规定能够鼓励行为人维护国家毒品原植物管理制度，使行为人有悔过自新的机会。

2. 拒不支付劳动报酬罪

拒不支付劳动报酬罪，是以转移财产、逃匿等方法逃避支付劳动者的劳动报酬或者有能力支付而不支付劳动者的劳动报酬，数额较大，经政府有关部门责令支付仍不支付的行为。本条系 2011 年 2 月 25 日全国人大常委会通过的《刑法修正案（八）》新增加的罪名，即在刑法第 276 条后增加一条，作为第 276 条之一："以转移财产、逃匿等方法逃避支付劳动者的劳动报酬或者有能力支付而不支付劳动者的劳动报酬，数额较大，经政府有关部门责令支付仍不支付的，处三年以下有期徒刑或者拘役，并处或者单处罚金；造成严重后果的，处三年以上七年以下有期徒刑，并处罚金。单位犯前款罪的，对单位判处罚金，并对其直接负责的主管人员和其他直接责任人员，依照前款的规定处罚。有前两款行为，尚未造成严重后果，在提起公诉前支付劳动者的劳动报酬，并依法承担相应赔偿责任的,可以减轻或者免除处罚。"本罪的增设旨在通过对拒不支付劳动报酬的行为的惩治,加强对民生的保护。

关于本罪刑事责任的规定中"有前两款行为,尚未造成严重后果,在提起公诉前支付劳动者的劳动报酬,并依法承担相应赔偿责任的,可以减轻或者免除处罚",这一规定旨在维护、保障劳动者财产权益,同时尽量缩小打击面。在修改刑法的讨论过程中,对恢复时间的问题存在如下意见,"在起诉前支付劳动报酬的不予追究刑事责任""在立案前支付劳动报酬的不予追究刑事责任""在开庭审理前支付劳动报酬的不予追究刑事责任""在侦查终结前支付劳动报酬的不予追究刑事责任""在提起公诉前支付劳动报酬的,可以从轻、减轻或者免除处罚"等。①从其立法出台的背景分析,最终条文的形成体现了刑法加大对恶意欠薪行为的打击力度的主旨,缩小打击面同时有利于生产经营的继续和保护弱势群体的财产权益,以及防止本罪的追诉过程中始终处于是否追究刑事责任的不确定性这三点考虑,才将本款规定为"在提起公诉前支付劳动者的劳动报酬,并依法承担相应赔偿责任的,可以减轻或者免除处罚。"本条规定的法定从宽情节是"可以型",意味着司法人员需要综合考虑行为人犯罪行为的社会危害性和人身危险性等因素具体加以分析,依法作出是否从宽处罚的决定。对上述行为之所以"可以减轻或者免除处罚"的原因在于,行为人积极主动的自愿支付、赔偿行为表明了行为人主观恶性、人身危险性的降低,其自愿支付、赔偿行为也使被害人的财产权益得到了全部的恢复,所以对其适用刑法特殊预防的必然性有所减少。

---

① 张军:《〈刑法修正案(八)〉条文及配套司法解释理解与适用》,人民法院出版社 2011 年版,第 288 页。

可以得出的结论是，该条文是典型的事后自动恢复条款，只有规定的两个条件同时具备的情况下，才可以考虑是否对行为人减轻或者免除处罚。司法实践中应当严肃执法，当严则严，该宽则宽。2017年4月最高人民检察院、公安部《关于公安机关管辖的刑事案件立案追诉标准的规定（一）的补充规定》第7条规定，"以转移财产、逃匿等方法逃避支付劳动者的劳动报酬或者有能力支付而不支付劳动者的劳动报酬，经政府有关部门责令支付仍不支付，涉嫌下列情形之一的，应予立案追诉……不支付劳动者的劳动报酬，尚未造成严重后果，在刑事立案前支付劳动者的劳动报酬，并依法承担相应赔偿责任的，可以不予立案追诉。"显然是对拒不支付劳动报酬罪中事后自动恢复条款的进一步的强调。

3. 逃税罪

逃税罪是指纳税人采取欺骗、隐瞒手段进行虚假纳税申报或者不申报，逃避缴纳税款数额较大并且占应缴税额10%以上，或者缴纳税款之后，以假报出口或者其他欺骗手段，骗取所缴纳的税款的行为，以及扣缴义务人采取欺骗、隐瞒等手段，不缴或者少缴已扣、已收税款，数额较大的行为。逃税罪系2009年2月28日通过的《刑法修正案（七）》在原偷税罪条款的基础上作出的修改。即"纳税人采取欺骗、隐瞒手段进行虚假纳税申报或者不申报，逃避缴纳税款数额较大并且占应纳税额百分之十以上的，处三年以下有期徒刑或者拘役，并处罚金；数额巨大并且占应纳税额百分之三十以上的，处三年以上七年以下有期徒刑，并处罚金。扣缴义务人采取前款所列手段，不缴或者少缴已扣、已收税款，数额较大的，依照前款的规定处罚。对多次实施前两款行为，未经处理的，按照累计数额计算。有第一款行为，经税务机关依法下达追缴通知后，补缴应纳税款，缴纳滞纳金，已受行政处罚的，不予追究刑事责任；但是，五年内因逃避缴纳税款受过刑事处罚或者被税务机关给予二次以上行政处罚的除外"。

刑法第 201 条第 4 款的规定显然是基于宽严相济刑事政策的考虑。《关于〈中华人民共和国刑法修正案（七）〉（草案）的说明》指出："因为打击逃税犯罪的主要目的在于维护税收征管秩序，保证国家税收收入，所以对于初犯的犯罪人而言，经过税务机关催缴后自愿补缴了税款和滞纳金的，因其已经履行了纳税的义务，接受了相应的行政处罚，对此类犯罪人再施以刑罚处罚没有必要，所以对此类犯罪人可以不再作为犯罪追究刑事责任。"[1] 此处的规定同样属于事后自动恢复的规定，源于宽严相济刑事政策的精神。关于逃税罪恢复行为免责条款的设置，并非我国刑法标新立异，很多国家都有类似的规定。以德国为例，根据德国刑法，偷逃税收犯罪存在的前提是行为人有缴纳税款的义务，因此，偷逃税收犯罪不能脱离税法而独立存在。在德国刑法中，此类犯罪称之为"空白刑法"。德国税法第 371 条规定，向财政管理机关说明、补充说明第 370 条中没有向财政管理机关说明的情况的，在其说明或者补充说明的范围内免受刑罚处罚……如果税收短少已经发生或者税收的好处已经被取走，行为人被逮捕后，当他逃避的税收在财政机关规定的期限内缴回的，免除刑事处罚。[2] 上述规定与我国刑法第 201 条第 4 款的逃税罪的"事后自动恢复"的规定颇为相似。可见，各国关于逃税罪的免责条款的规定，均是建立在犯罪人积极恢复的基础之上的。换言之，只要行为人的恢复行为使得社会矛盾有所缓和，在法律上给予宽缓的处罚都是允许的。

在恢复行为的时间问题，刑法第 201 条第 4 款规并未作出明

---

[1] 参见高铭暄：《中华人民共和国刑法的孕育诞生和发展完善》，北京大学出版社 2012 年版，第 416 页。

[2] 参见唐经天：《试评析〈刑法修正案（七）〉逃税罪中的免责条款》，载《社科纵横》2010 年第 4 期。

确的规定。对此，刑法学界存在不同观点。有学者认为，只要行为人补缴税款，无论补缴税款行为发生在刑事诉讼的哪一个阶段，都可以免予处罚。[①] 依照此种观点，只要行为人在二审终审前的刑事诉讼任何阶段补缴税款、滞纳金并且接受行政处罚的，都可以受到不予追究刑事责任的待遇。这样可能出现的结果是，行为人将本条的"免责条款"视为不予追究刑事责任的"尚方宝剑"，恶意地拖延缴纳税款、滞纳金，如果行为人在二审终结前才补缴税款、滞纳金，依据法律，法院只能宣告无罪，进而使之前的刑事诉讼程序均归于无效，这显然与该"免责条款"的立法初衷相违背。上述观点是"字面论"严格解释的产物。根据"字面论"严格解释，严格解释涉及刑法文本的字面而非目的解释。[②] 在笔者看来，刑法条文的字面含义是任何一般人都可以读出来的含义，但是，一般人读出来的含义，并不一定是刑法的真实含义。比如，在一般人看来，故意伤害致死也是故意杀人，但是二者在刑法上却是截然不同的两种犯罪。鉴于此，仅从逃税罪的字面意思进行文理解释是不能够准确把握该罪的实质。准确地解释刑法条文应当在坚持罪刑法定原则的基础之上，全面理解刑法条文，透过刑法条文词句术语的表面差异，分析把握词句术语背后蕴含的刑法规范的实质内容与精神要义，综合地运用科学的方法对刑法条文进行解释。[③] 逃税罪的上述条款形式上采取了以行政处理替代刑事责任的模式。合理的结论显然是逃税罪"免责条款"适用的时间只能限于公安机关立案前，行为人补缴税款、滞纳金的才可以不

---

① 参见刘雁平：《浅谈对逃税罪的理解和适用》，载《法制与社会》2009年第10期。

② 参见［美］劳伦斯·索伦：《法理词汇》，王凌皞译，中国政法大学出版社2010年版，第185页。

③ 参见姜伟、卢宇蓉：《论刑法解释的若干问题》，载《中国刑事法杂志》2003年第6期。

予追究刑事责任，如果行为人在公安机关立案后补缴税款、滞纳金的，只能作为酌定的量刑情节予以考虑。首先，逃税罪"免责条款"增设的立法初衷在于要给行为人一次悔过自新的机会，并非是要给逃税者一把规避法律的"尚方宝剑"，任何机会都是存在一定限度的。宽严相济刑事政策宽缓的一面不是无限度的。其次，从逃税罪"免责条款"规定的历史沿革看，2002年11月4日最高人民法院《关于审理偷税抗税刑事案件具体应用法律若干问题的解释》中明确规定了在公安机关立案侦查以前补缴税款、滞纳金的行为人，如果犯罪情节轻微，不需要判处刑罚的，可以免予刑事处罚。可见，现行刑法逃税罪"免责条款"的规定与上述司法解释存在沿革的关系，从保持司法稳定的角度出发，在刑法对于此问题尚未明确规定的情况下，应当沿用上述司法解释关于逃税罪"免责条款"时间范围的限定。最后，从司法实践中的案例分析，免责条款适用的时间也仅限于公安机关立案前，典型的案件是"范冰冰逃税案"①。

4.《刑法修正案（十一）》增设的事后恢复条款

2020年12月26日，第十三届全国人大常委会第二十四次会议通过《刑法修正案（十一）》，这是我国进行的新一轮大规模刑法立法活动。《刑法修正案（十一）》沿袭了修改具体犯罪构成要件、法定刑以及增设新罪名的传统，与以往一样重视对社会热点的关注与回应，这次修改在非法吸收公众存款罪以及挪用资金罪中增加了事后恢复条款的规定，引起了学界热议。非法吸收公众存款的事后恢复条款规定为："有前两款行为，在提起公诉前积极退赃退赔，减少损害结果发生的，可以从轻或者减轻处罚。"挪用

①2018年税务部门认定著名影星范冰冰偷逃税款的事实，并决定对范冰冰及其公司偷税追缴税款、滞纳金和罚款，总计8.83亿元。范冰冰在缴纳税款后，并未受到刑事处罚。

资金罪在提高法定刑的同时，增加规定了"在提起公诉前将挪用的资金退还的，可以从轻或者减轻处罚。其中，犯罪较轻的，可以减轻或者免除处罚"的事后恢复条款。从恢复行为的时间规定看，该条文规定的是存在事后被动恢复行为的情况下应当如何处理的规定，举重以明轻，如果存在事后自动恢复行为的情况，应当得到更为宽宥的处理。有学者对此修改提出了质疑，认为该修改从宽幅度过大，没有相应的法理和立法依据。以挪用资金后的归还行为为例，司法实践中都是作为酌定的量刑情节予以考虑的，尚不存在明确的立法依据。①从刑事诉讼法的层面分析，事后恢复从宽处罚其实属于认罪认罚的一种情形，而对认罪认罚的行为人在量刑方面予以从宽是刑法学界普遍认同的观点，存在争议的是认罪认罚从宽能否包含出罪的问题。在储槐植教授看来，如果行为人通过实施"赎罪"行为，能够抵消前述所犯之罪，从主客观相统一原则出发，赎罪既需要具备客观方面的积极的赎罪的行为，主观方面也需要具备赎罪的决意，通过赎罪行为的实施，将之前实施的犯罪行为的实质违法性予以抵消，从而实现出罪化。当然，在具体罪名中，由于法益本身有各自的特点，所以并非所有的犯罪类型都能够通过赎罪行为出罪。②在针对赎罪行为抑或者事后恢复特别是事后自动恢复情节处理的问题上，一般应当予以从宽处罚，但是法律的要求在此问题上并不绝对化，如果综合整个案情分析，其社会危害程度、犯罪人的主观恶性、人身危险性较深时，也允许不考虑其事后自动恢复情节，不予以从宽处理。③在非法吸

---

① 参见张兆松:《职务犯罪立法的再检讨与完善——〈刑法修正案（十一）（草案）〉对职务犯罪的修改评析》，载《法治研究》2020 年第 5 期。

② 参见储槐植、闫雨:《"赎罪"——既遂后不出罪存在例外》，载《检察日报》2014 年 8 月 12 日，第 3 版。

③ 参见闫雨:《刑法事后自动恢复制度构建》，载《社会科学家》2015 年第 7 期。

收公众存款罪和挪用资金罪中增加事后恢复条款与我国刑法基本原则并不违背和冲突，仅存在传统重刑主义观念的束缚，况且两罪中的事后恢复条款并未设置出罪规定，而仅仅是增加了罪轻条款。在增加个罪事后恢复条款时，适用"可以型"条款，在是否从宽的问题上给予司法机关一定的自由裁量权是切实可行的。因为司法实践中具体个案千差万别，不能一概从轻、减轻或者是免除处罚。刑法典具有行为规范的功能，所以在条文的表述上，就需要充分结合实际考虑条文的指引效果。如若对个罪的事后恢复条款表述不加区别，乃至绝对化，自然会给公众造成这样的误解：行为人实施非法吸收公众存款或者挪用资金行为，只要后续予以归还，就可以一概得到法律的宽恕。从刑事政策角度分析，事后自动恢复不排除部分行为人通过反复实施相应特定犯罪又反复通过事后自动恢复等认罪认罚的手段来逃避法律制裁。①

鉴于此，在条文设计上赋予司法机关在适用时足够的自由裁量权是十分必要的。《刑法修正案（十一）》在非法吸收公众存款罪和挪用资金罪事后恢复条文上，采取了"可以型"的规定，赋予了司法机关自由裁量权，条文设计有足够的刑法和刑事诉讼法的原则、制度予以支撑，是十分合适的。毕竟宽容并非毫无界限的不计任何代价的容忍。②刑法上规定个罪的事后恢复条款要真正对事后恢复的案件起到正面的积极的影响，而这就需要把握好事后恢复条款从宽的限度问题，"可以型"的条款设计无疑满足了这一要求，实现了刑罚的预防功能、修复了被犯罪破坏的社会关系、彰显了宽恕的精神，这三点成为非法吸收公众存款罪、挪用资金

---

① 参见卢建平：《刑事政策视野中的认罪认罚从宽》，载《中外法学》2017年第4期。

② ［德］阿图尔·考夫曼：《法律哲学》（第二版），刘幸义等译，法律出版社2011年版，第344页。

罪事后恢复条款的实体法依据，而认罪认罚从宽制度的存在无疑成为两罪事后恢复条文的程序法依据。上述三个实体法方面的根据在排序上存在先后顺序，地位上并不相同。刑罚的预防功能能否实现是首先需要考虑的问题，结合损害后果的修复程度，行为人主观恶性、人身危险性的基础上，决定是否从宽以及从宽幅度的问题，在具体个案中也应延续这样的分析思路。

（二）我国司法解释涉及事后恢复的内容

相比刑法分则部分条文对事后恢复条文的数量，司法解释规定的事后恢复条文（包括自动恢复与被动恢复）数量更多。司法解释特别是刑法的司法解释和刑法典一起起着规范行为的作用，指引着行为人行为的倾向选择。

1. 盗窃罪

2013 年 4 月 4 日实施的最高人民法院、最高人民检察院通过的《关于办理盗窃刑事案件适用法律若干问题的解释》第 7 条规定："盗窃公私财物数额较大，行为人认罪、悔罪，退赃、退赔，且具有下列情形之一，情节轻微的，可以不起诉或者免予刑事处罚；必要时，由有关部门予以行政处罚：（一）具有法定从宽处罚情节的；（二）没有参与分赃或者获赃较少且不是主犯的；（三）被害人谅解的；（四）其他情节轻微、危害不大的。"上述司法解释明确了盗窃罪的事后恢复问题，既包含了盗窃罪既遂后事后自动恢复的处理，也包含了事后被动恢复的处理原则，并就共犯中部分犯罪人存在事后恢复的问题如何处理进行了明确。从该司法解释的规定可以看出针对侵犯财产法益的盗窃罪，司法解释并未刻意区分事后自动恢复与被动恢复，只要行为人能够恢复被害人法益的，法律都给予了比较从宽的处罚。

2. 敲诈勒索罪

2013 年 4 月 27 日起实施的最高人民法院、最高人民检察院《关于办理敲诈勒索刑事案件适用法律若干问题的解释》第 5 条规定："敲诈勒索数额较大，行为人认罪、悔罪、退赃、退赔，并具有下列情形之一的，可以认定为犯罪情节轻微，不起诉或者免予刑事处罚，由有关部门依法予以行政处罚：（一）具有法定从宽处罚情节的；（二）没有参与分赃或者获赃较少且不是主犯的；（三）被害人谅解的；（四）其他情节轻微、危害不大的。"可见，敲诈勒索罪与盗窃罪关于事后自动恢复的司法解释的精神是一致的，均以及时恢复被害人的损失作为设计立法时考虑的首要目的。

3. 信用卡诈骗罪

2018 年 11 月 28 日最高人民法院、最高人民检察院《关于办理妨害信用卡管理刑事案件具体应用法律若干问题的解释》中第 10 条对恶意透支型的事后恢复情节进行了规定。即"恶意透支数额较大，在提起公诉前全部归还或者具有其他情节轻微情形的，可以不起诉；在一审判决前全部归还或者具有其他情节轻微情形的，可以免予刑事处罚。但是，曾因信用卡诈骗受过两次以上处罚的除外"。上述规定中行为人恢复法益的时间为"提起公诉前"以及"一审判决前"，这个时间段行为人进行法益恢复可能是基于司法机关的压力而为之，可见本司法解释是关于恶意透支事后被动恢复的规定。上述规定传达了这样的信息，对恶意透支型的信用卡诈骗罪，如果行为人能够在相应的诉讼阶段对被害法益进行事后被动恢复的，就可以得到"不起诉""免予刑事处罚"的结局。根据举重以明轻原则，在恶意透支型的信用卡诈骗犯罪中，行为人存在事后自动恢复情节的情况下，更应当得到刑罚的宽恕。

4. 诈骗罪

2011 年最高人民法院、最高人民检察院《关于办理诈骗刑事案件具体应用法律若干问题的解释》中第 3 条的规定涉及对于诈骗罪事后被动恢复的规定，即对于诈骗的数额已经达到"数额较大"的标准的行为人，如果行为人具有 5 项情形之一，且认罪、悔罪，可以根据刑法与刑事诉讼法的规定作出不起诉或者免予刑事处罚的处理。上述规定是对于诈骗罪事后被动恢复的规定。举重以明轻，对于诈骗罪的被动恢复尚可以从宽处罚，那么主动恢复的行为自然更应当得到刑罚的宽宥。从我国相关立法与司法解释的规定来看，刑法对于事后自动恢复的条文并不排斥。不仅不排斥，对于事后自动恢复条文的规定数量还呈上升趋势。显然事后自动恢复在我国现行刑法中还存在很大的发展空间，有进一步探讨的价值和必要。

5. 常见犯罪的量刑

2017 年 4 月最高人民法院发布了《关于常见犯罪的量刑指导意见》第 8 条规定："对于退赃、退赔的，综合考虑犯罪性质，退赃、退赔行为对损害结果所能弥补的程度，退赃、退赔的数额及主动程度等情况，可以减少基准刑的 30% 以下。其中抢劫等严重危害社会治安犯罪的应从严掌握。"可见，上述司法解释是关于常见犯罪存在事后恢复轻刑量刑的标准规定，从这一点也可以看出，目前我国刑法给事后自动恢复制度的建立留有空间。

（三）个别罪名事后自动恢复条款的修改

除上述刑法分则和司法解释规定的事后自动恢复条款以外，在《刑法修正案（九）》出台以前，收买被拐卖的妇女、儿童罪以及行贿罪也存在事后自动恢复的条款的规定，不过出于不同原因的考量，2015 年出台的《刑法修正案（九）》修改了两罪的事后自动恢复条款。

1. 收买被拐卖的妇女、儿童罪

收买被拐卖的妇女、儿童罪，是指故意使用金钱或者其他财物收买被拐卖的妇女、儿童的行为。本条的规定源自 1991 年 9 月 4 日全国人大常委会通过的《严惩拐卖、绑架犯罪的决定》中第 3 条的规定。历经四次修改稿最终形成了现行刑法的收买被拐卖的妇女、儿童罪。在《刑法修正案（九）》生效以前，刑法第 241 条第 6 款规定了收买被拐卖的妇女、儿童罪的事后自动恢复条款，该条指出："收买被拐卖的妇女、儿童的，处三年以下有期徒刑、拘役或者管制。……但是收买被拐卖的妇女、儿童，按照被买妇女的意愿，不阻碍其返回原居住地的，对被买儿童没有虐待行为，不阻碍对其进行解救的，可以不追究刑事责任。"

根据这一规定，收买了被拐卖的妇女、儿童，而又可以不追究刑事责任的情况有两种：一是就收买了妇女而言，收买者不阻碍该妇女根据自己的意愿返回居住地。二是针对收买了被拐卖的儿童而言，从儿童自身的发育特点来看，儿童不可能自己返回居住地，因此刑法将没有虐待行为以及不阻碍解救作为可以免除处罚的条件。刑法之所以作出如此规定，主要是基于两个方面的原因：一是行为人收买被拐卖妇女以后，按照其意愿不阻止其返回原居住地的，或者收买被拐卖的儿童以后，没有虐待儿童的行为并且不阻碍对其进行解救的，就使被害人的人身权利得到了恢复，行为人的自动恢复行为降低了特殊预防的必要性。二是上述行为使得解救工作得以顺利进行，节约了司法成本。该规定明显符合事后自动恢复的特征，是典型的事后自动恢复情节的规定。那么，收买人收买儿童后，没有虐待行为，又主动将儿童送回其家中或者交给其监护人，以及收买被拐卖妇女后将被拐卖妇女送回家中的，当然也可以不追究刑事责任。如果存在上述情节同时也存在强奸、非法拘禁等行为的，对行为人可以不追究刑事责任的部分仅限于收买被拐卖妇女、儿童行为的部分，其他行为如强奸、非法拘禁等仍然应当依法追究刑事责任。关于恢复行为成立的时间问题，2010 年最高人民法院、最高人民检察院、公安部、司法部联合印发的《关于依法惩治拐卖妇女儿童犯罪的意见》第 20 条作出了明确的规定。即明知是被拐卖的妇女、儿童而收买，具有 7 项情形之一的，以收买被拐卖的妇女、儿童罪论处；同时构成其他犯罪的，依照数罪并罚的规定处罚。但是在被追诉前主动向公安机关报案或者向有关单位反映，愿意让被收买妇女返回原居住地，或者将被收买儿童送回其家庭，或者将被收买妇女、儿童交给公安、民政、妇联等机关、组织，没有其他严重情节的，可以不追究刑事责任。由此规定可知，实施收买被拐卖的妇女、儿童行为，构成犯罪既遂以后，其成立事后自动恢复行为的时间最晚为被追诉前。司法解释之所以作出如此的限制，理由在于：如果是在被追诉以后，再实施上述恢复行为的，在很大程度上是迫于司法机关的压力不得已而为之，其恢复行为缺乏主动性，为被动恢复，不能说明行为人特殊预防必要性的减少，因此也就丧失了"可以免除处罚"的基础。

关于修改前刑法第 241 条收买被拐卖的妇女、儿童罪中第 6 款规定的行为的性质，有学者存在不同的看法，认为从法理上来说，收买人不阻碍妇女返回原居住地、不虐待儿童，不阻碍解救儿童的行为属于特殊立功情节。[①]笔者认为，该观点值得商榷。理由在于：认定为特殊的立功情节，首要条件也必须符合立功的基本构成条件才能称之为立功。立功是刑法明文规定的量刑情节。

---

① 参见谢锡美：《浅析收买被拐卖的妇女、儿童罪中的几个问题》，载《福建公安高等专科学校学报——社会公共安全研究》2001 年第 6 期。

根据刑法第 68 条的规定，立功是指犯罪人犯罪后揭发他人犯罪行为，查证属实，或者提供重要线索，从而得以侦破其他案件以及其他有利于预防、查获、制裁犯罪的行为。[①] 根据法律规定，立功表现可以分为三种类型：一是揭发他人犯罪行为，查证属实的；包括共同犯罪案件中的犯罪分子揭发同案犯共同犯罪以外的其他犯罪，经查证属实的；二是提供重要线索，从而得以侦破其他案件的；三是其他立功表现，如阻止他人的犯罪活动；协助司法机关抓捕其他包括同案犯在内的犯罪嫌疑人；阻止其他犯罪人逃跑的，等等。上述关于立功的规定，出现频率最高的词语是"其他"，"其他"按照汉语语意当然指本人以外。可见，立功的范围仅限于犯罪人本人实施的犯罪行为以外的其他人的犯罪行为，本人实施的案件之外的其他案件。收买被拐卖的妇女、儿童罪第 6 款规定的行为仅限于犯罪人本人主动实施，明显不符合立功的范围条件。关于立功的时间与内容，根据最高人民法院 1998 年 4 月 17 日《关于处理自首和立功具体应用法律若干问题的解释》中第 5 条指出："根据刑法第六十八条第一款的规定，犯罪分子到案后有检举、揭发他人犯罪行为，包括共同犯罪案件中的犯罪分子揭发同案犯共同犯罪以外的其他犯罪，经查证属实；提供侦破其他案件的重要线索，经查证属实；阻止他人犯罪活动；协助司法机关抓捕其他犯罪嫌疑人（包括同案犯）；具有其他有利于国家和社会的突出表现的，应当认定为有立功表现。"根据该解释，立功是被限定为犯罪人"到案后"的表现。详言之，作为刑罚裁量情节的立功的时间是犯罪人被司法机关立案侦查直至人民法院作出生效判决之前。行为人虽然实施了犯罪行为但是尚未被发觉，或者

[①] 张明楷:《刑法学》（第四版），法律出版社 2011 年版，第 524 页。

虽然被发现但尚未被立案侦查之前，不具备刑法规定的立功的时间要求与主体条件。刑法第 241 条收买被拐卖的妇女、儿童罪中第 6 款行为人最迟在被追诉前实施"不阻碍被拐卖妇女返回原居住地或者不阻碍解救被拐卖儿童，并且对被拐卖的儿童没有虐待行为"的才能适用刑法第 241 条第 6 款可以免除处罚的规定。鉴于此，从成立的时间条件上分析，刑法第 241 条第 6 款的规定不符合立功成立的时间条件的限制。综上，刑法第 241 条第 6 款的规定不符合立功的范围条件与时间条件，因此刑法第 241 条第 6 款的规定不属于特殊的立功情节，而是一种有别于自首、立功情节的典型的事后自动恢复行为。

鉴于拐卖妇女、儿童是一种严重侵犯人权、破坏家庭稳定、危害社会和谐的犯罪，并且多年以来没有得到根本遏制的现实，2015 年《刑法修正案（九）》本着从源头打击拐卖妇女、儿童罪的理念，对其对向犯收买被拐卖妇女、儿童罪进行了修改，将原事后自动恢复条款修改为"收买被拐卖的妇女、儿童，对被买儿童没有虐待行为，不阻碍对其进行解救的，可以从轻处罚；按照被买妇女的意愿，不阻碍其返回原居住地的，可以从轻或者减轻处罚"。可见，刑法将收买妇女、儿童的行为一律入刑，修改了之前可以出罪的事后自动恢复条款的规定。

2. 行贿罪

行贿罪，是指为谋取不正当利益，给予国家工作人员财物的行为。在 2015 年《刑法修正案（九）》出台之前，刑法规定了行贿罪、向非国家工作人员行贿罪以及介绍贿赂罪的事后自动恢复条款，即"行贿人在被追诉前主动交代行贿行为的，可以减轻或者免除处罚"。

修改之前对行贿罪事后自动恢复条款的性质，刑法学界通说认为构成特别自首。^①也有学者认为，该减免条款并非是一种单纯的特殊的自首，兼具特殊的立功的性质，因而属于自首与立功的结合。^②笔者认为，刑法针对行贿罪规定的减免条款是事后自动恢复条款，与自首和立功存在本质的区别。特别自首之所以谓之自首，必须符合刑法总则关于自首的规定；同理，如果认为其在性质上属于自首、立功的结合体，也要以符合刑法总则关于自首与立功的规定作为前提。对比刑法关于自首、立功的规定可知：

首先，行贿罪事后自动恢复条款规定在行贿罪这一具体罪名之后，自首、立功作为刑罚裁量制度规定在刑法总则，纵观国内外刑法典，均不存在将自首、立功规定在刑法分则中的立法例。从法典设置体系角度分析，行贿罪事后自动恢复条款与自首、立功存在本质区别。其次，行贿罪的事后自动恢复条款仅能够适用于行贿罪本身，自首、立功是刑法总则明文规定的刑罚裁量制度，适用于所有刑法分则规定的犯罪行为。从条文普适性角度分析，行贿罪事后自动恢复条款与自首、立功并非同一性质的规定。最后，根据刑法规定，自首分为两种类型，即一般自首与准自首。一般自首成立的时间条件是"犯罪后自动投案"，行为条件是"如实供述自己的罪行"，准自首成立的主体条件是"被采取强制措施的犯罪嫌疑人、被告人和正在服刑的罪犯"，罪行条件是"司法机关还未掌握的本人其他罪行"。

根据行贿罪事后自动恢复条款的规定，该事后自动恢复行为的成立要求主观方面具备行为人认识到由于自身的行贿行为，会导致国家工作人员职务行为不可收买性的法益受到侵犯的认识因

---

① 参见王作富：《刑法分则实务研究》（下），中国方正出版社 2010 年版。第 1826 页。

② 参见黄华生、李文吉：《论行贿罪特别从宽处罚制度的正当性》，载《华北水利水电大学学报》2015 年第 10 期。

素，以及行贿人决意自愿恢复的意志因素。客观方面必须具备主动揭发的行为要素与法益部分恢复的结果要素。根据刑法规定，立功分为三种类型：一是揭发他人犯罪行为，经查证属实的；二是提供重要线索，从而侦破其他案件的；三是其他立功表现，如阻止他人犯罪活动等。从法律规定可知，成立立功的本质是揭发他人罪行。行贿人主动交代行贿行为是对自己罪行的交代，但是因为行贿罪与受贿是对向犯，行贿人交代自己行贿行为的事实同时也就揭发了他人的受贿行为，如行贿人不交代他人的受贿行为，则无法交代自己的行贿行为，从一点出发，行贿罪事后自动恢复条款与立功规定存在本质差别，同样不能认定为立功。鉴于此，行贿罪的事后自动恢复条款与刑法总则中关于自首、立功的规定存在本质区别，并不能为我国刑法规定的自首、立功制度所涵盖，是典型的事后自动恢复行为。2015 年通过的《刑法修正案（九）》基于严厉打击腐败犯罪的立场，将该条文修改为"行贿人在被追诉前主动交待行贿行为的，可以从轻或者减轻处罚。其中犯罪较轻的，对侦破重大案件起关键作用的，或者有其他重大立功表现的，可以减轻或者免除处罚"。在保留事后自动恢复条款的情况下，对行贿罪的事后自动恢复行为的法定刑予以了调整。

纵观世界各国对行贿犯罪的立法，大多数国家从提高贿赂犯罪侦破率、处罚率的角度出发，对于行贿犯罪设置了特别从宽的减免条款。例如，俄罗斯联邦刑法典第 291 条就对行贿罪规定了特别从宽的减免条款，即："如果系公职人员索贿，或者行贿人主动向有权提起刑事案件的机关坦白行贿事实的，对行贿人免除刑事责任。"[1]除此以外，克罗地亚等国的刑法典也有类似的规定。我国刑法在行贿犯罪中规定的事后自动恢复条款，也是出于鼓励行

---

①《俄罗斯联邦刑法典》，黄道秀译，北京大学出版社 2008 年版，第 152 页。

贿人尽早主动交待其犯罪行为的目的，借以加大对受贿犯罪的打击力度。有学者提出，立法阶段就需要充分考虑预防犯罪，[①] 这一观点无疑是正确的。以行贿罪为例，行贿罪以国家工作人员职务行为的不可收买性作为侵害的法益，必然应当受到刑罚处罚，但是对行贿行为一律不分情况的实行重罚势必会严重影响受贿犯罪的破案概率。犯罪学的研究早已证明，针对受贿犯罪，其刑罚的不可避免性的威慑力远远高于严厉刑罚的震慑力。这就要求刑法立法者在设计行贿犯罪条文时，需要同时考虑对于行贿罪采取何种处罚模式才能更好地、有效地打击受贿等贿赂犯罪，这也是1997年刑法长期以来对行贿罪采用二元化犯罪惩罚模式的原因，并且这一规定也符合刑法罪责刑相适应原则。

---

① 参见张明楷：《刑事立法的发展方向》，载《中国法学》2006 年第 4 期。

第二章　事后自动恢复的概念
抽象与理论基础

　　一个良好的立法者关心预防犯罪，多于惩罚犯罪，注意激励良好的风俗，多于施行刑罚。

——［法］孟德斯鸠

第一节　事后自动恢复——一个刑法概念的提出

　　法律的基本作用之一乃是使人类为数众多、种类纷繁、各不相同的行为与关系达致某种合理程度的秩序，并颁布一些适用于某些应予限制的行动或者行为的规则或者行为的标准。为能成功地完成这一任务，法律制度就必须形成一些有助于对社会生活中多种多样的现象与事件进行分类的专门观念和概念。这样，它就为统一地和一致地调整或者处理相同或基本相似的现象奠定了基础。①对法律现象没有清晰的概念描述，那么法律研究也就丧失了

---

　　① 参见［美］E.博登海默：《法理学：法律哲学与法律方法》，邓正来译，中国政法大学出版社 2004 年版，第 501 页。

原本的意义。[①] 这表明，一个法律概念的界定并不是一种可有可无的文字游戏，而是一项理论研究的前提和基础。通过对典型案例进行分析得出相同事物的共性，进而界定事后自动恢复的概念相比仅从"说文解字"角度来界定刑法上的概念更为准确。

事后自动恢复，即行为人实施犯罪之后的一种自愿的补救行为。具体而言，事后自动恢复是指行为人在实施犯罪之后，在被追诉之前，自愿采取有效的手段和措施，挽回和补救其先行的犯罪行为所造成的法益损害的行为。事后自动恢复中的"事后"即犯罪之后。根据我国刑法总则第 14 条、第 15 条之规定，犯罪分为故意犯罪与过失犯罪，针对各种直接故意犯罪的既遂问题，我国刑法分则通过犯罪构成要件作出了四种不同的规定。那么，"事后"在相应犯罪中的具体所指因犯罪构成要件的不同而有所区别。第一种是结果犯，即犯罪的既遂不仅要实施具体的犯罪构成要件，还必须发生法定的结果才成立犯罪既遂。对结果犯而言，"事后"就是指出现了法定的危害结果之后；第二种是行为犯，是以法定行为的完成作为既遂标志的犯罪。在行为犯的视阈，"事后"是指行为人完成刑法分则规定的行为之后；第三种是危险犯，即行为人实施的危害行为造成法律规定的发生某种危害结果的危险状态的犯罪，相应地对危险犯而言，"事后"就是指行为人的危害行为导致了法定的危险状态的发生之后；第四种是举动犯，即行为人一着手就宣告既遂的犯罪。从举动犯的角度分析，"事后"就是指行为人着手之后。

事后自动恢复，准确地界定了实施犯罪之后犯罪人出于自愿的补救行为，为这一制度的构建以及在司法实践中的准确适用奠定了基础。同时，事后自动恢复制度的建立可以满足司法实践量

---

① 参见［德］伯恩·魏德士:《法理学》，丁小春等译，法律出版社 2003 年版，第 93 页。

刑个别化、刑罚个别化的需要，可以促进被害法益的尽早恢复，缓和社会矛盾，修复社会关系，使刑法的多元价值得到合理的平衡、优化整合刑法的各种目的，因而具有强大的社会实践功能。相应地，对这一概念，可以从以下两个层面加以理解：

一、制度层面的事后自动恢复

事后自动恢复这一概念可以准确地描述和界定"犯罪实施之后，行为人出于自愿的补救行为"。如果将事后自动恢复规定在现行的刑法典之中，它就具有了相对确定性与稳定性的品质，这种品质可以使事后自动恢复能够处理社会生活中较为复杂的犯罪之后犯罪人的自愿补救行为，并能在不断变迁的社会之中，继续保持自身在刑法中的位置。

从这种意义上来看，事后自动恢复与刑事立法紧密相连。刑法作为犯罪与刑罚的规范性设定，其设置的最终目的并非是要制定一套通行的社会行为准则，而是要规范统治者动用刑法权的方式；设置的最终目的并非划定刑法理性的范围，而是在合理的刑法范围内，追求合理的刑法目的和对人类本能报应情节的理性节制。这就给立法者制定刑法与适用刑法时提出了一定的要求，即：立法者制定刑法和适用刑法是建立在对刑法基本范畴的理性认识的基础之上，并且以所处社会公认的基本价值准则为依据，准确界定刑法的目的。按照刑法目的的要求设计刑法条文，并不断寻求合理有效的打击方式。目的是法律的灵魂，是一切法律活动的主宰。关于刑法的目的，我国学者论述的并不多。有学者认为，根据我国刑法第 1 条的规定，可以得出刑法的目的是惩治犯罪，保护人民。[①] 也有学者认为，我国刑法的目的基本上有三个层次：

---

① 参见高铭暄:《新编中国刑法学》，中国人民大学出版社 1998 年版，第12 页。

第一层次是刑法的整体目的，概括起来是刑法第 2 条的内容，即保护法益。第二层次是刑法分则各章规定的目的，它由分则的章名和有关规定体现出来。例如，刑法分则第二章为"危害公共安全罪"，表明设立该章的目的是保护不特定或者多数人的生命、身体的安全以及公共生活的平稳与安宁。第三层次是刑法各个具体条文的目的，由条文的具体规定体现出来。这里的条文主要指分则条文。例如刑法第 290 条聚众扰乱社会秩序罪的规定，表明设立该条是为了维护工作、生产、营业和教学科研秩序。[①] 上述两种观点对刑法目的的界定和依据不同，对于刑法目的的解释也缺乏充分的论证，似乎并没有给出关乎刑法目的的准确答案。笔者认为，刑法目的包括两个方面，一是制定和适用刑法所直接追求的目的；二是制约并通过这种直接目的最终所要达到的目的。刑法的直接目的是预防犯罪，最终目的在于维护现存的社会生活秩序。

预防犯罪，一直以来都是进步的立法者与学者们所追求的刑法目的。根据安塞尔的考证，柏拉图是最早提出预防思想的法学家。柏拉图在其《法律篇》中明确指出了刑罚不应是对过去罪行的报复，而是对未来情况的预防。[②] "刑法的义务都是绝对地禁止某些行为——谋杀、殴打、盗窃、抢劫等。刑法的目的在于预防这些行为的发生。"[③] "预防犯罪比惩罚犯罪更高明，这乃是一切优秀立法的主要目的。"[④] 预防犯罪是刑法的直接目的。首先，从刑法的适用意义角度出发，惩罚已然之罪的目的在于预防未然之罪，这

---

① 参见张明楷：《刑法学》（第四版），法律出版社 2011 年版，第 27 页。
② 参见［法］马克·安塞尔：《新刑法理论》，卢建平译，香港天地图书有限公司 1990 年版，第 25–26 页。
③ ［美］迈克尔·D.贝勒斯：《法律的原则——一个规范的分析》，张文显等译，中国大百科全书出版社 1996 年版，第 334 页。
④ ［意］贝卡里亚：《论犯罪与刑罚》，黄风译，中国大百科全书出版社 1993 年版，第 104 页。

样的刑法适用才是有意义的；其次，从保持刑法自身的合理性方面考虑，应当将预防未然之罪作为惩罚已然之罪的目的；最后，刑法学者们对刑罚目的比较一致的观点是，刑罚的目的在于预防犯罪。刑罚是刑法用以同犯罪作斗争的工具，运用刑罚的目的必定是刑法所要追求的直接目的。对刑罚目的的论述进一步证明了刑法的直接目的是预防犯罪。刑法之所以能够预防犯罪，是由其自身独特的功能（具体包括引导功能、威慑功能、教育功能、警示功能[1]）决定的。刑法所具有的教育功能，在以刑罚个别化为主要潮流的当今时代发挥着重要的作用。事后自动恢复制度的建立，本身就是运用社会的正义观念对犯罪人进行教育的过程，可以在教育和改造犯罪人方面发挥显著的特殊预防的作用。同时，事后自动恢复在受害法益的尽早恢复方面所起的作用不可替代，与刑法维护现存的社会生活秩序的最终目的相契合。

　　刑罚不应当是报复本能冲动驱使下任意挥舞的屠刀，而应当是在理智的选择的基础之上节制使用的利剑。[2] 不仅在是否动用刑罚上，而且在如何动用刑罚以及动用刑罚的程度上，都应当是经过理性思考和在合理范围内节制使用的。对于已然犯罪，在刑罚的选择上，一方面要与特定犯罪的危害程度相适应，另一方面要在体现不同的主观恶性与人身危险性的犯罪所受不同惩罚的相互比较中，满足人们公平、正义的观念，符合刑法自身的价值追求。事后自动恢复既考虑到了已然犯罪的危害程度，同时也对不同犯罪人的主观恶性与人身危险性进行了比较，对其予以刑罚上的"恩惠"可以满足人们对于公平、正义的追求。在立法上建立事后自动恢复制度是对上述观点的完美演绎。

---

　　[1] 参见张智辉：《刑法理性论》，北京大学出版社 2006 年版，第 48–50 页。
　　[2] 参见张智辉：《刑法理性论》，北京大学出版社 2006 年版，第 66 页。

二、实践层面的事后自动恢复

事后自动恢复也可以用来描述法律实践中所具有的能够达到某种合理的处罚的机制。具体而言，当制度层面的事后自动恢复用于具体的司法实践时，在符合现有规定的情况下，能够产生公平的、各方都可以接受的结果。

从这种意义上来说，事后自动恢复与司法实践紧密相连。它要求法官在刑罚裁量的过程中，既要根据罪刑关系确定基本刑罚框架，又要斟酌具体案件的特殊情况，考察具体犯罪人的主观恶性与人身危险性；在尊重刑法规定的前提下，尽量弥合刑法的一般规定与社会生活之间的距离，使具体的个案的处理在最大限度内符合刑法的基本原则、基本精神与具体规定，并最大限度地实现刑法的公平正义。法官应尽量在刑法允许的范围内利用各种合理的方法获得尽可能合理的判决。在存在事后自动恢复情节的案件中，处理上应当有别于不存在这种情节的同类案件，法官在刑罚裁量的过程中，应充分考虑事后自动恢复犯罪人的主观恶性与人身危险性的变化，并在具体适用的刑罚中有所体现。

完整的法律活动包含立法和司法两方面内容，事后自动恢复也必须通过刑事立法和刑事司法两方面共同实践完成。因为"立法是将法律理念和现实生活存在的或者未来可能发生生活中的事件予以法律上的调整，而司法实践是将法律条文与现实的社会生活调配的过程"。① 通过立法活动在刑法上增加事后自动恢复制度的规定，是将现代刑法理念（谦抑、人道等）与现实生活中存在的犯罪人在实施犯罪之后，自愿采取积极的补救行为在刑法上加

---

① 参见［德］考夫曼：《法律哲学》，刘幸义等译，法律出版社 2004 年版，第 190 页。转引自周少华：《刑法之适应性——刑事法治的实践逻辑》，法律出版社 2012 年版，第 12 页。

以调整，那么在刑法确立事后自动恢复制度之后，事后自动恢复作为正式的刑法规范就应当作为对犯罪人在实施犯罪之后，自愿采取积极的补救行为这一社会现象作出的相应评价。由此可见，事后自动恢复既不是单纯的刑事立法问题，同时也并非纯粹的刑事司法实践问题，它一方面要面对现行刑法，另一方面要面对实践中各种情况的自动恢复行为。因此，在事后自动恢复这一问题的研习上，在关注静态法律规范的同时，亦要注意静态法律规范与动态的司法实践之间互动的可行性。

三、事后自动恢复与相关概念辨析

事后自动恢复与犯罪中止、恢复性司法、刑事和解等概念之间存在一定的相似之处，但这些概念并不相同。因此，有必要厘清事后自动恢复与相关概念之间的关系，以便能够准确地界定事后自动恢复。

（一）事后自动恢复与犯罪中止

犯罪中止是指犯罪行为已然实施，但是出于自愿而阻止犯罪完成的情况。犯罪中止包括两种类型：一是已经着手实施犯罪之后，实行行为终了之前，出于自愿而放弃继续侵害之可能性；二是在实行行为终了之后，结果发生之前，基于自己的意志，采取相应的措施防止了危害结果的发生。

关于犯罪中止的立法例，各国不尽相同。英美法一般认为，即使是犯罪意思的抛弃，也存在责任，刑法对于障碍未遂与中止未遂一般不作区别处罚。而德国、奥地利、希腊等国对犯罪中止不作处罚。如希腊刑法典第 44 条规定："行为人着手实施重罪或轻罪以后，基于其本人的意志而非客观障碍而未完成实行的，属于不应当追究刑事责任的未遂；行为人在实行终了之后，基于其本人的意志阻止可能发生的作为该重罪或者轻罪构成要件的结果之发生的，在第 83 条规定的刑罚基础之上减轻 1/2 追究刑事责任。但是，法院可以在考虑所有情节的基础之上自由裁量地宣告为不追究刑事责任的未遂。"[①] 我国刑法第 24 条第 1 款也对犯罪中止作出了规定，即"在犯罪过程中，自动放弃犯罪或者自动有效地防止犯罪结果发生的，是犯罪中止"。根据这一规定并结合我国刑法中关于故意犯罪停止形态的理论可知，我国刑法规定了未实行终了的中止与实行终了的中止，并且得出成立犯罪中止需要同时具备时间性（犯罪过程中）、自动性（自动放弃犯罪或者自动有效地防止犯罪结果发生）、客观性（对于未实行终了的中止，自动放弃犯罪行为；对于实行终了的中止，自动有效地防止犯罪结果的发生）、有效性（没有发生行为人原本希望的行为性质所决定的结果）四个条件。

事后自动恢复与犯罪中止尤其是实行终了的中止存在一定的相似性，但是两者之间并不相同。

首先，两者存在时间范围不同。这也是两者区别的关键所在。事后自动恢复行为发生在实施犯罪之后。换言之，事后自动恢复存在的时间范围是行为人原本希望或者放任的、行为性质所决定的侵害结果之后；在犯罪中止的情况下，着手中止发生在实行行为终了之前，而实行中止发生在实行行为终了之后，结果发生之前。可见，不论是着手中止还是实行中止，都只能发生在犯罪既遂之前。换言之，犯罪中止存在的时间范围是行为人原本希望或者放任的、行为性质所决定的侵害结果发生之前。

其次，两者的性质、类型存在不同。事后自动恢复成立的前提是，行为人先前的某种行为已经构成犯罪，犯罪之后行为人实

---

①《希腊刑法典》，陈志军译，中国人民公安大学出版社 2010 年版，第 13 页。

施的自愿的恢复行为且恢复法益的情况下，法院对行为人裁量刑罚时应当考虑该情节，据以决定量刑幅度或者是否免除处罚。可见事后自动恢复从性质上来说，属于一种具体的量刑情节。其对于犯罪的形态不会产生任何影响，仅对量刑存在一定的影响。关于事后自动恢复的分类，根据法益的恢复情况，可以将事后自动恢复分为全部的事后自动恢复与部分的事后自动恢复；犯罪中止不是量刑情节，而是故意犯罪的一种特殊的停止形态。关于犯罪中止的分类，根据犯罪中止发生的时空范围可以将犯罪中止分为预备中止、着手中止、实行中止，根据对中止行为的不同要求可以将犯罪中止分为消极中止（存在于预备中止、着手中止之中）与积极中止（存在于实行中止之中）。

再次，两者的成立条件、成立范围存在不同。两者虽然都对刑罚的适用产生一定的影响，但是，事后自动恢复的成立需要采取积极的措施，挽回了被已然的犯罪行为所破坏的法益的情况下才能成立，并且事后自动恢复作为一种实施犯罪之后的补救行为，只要行为人在实施犯罪之后积极地恢复被已然犯罪行为所破坏的法益，无论之前的犯罪是故意犯罪还是过失犯罪，只要法益是可以被恢复的法益，就可以成立事后自动恢复；而犯罪中止的成立因中止类型的不同而有所区别，对于着手中止而言，行为人只要自动地放弃犯罪行为就可以成立犯罪中止，对于实行中止而言，犯罪中止的成立不仅要求行为人自动地放弃犯罪，同时还必须采取积极的措施防止犯罪结果的发生。作为故意犯罪停止形态的一种，犯罪中止行为仅存在于部分的直接故意犯罪之中。（如举动犯，依照法律规定已着手实行即宣告完成犯罪，不可能存在犯罪中止）由于过失犯罪行为人主观上具备的不是故意危害社会而是过失的心理，客观上我国刑法又限定只有发生危害结果且刑法分则条文有明文规定的才构成犯罪，因而过失犯罪不可能存在犯罪的预备、未遂和中止的形态。根据我国传统刑法理论，间接故意中也不存在任何犯罪停止形态。因为间接故意是放任结果发生，所以不可能为犯罪准备工具、制造条件；在没有发生结果之前，不可能认定行为人有间接故意。

最后，两者的法律后果存在差异。虽然事后自动恢复与犯罪中止对于被害法益的及早恢复均有积极的意义，但是在恢复时间以及法律效果上存在差异。两者的差别在于：法益侵害的严重程度存在差异。如前所述，事后自动恢复的程度可以分为全部恢复与基本恢复，对于全部恢复法益的事后自动恢复与实行终了的犯罪中止在法律后果上并不存在差异，基本恢复法益的事后自动恢复，对于法益的侵害程度重于犯罪中止对法益的侵害程度。在法益恢复的时间问题上，无论是全部恢复法益的事后自动恢复还是基本恢复法益的事后自动恢复都迟于犯罪中止，所以行为人的社会危害性、主观恶性与中止相比都要更深一些。

（二）事后自动恢复与恢复性司法①

恢复性司法（Restorative Justice）始于 20 世纪 70 年代的加拿大。②到 20 世纪 90 年代在西欧国家、美国、新西兰等数十个国家得到不同程度的发展和运用。作为一种与传统刑事司法相异的新型司法模式，恢复性司法自产生之日起就受到了国际社会的广泛关注，目前很多大陆法系国家和英美法系国家均规定了恢复性司法制度。关于恢复性司法的定义，学者们并未达成共识。2002年 4 月联合国《关于在刑事事项中采用恢复性司法方案的基本原

---

① 有关恢复性司法与刑事和解的关系，学者们存在不同意见。一种观点认为刑事和解即恢复性司法；另一种观点认为，两者并不相同。笔者认为，刑事和解是恢复性司法的一种具体的实践方式，恢复性司法的范围宽于刑事和解。
② 参见狄小华、李志刚：《刑事司法前沿问题：恢复性司法研究》，群众出版社 2005 年版，第 10 页。

则》的决议草案，对恢复性司法的定义如下："所谓恢复性司法程序，是指在调解人的帮助下，受害人和罪犯及酌情包括受犯罪影响的任何其他人或者社会成员，共同积极参与解决由犯罪造成的问题的程序的总称。恢复性司法程序通常包括调节、调和、协商和共同确定责任。"① 根据联合国经社理事会《运用恢复性司法方案于犯罪问题的基本原则》宣言草案，恢复性司法是指，运用恢复性过程或者目的实现恢复性结果的任何方案。所谓恢复性结果是指作为恢复性过程的结果而达成的如赔偿、社区服务和其他任何用来实现被害人和社会的恢复以及犯罪人和被害人关系重新整合的方案或者反映的协议。所谓恢复性过程，是指被害人、犯罪人以及受犯罪影响的其他个人或者社区成员，积极参与解决犯罪产生的事务的任何过程，这个过程经常是在一个公正的、不偏私的第三方的帮助下完成，如调解等。② 作为一种刑事司法方式，世界各地采取的恢复性司法的形式也不尽相同。概言之，恢复性司法的模式主要有以下三种，调节程序（mediation），家庭小组会议（Family Group Conferences）以及量刑圈（sentencing circles）。

事后自动恢复与恢复性司法在对法益的恢复这一理念上存在共通之处，但是两者属于不同的制度。

首先，两者的主体不同。事后自动恢复的主体是未被列为犯罪嫌疑人的犯罪人本人；而恢复性司法的主体相对事后自动恢复来说，具有广泛性。不仅包括传统刑事诉讼中的警察、法官、检察官、犯罪人，参与恢复性司法的还包括被害人、被害人家属以及相对独立的调解人等。

---

① 杨宇冠:《联合国刑事司法准则》，中国人民公安大学出版社 2003 年版，第 485 页。

② 参见宋英辉:《刑事诉讼法学研究述评（1978—2008）》，北京师范大学出版社 2009 年版，第 520 页。

其次，两者的性质不同。事后自动恢复会影响法官对于行为人适用的具体刑罚的选择，因为事后自动恢复成立的前提是，行为人先前的某种行为已经构成犯罪，犯罪之后行为人实施的自愿的恢复行为，在恢复法益的情况下，法院对行为人裁量刑罚时应当考虑该情节，据以决定量刑幅度或者免除处罚，因此，事后自动恢复属于一种具体的量刑情节；而恢复性司法是被害人、犯罪人以及受犯罪影响的其他个人或者社区成员，积极参与解决犯罪产生的事务的任何过程，是一种与传统刑事司法相异的新型司法模式。

再次，两者发生的时间不同。事后自动恢复只能发生在行为人实施犯罪之后、被追诉之前；而恢复性司法可以适用于刑事诉讼的任何阶段，甚至可以在刑事司法之外进行。比如发源于新西兰的家庭小组会议，传统青少年司法的失败直接促使该模式进入恢复性司法。目前，每年青年司法会议大概举行 5000 个，使法院的案件数下降 80%。[1] 家庭会议由受过训练的人在预定的日期召集各方举行。起源于加拿大印第安人社区的量刑圈，不引入司法人员，通常在长者的主持下进行。不过正式司法系统的官员必须参加，以确保被害人与犯罪人均受到公平的待遇。

最后，两者适用案件的范围不同。事后自动恢复只能适用在法益具有可恢复性的刑事案件案件中，换言之，并非所有的刑事案件都存在成立事后自动恢复的空间；恢复性司法在早期的加拿大主要在未成年犯罪案件以及轻微的犯罪案件中适用，但是现在美国与欧洲一些国家已经在放火、杀人未遂、强奸等严重的犯罪案件中适用恢复性司法。可见，恢复性司法适用的范围宽于事后自动恢复适用的范围。

---

① 参见吴立志：《恢复性司法基本理念研究》，中国政法大学出版社 2012 年版，第 26 页。

（三）事后自动恢复与刑事和解

刑事和解即加害人与被害人和解，（victim-offender reconciliation, VOA）一般是指在加害人实施犯罪之后，通过调停人的从中调节，促成加害人与被害人之间的直接接触、协商，从而解决刑事纠纷或者冲突的一种刑事司法制度。刑事和解是刑事司法领域的一种改革尝试，它一改传统刑事司法中以国家为本位，强调国家对犯罪人行使刑罚来对犯罪人进行矫正的刑事司法理论，注重关注受害人权利的保护，对于受害人而言，刑事和解制度可以促使受害人利益得到尽早恢复与补偿。通过与加害人进行沟通，达成比较满意的和解协议，恢复自己的合法利益。对于加害人而言，加害人以向受害人赔礼道歉、赔偿损失等方式赢得受害人的谅解，并认真履行和解协议，可以促进加害人悔过自新，及早复归社会。可见，刑事和解制度能够均衡国家、加害人、受害人三方的利益，并且刑事和解制度在减少刑罚的适用，克服监禁刑的弊端，节约司法资源，及早修复因加害人的犯罪行为而被破坏的社会关系以及使犯罪人改过自新，及早复归社会等方面发挥着重要的作用。

鉴于刑事和解制度的优越性，目前世界上很多国家都在立法上对刑事和解制度进行了明确的规定，如俄罗斯、德国等。我国刑事诉讼法第288条规定，因民间纠纷引起的涉嫌刑法分则第四章侵犯人身权利民主权利、第五章侵犯财产犯罪中可能判处3年有期徒刑以下刑罚的故意犯罪案件，以及可能判处7年有期徒刑以下刑罚的过失犯罪（渎职罪除外）案件可以适用刑事和解。但是，上述案件中的犯罪嫌疑人、被告人在5年以内曾经故意犯罪的，排除适用。对于达成和解协议的案件，司法机关在处理时可以考虑依法从宽处罚。

事后自动恢复与刑事和解存在一定的相似之处。比如事后自动恢复与刑事和解均是出自行为人的自愿，在某些犯罪中事后自动恢复与刑事和解都是通过赔偿损失或者赔礼道歉等方式恢复被犯罪行为所破坏的法益，并且两者均发生在实施犯罪之后，都会对刑罚的具体适用产生一定的影响。虽然事后自动恢复与刑事和解在表象上有很多相似之处，但是两者是完全不同的两种制度。

首先，两者的参与主体不同。根据刑事诉讼法第 108 条第 2 项之规定，被害人的诉讼地位为当事人。因此，犯罪嫌疑人、被告人可以直接与被害人协商，达成和解。这是刑事和解制度与事后自动恢复的重要区别。事后自动恢复的主体只能是未被列为犯罪嫌疑人的犯罪人本人。

其次，两者的成立时间存在差别。刑事和解是出于犯罪嫌疑人、被告人的自愿真诚的悔罪，这也是成立刑事和解的前提。悔罪是指犯罪人犯罪之后，法院裁判之前认罪并悔悟的情况。可见在犯罪人犯罪之后直至法院判决之前，均存在成立刑事和解的空间；而事后自动恢复的成立时间只能是在实施犯罪之后，被追诉之前。（关于为何做如此界定，笔者会第四章详细论述）

最后，两者适用的案件范围不同。允许当事人刑事和解的案件包括两大类：一类是因民间纠纷引起，涉嫌侵犯人身、财产类犯罪（刑法分则第四、五章）的案件；另一类是除渎职罪之外的，可能判处 7 年有期徒刑以下刑罚的过失犯罪案件。例外情况是即使属于上述两种案件的范围，对于犯罪嫌疑人、被告人在 5 年内曾经故意犯罪，不论其是否被判处刑罚，禁止适用当事人和解。之所以作如此规定原因在于：在此类案件中，犯罪嫌疑人、被告人的社会危害性、主观恶性及人身危险性都较深，属于从重处罚的情节。[①] 可见，刑事和解适用的案件范围比较窄。与之相反，成立事后自动恢复的案件范围要远远宽于刑事和解。只要被害法益

---

① 参见陈光中：《〈中华人民共和国刑事诉讼法〉修改条文释义与点评》，人民法院出版社 2012 年版，第 420 页。

具有可恢复性，且行为人出于自愿积极恢复的，都存在成立事后自动恢复的空间，并且事后自动恢复的成立不受一定时间内是否有犯罪记录或者是否被判处刑罚的限制。

（四）事后自动恢复与辩诉交易

辩诉交易亦称辩诉协议（Plea Negotiations）或者辩诉谈判（Plea Agreement），是指检察官与被告方（通常由辩护律师代表）就被告人的罪行和量刑问题进行协商和交易，以得到被告人的有罪答辩从而不经审判而了结案件的一种诉讼方式。[1]辩诉交易制度19世纪产生于美国。1970年，美国联邦最高法院在 Brady v. U.S.[2]一案的判决中正式确立了辩诉交易制度的合法性，并在第二年的Santobell v. New York 案的判决中，再一次强调了辩诉交易制度的合理性。[3]1974年美国修订实施的联邦刑事诉讼规则明确地将辩诉交易作为一项正式的诉讼制度确定下来，从而使辩诉交易得以制度化、法典化。目前，美国联邦和各州约有90%的刑事案件是以辩诉交易的方式结案的。[4]

事后自动恢复与辩诉交易之间存在一定的相似之处。比如，事后自动恢复与辩诉交易在当事人的"主动性"方面存在一定的共性，（美国联邦刑事诉讼规则第11条要求法官在接受被告人作出的有罪答辩时，必须审查被告人的选择是否出于"自愿与理性"）并且无论是事后自动恢复的行为人还是辩诉交易的当事人在理论上都会获得从轻处罚。但是，两者存在明显的不同。

第一，两者的性质不同。事后自动恢复会影响法官对于行为

---

[1] 参见陈瑞华：《比较刑事诉讼法》，中国人民大学出版社2010年版，第418页。

[2] Brady v. United States, 379.U.S.742, 752–53（1970）.

[3] Santobell v. New York, 404. U.S.25, 260（1971）.

[4] 参见陈瑞华：《比较刑事诉讼法》，中国人民大学出版社2010年版，第419页。

人适用的具体刑罚的选择，属于一种具体的量刑情节；而辩诉交易虽然对刑罚的选择有一定的影响，但是从本质上讲，辩诉交易是一种具体的诉讼方式。

第二，两者的主体不同。事后自动恢复，确切地说是实施犯罪之后，犯罪人的一种自愿的积极补救行为，其主体只能是犯罪人本人；而辩诉交易作为一种具体的诉讼方式，主体包括检察官与被告方（主要是辩护律师）。

第三，两者成立的标准不同。事后自动恢复的成立，需要犯罪人在实施犯罪行为之后，在被追诉之前，通过实施自愿的积极的补救行为，全部或者部分恢复了其先前的犯罪行为所破坏的法益的情况下，才能成立事后自动恢复。而辩诉交易中关于"答辩协议"的形成，根据美国联邦刑事诉讼规则的规定，"检察官与辩护律师之间，或者与被告人之间（当被告人自行辩护时）可以进行讨论以达成协议，即被告人对被指控的犯罪，或者轻一点的犯罪或者相关犯罪作承认有罪的答辩或不愿辩护也不承认有罪的答辩"，① 检察官可以撤销、降格指控或建议较轻刑罚。其中的有罪答辩大多发生在法庭审判前的"罪状答辩程序"（arraignment）中。被告人选择了有罪答辩，意味着被告人主动放弃了陪审团审判的权利，承认检察官关于其犯罪的指控。法院可以省略复杂的对抗式的审判程序，根据被告人的有罪答辩直接对被告人定罪和量刑。有罪答辩一般采取两种方式：一是被告人自动供述有罪，并希望借此获得较轻处罚的无争议的答辩（no-dispute pleas）；二是检察官和被告人在答辩前私下进行协商、妥协，最后达成被告人有罪的答辩，检察官则相应地减少控罪或降低控罪的幅度，或者向法院提出建议对被告人减轻刑罚处罚的通过交易和协商而作出

① 《美国联邦刑事诉讼规则和证据规则》，卞建林译，中国政法大学出版社 1996 年版，第 44 页。

的答辩（bargained pleas）。目前，被告人作出的有罪答辩绝大部分属于通过交易和协商而作出的答辩。辩诉交易主要有控罪交易（charge bargain）和判刑交易（sentence bargain）两种方式，并且在具体适用上也十分自由。

第四，两者的法律效果可能存在差异。存在事后自动恢复，根据被害法益的性质和恢复的程度可能会获得较轻的刑罚，也可能综合全案情节，不给予犯罪人较轻的处罚；而辩诉交易作为被告人、检察官之间关于刑罚的交易，势必会使被告人获得较轻的刑罚处罚。

第五，两者发生的时间不同。事后自动恢复只能发生在行为人实施犯罪之后，被追诉之前；而辩诉交易可以在审判前任何时间内进行，在时间上相对自由。

第六，两者适用的案件范围不同。事后自动恢复适用的案件范围受被害法益的影响，并非所有的法益都可以恢复，因此，事后自动恢复并非适用所有的案件；对于辩诉交易而言，法律和判例对于可以适用辩诉交易这一程序的案件范围并未作出任何限制。可见，较之事后自动恢复，辩诉交易适用案件的范围更宽。

（五）事后自动恢复与刑事损害赔偿[①]

刑事损害赔偿，与民事损害赔偿相对应，是特指在有具体的刑事犯罪案件中，犯罪人因其自身犯罪行为导致的物质上或者精神上损害的犯罪被害人（包括自然人、法人或者其他组织）予以赔偿的一种法律制度。刑事损害赔偿不仅适用于公诉案件，在自

---

① 一般认为，刑事损害赔偿有三种含义：一是指冤狱赔偿，即为国家宣告无罪，而一度被追诉、羁押、处罚者的赔偿。二是指犯罪人对于被害人或者其家属，赔偿因其犯罪所受的损失。三是指国家对于因犯罪而被害者所为的赔偿。鉴于刑事损害赔偿的第二种含义与事后自动恢复存在一定的相似性，所以本书的刑事损害赔偿特指第二种含义。

诉案件中也可以适用。

　　我国刑法与刑事诉讼法中均规定了刑事损害赔偿。其中刑法总则涉及刑事损害赔偿的条文有第 36 条、第 37 条，并在第 36 条第 2 款确立了"民事赔偿优先"的原则。刑法第 36 条规定："由于犯罪行为而使被害人遭受经济损失的，对犯罪分子除依法给予刑事处罚外，并应根据情况判处赔偿经济损失。承担民事赔偿责任的犯罪分子，同时被判处罚金，其财产不足以支付的，或者被判处没收财产的，应当先承担对被害人的民事赔偿责任。"第 37 条规定："对于犯罪情节轻微不需要判处刑罚的，可以免予刑事处罚，但是可以根据案件的不同情况，予以训诫或者责令具结悔过、赔礼道歉、赔偿损失，或者由主管部门予以行政处罚或者行政处分。"现行刑法分则之中涉及刑事损害赔偿的条文是刑法第 276 条之一规定的拒不支付劳动报酬罪。除此以外，相关司法解释对具体个罪的刑事损害赔偿有所涉及。2000 年 11 月 10 日最高人民法院发布的《关于审理交通肇事刑事案件具体应用法律若干问题的解释》第 2 条第 1 款第 3 项、第 4 条第 3 项，涉及有关交通肇事罪刑事损害赔偿的具体规定。即"（三）造成公共财产或者他人财产直接损失，负事故全部或者主要责任，无能力赔偿数额在三十万元以上的；"，"（三）造成公共财产或者他人财产直接损失，负事故全部或者主要责任，无能力赔偿数额在六十万元以上的"。

　　事后自动恢复与刑事损害赔偿在结果上存在相似之处，即受害法益得到了部分或者全部的恢复。不过两者在本质上存在差异。

　　首先，两者成立的条件不同。事后自动恢复是实施犯罪以后，犯罪人出于自愿的一种事后的补救行为，成立该行为只要犯罪人积极主动恢复法益即可；而以刑事损害赔偿实现的主要手段是附带民事诉讼为主的刑事损害赔偿必须以刑事诉讼的成立为前提。

　　其次，两者的主体不同。如前所述，事后自动恢复的主体是犯罪人本人；而刑事损害赔偿的主体为受犯罪侵害的"被害人"，包括自然人、法人和其他组织，在被害人为未成年人或者精神病人等无行为能力或者限制行为能力人时，其法定代理人可以作为代理人提起附带民事诉讼，不过被害人本人仍然列为附带民事诉讼的原告人。在被害人死亡的情况下，其近亲属可以被列为原告提起附带民事诉讼。在被害人是国家或者集体的情况下，受损单位未提起附带民事诉讼的，人民检察院在提起公诉时可以提起附带民事诉讼。

再次，两者的实现方式不同。事后自动恢复的实现只要犯罪人在实施犯罪之后，被追诉之前，自愿实施积极的恢复行为，并且其先前的犯罪行为所破坏的法益得到全部或者部分恢复的，就实现了事后自动恢复；刑事损害赔偿相对于事后自动恢复而言，其实现的方式相对繁琐。我国刑事诉讼法涉及条文4条。分别对附带民事诉讼的提起主体、提起条件、赔偿范围（第101条），附带民事诉讼保全的决定、申请、法定措施（第102条），附带民事诉讼的调解和裁判（第103条），附带民事诉讼的审结方式（第104条）作出了规定，[①] 与事后自动恢复中犯罪人的自愿补救行为不同，刑事损害赔偿中有的犯罪人会主动赔偿被害人的物质损失，而有的犯罪人则是在法院责令的情况下被动地赔偿被害人的物质损失。

---

　　① 刑事诉讼法第101条第1款规定："被害人由于被告人的犯罪行为而遭受物质损失的，在刑事诉讼过程中，有权提起附带民事诉讼。被害人死亡或者丧失行为能力的，被害人的法定代理人、近亲属有权提起附带民事诉讼。"第102条规定："人民法院在必要的时候，可以采取保全措施，查封、扣押或者冻结被告人的财产。附带民事诉讼原告人或者人民检察院可以申请人民法院采取保全措施。人民法院采取保全措施，适用民事诉讼法的有关规定。"第103条规定："人民法院审理附带民事诉讼案件，可以进行调解，或者根据物质损失情况作出判决、裁定。"第104条规定："附带民事诉讼应当同刑事案件一并审判，只有为了防止刑事案件审判的过分迟延，才可以在刑事案件审判后，由同一审判组织继续审理附带民事诉讼。"

最后，两者适用的案件范围不同。事后自动恢复仅适用于法益能够被恢复的案件中，对于法益不能够被恢复的案件，是不可能存在事后自动恢复的。刑事损害赔偿不仅仅限于法益能够被恢复的案件，对于法益不能够被恢复的案件，也能够予以刑事损害的赔偿，因此其适用范围大于事后自动恢复。不过两者适用案件的范围存在交叉之处。

（六）事后自动恢复与认罪认罚从宽制度

学界通说观点认为，所谓认罪认罚从宽，是指在刑事诉讼过程中，国家机关从实体以及程序上加以引导、鼓励确有犯罪事实的犯罪嫌疑人、被告人自愿认罪、认罚，在此基础上给予犯罪嫌疑人、被告人从宽处理、处罚的一系列法律制度、诉讼程序的法律制度的总称。[①]认罪认罚从宽制度是坦白从宽刑事政策的具体化和制度化，是宽严相济刑事政策的重要组成部分。宽严相济是贯穿指导刑事立法司法的基本刑事政策，适用于所有刑事案件，和自首、坦白一样，没有特殊的范围限制。鉴于此，认罪认罚从宽制度原则是没有限定适用的罪名和刑罚。但是司法实践普遍认为，在认罪认罚从宽制度的适用上要防止"一刀切"，要坚持宽严相济刑事政策，对犯罪性质恶劣、犯罪手段残忍、社会危害性严重、群众反映强烈的案件，特别是认罪认罚价值不大的，适用认罪认罚从宽制度应当特别的慎重。[②]

认罪认罚从宽制度与事后自动恢复之间的共同点在于，都具有轻刑化的特质，都能够实现犯罪人与被害人"共赢"。认罪认罚从宽对被告人而言，通过自愿认罪认罚的程序选择，获得实体上

①参见顾永忠：《关于完善认罪认罚从宽制度的几个理论问题》，载《当代法学》2016年第6期。

②参见胡云腾：《认罪认罚从宽制度的理解与适用》，人民法院出版社2018年版，第5页。

和程序上实实在在的从宽处理；对被害人而言，通过被告人的认罪认罚，真诚悔罪，不仅能够平复和慰藉受伤的感情，而且能够及时得到赔偿。事后自动恢复对于行为人而言，通过既遂后积极的恢复行为，全部或者部分恢复了法益，由此获得轻刑甚至免刑的结果；对于被害人而言，通过行为人的事后恢复行为，能够及时恢复被害法益，将犯罪的损害降至最低，无疑实现了犯罪人与被害人的"双赢"。

认罪认罚从宽制度虽然也具有轻刑化的特质，但是与事后自动恢复之间还是存在根本区别。

首先，两者的适用范围不同。如前所述，从理论层面，认罪认罚从宽制度适用案件的范围并无限制。但是对严重危害国家安全、严重暴力犯罪，以及社会普遍关注的重大敏感案件，适用认罪认罚从宽必须慎重、从严把握。事后自动恢复仅适用于法益能够被恢复的案件中，对于法益不能够被恢复的案件，是不可能存在事后自动恢复的，并且事后自动恢复可以适用于重罪案件也可适用于轻罪案件。

其次，两者的从宽处罚根据存在不同。认罪认罚从宽的根据与自首、坦白等类似，是由国家发起的，参与主体包括犯罪嫌疑人和被告人，目的是减少国家司法成本的投入，节约成本、提高效率而启动的制度，该制度符合刑罚经济性、功利性的要求。事后自动恢复不同于认罪认罚从宽，行为人得到从宽的根据是行为人在犯罪既遂后实施了恢复法益的良善行为，是行为人自己发起的行为。

（七）事后自动恢复与刑罚消除事由

刑罚消除事由源于意大利刑法理论，是意大利刑法学上的常用概念。主要指犯罪既遂后并且判决已然生效之后，由于出现了某些法定的原因导致有罪判决被消除。①在我国，对于这种由于法定和事实的原因，使基于具体犯罪而产生的法律后果适用权消灭的现象称之为刑罚消灭或者法律后果的消灭。②分为在判决确定前，使观念的法律后果适用权消灭的事由与判决确定后使现实的法律后果适用权消灭的事由，其中有些事由兼具双重性质。法律后果消灭事由大体包括：（1）超过追诉时效；（2）特赦免除刑罚；（3）告诉才处理的犯罪、没有告诉或者撤回告诉；（4）犯罪嫌疑人、被告人死亡；（5）其他法定事由。

事后自动恢复与刑罚消除事由存在本质不同。事后自动恢复的行为人通过积极主动的恢复其先前的犯罪所破坏的法益的行为，来达到阻却刑罚启动的可能。换言之，事后自动恢复行为是在刑罚确定以前能够影响实际刑罚的行为。刑罚消除事由是在刑事责任确定后影响刑罚实际执行的情况。由于有些犯罪的法益本身并不具有可恢复性，事后自动恢复行为注定不能涵盖所有犯罪，但是刑罚消除事由显然不受任何限制，只要是刑法明文规定的犯罪行为，都可能出现刑罚消灭的事由。

（八）事后自动恢复与客观处罚条件

客观处罚条件是德国刑法学家 Binding 提出的，针对"有条件的犯罪"的概念，他认为，一违法行为能否受到处罚，源于未来非确定的、存在于犯罪行为以外的结果。③换言之，一行为即使符合构成要件、违法且有责，也并非一定会受到刑法处罚，根

---

① 参见魏汉涛：《个人解除刑罚事由制度探究》，载《法商研究》2014 年第 4 期。

② 参见张明楷：《刑法学》（第五版），法律出版社 2016 年版，第 647 页。

③ 参见王钰：《对客观处罚条件性质的历史性考察》，载《清华法学》2012 年第 1 期。

据德、日刑法关于犯罪构成的三阶层理论，构成要件要素仅仅能够宣示是犯罪的成立。以日本为例，日本刑法第 197 条第 2 款规定，如果行为人是未来将充当公务员的人，以未来担任的职务为筹码，索取、收受或者约定就职后收受贿赂，在其担任公务员以后，处 5 年以下惩役。[①] 根据三阶层理论，行为人在担任公务员前就今后担任公务员索取、收受或者约定贿赂的行为已然成立犯罪，但是这时对行为人还不能启动刑罚，在行为人正式担任公务员时刑罚权得以启动。就本罪而言，"实际担任公务员"就成为本罪的客观处罚条件。对于客观处罚条件定性问题，德、日刑法理论通说认为，客观处罚条件并非故意和过失的认识对象，独立作为犯罪成立要件的构成要件符合性、违法性和有责性，是出于刑事政策的考虑。

事后自动恢复与客观处罚条件存在本质区别。首先，两者对待刑罚权的立场不同。事后自动恢复是行为人通过自己的恢复法益的良善行为阻止刑罚权的发动，简言之，事后自动恢复是阻止刑罚权发动的事由之一，而客观处罚条件是启动现实刑罚的依据，该条件的具备，意味着刑罚权的发动，三阶层理论关于犯罪的宣示转变为现实的刑罚。其次，两者决定的主体不同。事后自动恢复，"自动"一词顾名思义，是行为人自己就可以决定的行为，是行为人在犯罪既遂后对结果的自主、有效掌控，而客观处罚条件显然不由行为人自己掌控的，其完全取决于外在的客观因素。

---

① 参见 ［日］ 大塚仁:《刑法概说总论》，冯军译，中国人民大学出版社 2003 年版，第 439 页。

第二节　事后自动恢复制度构建的理论基础

事后自动恢复的理论基础是事后自动恢复概念存在的基础，也是事后自动恢复制度得以构建的基础，是事后自动恢复制度设立和责任评价的重要依据。当前，国内外关于事后自动恢复的理论基础存在较大分歧，直接导致了对事后自动恢复的成立以及处罚原则上的认识差异。

一、事后自动恢复现象既有理论及评析

（一）我国学者提出的现有理论及评析

在笔者之前，刑法学界并未有学者提出过事后自动恢复的概念，所以关于事后自动恢复，我国刑法理论并未作为出体系性研究。仅针对危险犯既遂后自动恢复行为的性质，提出了"特殊中止说"的观点。"特殊中止说"具体包括"危险犯中止说""实害犯中止说""危险实质化判断说"。针对行贿犯罪的事后自动恢复现象，提出了"特别自首说"的观点。可以得出的结论是，目前我国刑法理论对于事后自动恢复现象并未形成一个整体、统一、清晰的认识。在这种情况下，我国学者针对事后自动恢复现象所提出的理论当然无法为事后自动恢复制度的构建提供理论支撑。

（二）域外学者提出的现有理论及评析

关于事后自动恢复现象，德国、意大利等国的刑法学者已经开始关注这一问题，并提出了相应的概念——个人解除刑罚事由。在上述国家和地区的刑法理论中，个人解除刑罚事由与违法阻却

事由、责任阻却事由并列存在。不过，个人解除刑罚事由说存在一定的不足，不能够成为事后自动恢复的理论支撑。

1. 缺乏基础理论研究。因为事后自动恢复同样不是德国、意大利等国刑法典明文规定的制度，所以对此该国学者研究并不深入，主要存在"刑罚奖励说"、"刑事政策说"以及"违法性削弱说"。"刑罚奖励说"认为，行为人后续的行为虽然不能够改变已然既遂的犯罪形态，但是后续恢复法益的行为应当得到肯定和奖励。[①]"刑事政策说"则认为，个人解除刑罚事由符合预防犯罪刑事政策的精髓，与犯罪中止性质相同，都可以为犯罪人提供悔过之路，学界将其称之为"金桥理论"。[②]除此以外，"违法性削弱说"也有部分学者支持。该说认为，行为人犯罪既遂后的补救行为表明了其反规范意识的放弃或者说减弱，并且从结果无价值角度考量，行为客观违法性被大幅度减少。[③]上述观点均存在一定的合理之处，但是均不能作为事后自动恢复的理论基础。"刑罚奖励说"与"刑事政策说"既可以作为犯罪中止的理论基础，也可以作为事后自动恢复的理论基础，但如果作为事后自动恢复的理论基础，均是出自将犯罪既遂后的自动恢复法益的行为视为犯罪既遂后的"中止"，这与我国的特殊中止说并无不同，极易造成刑法理论上的混乱。其实，"刑罚奖励说""刑事政策说"同样可以作为自首、立功、坦白等为何是从宽处罚情节的理由。换言之，刑法上一切从宽处罚情节的存在都可以用这两种学说解释。鉴于此，"刑罚奖励说"与"刑事政策说"不能对事后自动恢复出罪化、轻刑化作出合理的解释。"违法性削弱说"并无关注行为人实施事后自动恢

---

① 参见魏汉涛：《"个人解除刑罚事由"制度探索》，载《法商研究》2014年第4期。

② 参见马克昌：《犯罪通论》，武汉大学出版社1999年版，第581页。

③ 参见陈子平：《刑法总论》，中国人民大学出版社2009年版，第293页。

复行为的时间节点，并且违法性削弱的提法回溯到了犯罪既遂之前的时间段。事实上，事后自动恢复得以轻刑化甚至出罪化与犯罪的构成要件并无关系，只与惩罚根据与刑罚的目的存在密切联系。可见，域外的"个人解除刑罚事由理论"在性质上是与违法阻却事由、责任阻却事由相并列的概念，基本上是为了解决类似中止犯、准中止犯减免处罚的问题，实际上是对准中止犯的概念置换，在解释事后自动恢复这种个人行为对抗国家刑罚权的问题无论从性质上还是体系上都是不够的。

2. 体系性论证不周延。个人解除刑罚事由无论是在德国还是意大利，主要是为了解释一部分构成要件齐备或者是犯罪在出现既遂状态前行为人撤回危害结果的行为处罚根据的问题。事实上，按照刑法理论，危害结果在刑法中指向的是结果犯，也就是说危害结果是作为结果犯的构成要件要素而存在的。但是，德国、意大利等国的个人解除刑罚事由的研究大多是建立在危险犯与行为犯的基础之上，在研究的过程中几乎没有涉及结果犯，并且在刑事立法中也不存在关于结果犯的个人解除刑罚事由的规定。德国刑法典中涉及个人解除刑罚事由的条款是伪证罪、放火罪等罪名，意大利刑法典与德国刑法典几乎一致，也是在伪证罪以及聚众暴乱罪中存在个人解除刑罚事由。即使在存在事后自动恢复制度的我国澳门地区刑法典也仅仅将事后自动恢复限于危险犯。可见"个人解除刑罚事由理论"与我国"特殊中止说"类似，均是为了解决危险犯既遂后行为人能否成立中止的问题，在危险犯以外，譬如结果犯的场合，尚无学者展开研究。这也就印证了"个人解除刑罚事由理论"在体系上的不周延。应该认为，危险犯、行为犯法益保护前置的立法体例，犯罪既遂与实害结果发生的时空上存在一定的差距，所以在这段时间里，行为人采取积极的行为，避免实害结果的出现用个人解除刑罚事由加以解释没有问题，但是理论作为抽象的存在在实践层面必须体系化、协调化，否则难以作为理论达到刑法体系的周延。实践中，除危险犯以外，结果犯中大量存在事后自动恢复的情况，但是显然不是德、意"个人解除刑罚事由理论"以及我国的"特殊中止说"可以囊括的。比如，我国刑法中规定的关于信用卡诈骗罪，其司法解释中存在的关于恶意透支型的信用卡诈骗罪的事后自动恢复的处罚依据在上述理论中就无法得出合理的解释。

3. 缺乏类型化考量。刑法作为最后的保护法，其保护的法益涉及方方面面。在个人法益的领域，存在人身法益和财产法益。对于财产法益，其侵害能否被恢复大概没有太多争议，但是涉及的人身法益能否被恢复的问题，我国学者和国外学者并未作过多的考虑，即使有学者关注到这一问题，也是往往采取否定的回答。[①] 对涉及国家法益的犯罪，比如贪污罪、受贿罪等，能否在既遂后被恢复的问题，"个人解除刑罚事由理论"显然无法给出答案，并且在以逻辑性、严谨性著称的德国刑法以及德国刑法学者眼中，伪证罪等犯罪中的个人解除刑罚事由也未引起足够的重视。个人解除刑罚事由并未区分具体犯罪的不同法益，将所有犯罪一概而论，其得出的结论的科学性可能存在不足。

二、事后自动恢复制度构建之理论基础

对事后自动恢复这一理论与实践都亟须解决的重大现实问题，无论是我国刑法学界提出的"特殊中止说""特别自首说"还是德国、意大利学者提出的"个人解除刑罚事由理论"均停留在对事后自动恢复结论性、描述性的概念表述，并未从整个刑法发展的

---

① 参见庄绪龙:《"法益可恢复性犯罪"概念之提倡》，载《中外法学》2017 年第 4 期。

高度论及该类行为出罪化、轻刑化的根据，故而不能作为构建科学的事后自动恢复制度的理论基础。笔者认为，事后自动恢复概念的归纳及其论据的支撑能够解释事后自动恢复现象的出罪化、轻刑化，同时也能够对事后自动恢复制度构建的理论基础进行科学完整的阐释。

（一）法益保护的可恢复性路径

刑法的立法目的是"惩罚犯罪，保护人民"。根据该立法目的可知，保护法益是刑法的任务，而为了实现该任务，刑法天然地要禁止和惩罚犯罪行为。也就是说，惩罚和保护在刑法中是密不可分的关系：惩罚是保护法益的手段，通过惩罚实现保护法益的目的，而保护目的的实现是刑罚惩罚强度的依据，只有实现了保护法益的目的，惩罚才具有合理性，不能一味追求惩罚而滥用惩罚。[①] 那么，法益保护的目的是否仅能够通过"惩罚"一种手段实现呢？司法实践中，法益保护这一刑法目的通过"求刑—量刑—行刑"的模式实现。但是这一模式对法益保护到底有多大的贡献，是值得探讨的。

在这一问题上，笔者赞同庄绪龙博士的观点，"求刑—量刑—行刑"这一模式对具体个案中所侵犯的法益保护并无太大贡献。理由在于：在犯罪已然发生并且既遂之后，法益已然遭到侵犯的情况下被迫启动"求刑—量刑—行刑"这一模式，对法益不能起到任何保护作用。在具体个案中，上述模式无非是以国家刑权力作为手段，通过对犯罪人施加刑罚处罚的方式来慰藉被害人及其亲属，而对"法益保护"本身而言毫无贡献。不过，这并非否认刑法存在的价值，"求刑—量刑—行刑"这一模式虽然针对个案的法益并无太多实质的保护作用，但是通过对具体个案，彰显刑罚一

[①] 参见张明楷：《刑法学》（第五版），法律出版社 2016 年版，第 21 页。

般预防与特殊预防的功能，可以实现对未来可能发生的法益侵害形成震慑，间接实现"法益保护"的目的。[①]这种对法益的间接保护是常规性的法益保护的途径。那么是否存在直接保护法益的路径呢？显然，事后自动恢复概念的提出可以成为法益保护的直接路径，亦可以称之为法益保护的可恢复性路径。所谓法益保护的可恢复性路径，是指在犯罪行为实施终了或出现危害结果，犯罪已然既遂的情况下，如果被害法益本身能够通过一定的行为予以恢复的情况下，被害人积极采取相应的行为，使得被害法益得以全部或者部分恢复，从而实现具体个案"法益保护"的目的。相对于传统路径间接保护法益的宣示，事后自动恢复着眼于具体个案中法益，对具体个案法益的保护起到了理论与实践的双重价值。

事后自动恢复得以出罪化、轻刑化的理念，在意大利刑法中，"排除可罚性条件"制度与之存在异曲同工之处。比如，意大利刑法中规定："行为人最迟于法庭辩论开始之前，撤回诬告或者虚假证明、鉴定、翻译的以及在当局命令解散前主动退出聚众暴乱的，即可排除可罚性。"[②]分析可知，这种规定的存在在于立法者考虑到刑法存在的根本在于对法益的保护。在法益保护面前，刑法始终是实现该目的的工具，所以在行为人犯罪既遂后积极主动消除犯罪所导致的危害结果时，或者排除危险进一步发生时，应当对该种行为予以奖励，因为这种行为从本质上讲，对法益起到了保护的作用。因此，在设置排除可罚性条件时，法律有理由认为，尽管时间上晚于犯罪中止，但是刑法的威慑目的已经达到，没有继续适用的必要。

---

① 参见庄绪龙:《"法益可恢复性犯罪"概念之提倡》，载《中外法学》2017 年第 4 期。

② 参见［意］杜里奥·帕多瓦尼:《意大利刑法学原理》，陈忠林译，中国人民大学出版社 2004 年版，第 343 页。

（二）恢复性制裁的法理基础

从法理角度分析，顺畅、稳定、安全的社会秩序在顺利运行的情况下是规制之治的根本目标。国与国之间、国家社会团体之间以及公民个人之间的地位、关系的正常顺利的运行，健全的秩序保障必不可少。正如美国法学家富勒在《法律的道德性》一书中写道，"在我所写的所有文字中，只有一段文字能够唯一称之为法律的定义表述，即：只有规制之治能够使人类行为为之服从，而这规制之治就是法律"。①德国法学家拉德布鲁赫对秩序与规则治理以及法律之间关系的问题作出了深刻的解释。在拉德布鲁赫看来，所有客观世界存在的由人类发现的秩序，以及人类在社会生活中致力于促成的秩序，都可以以法律的形式加以规定和概括名称，典型的如自然法则、道德与习惯法则、逻辑与美学法则等。②

其实，法律的存在与法律的运行其基本的目标是规则的治理与秩序的维持。在这一持续过程中，法律保护当事人合法获取正当利益，在合法获取正当利益之后合法保有正当利益，一切法律规定的权利与义务的设置均围绕上述目标。在刑法领域，犯罪的本质是侵害法益的行为，也就是学界所界定的"利益侵害"。相对而言，刑罚的本质是对法益的保护，即"利益保护"，以刑罚的保护对象论为前提，我们首先应该根据作为法益的一般载体的法乃至纯粹规范的保护对象，即"为社会构成成员的共同生活的必不可少的条件"，是什么样的条件，应该以如何把握的问题和必须以

---

① 参见［美］富勒：《法律的道德性》，郑戈译，商务印书馆2005年版，第124页。

② 参见［德］拉德布鲁赫：《法学导论》，米健译，商务印书馆2013年版，第12页。

什么样的形式提出问题。① 犯罪与刑罚二者的本质共同统一为"利益"。一般来说，以国家暴力为后盾的法律制裁是利益保护的手段。法律制裁是国家专门机关对违法者应当承担的法律责任所采取的强制惩罚措施。当然从另一方面出发，法律制裁同时也是国家为恢复和维护法律秩序所采取的强制措施，具体范围为：针对被害人的权力恢复措施，针对违法者、犯罪人的惩罚性措施。权力恢复措施顾名思义，旨在消除违法者、犯罪人的行为所造成的损害，进而恢复被害人的合法权益，同时确保已有义务能够得到履行。从惩罚性措施的角度，旨在使违法人、犯罪人能够承担惩罚责任，对其行为追加惩罚，违法人、犯罪人必须予以承受的新的义务。② 涂尔干对法律制裁作出了类似的分类，指出依据民法、商法、诉讼法等法律作出的制裁统称为恢复性制裁，而依据刑法作出的制裁称之为压力性制裁。③ 民事制裁主要采取恢复权力、排除妨害作为其主要手段；与之相反，刑事制裁主要以对犯罪人施以刑罚作为主要手段。两种制裁措施可谓是泾渭分明。但是这两种不同的制裁方式并非对立存在，在特殊领域比如民刑交叉领域会发生混同。换言之，恢复性制裁与压力性制裁的界限本就极易模糊。可以考虑将事后自动恢复纳入恢复性制裁法律的视阈内。行为人之前的犯罪行为当然值得动用压力性制裁，但是在犯罪行为既遂后，行为人主动恢复法益的行为显然更为符合恢复性制裁的法理基础。鉴于此，恢复性制裁的法理应当成为事后自动恢复的理论基础。

---

① 参见［日］伊东研祐:《法益概念史研究》，秦一禾译，中国人民大学出版社 2014 年版，第 350–351 页。

② 参见孙国华、朱景文主编:《法理学》，中国人民大学出版社 1999 年版，第 390 页。

③ 参见［法］涂尔干:《社会分工论》，渠东译，三联书店 2000 年版，第 32 页。

（三）证明困境下的人道主义诉求

在司法实践中，盗开汽车等使用型盗窃的情况时有发生。对使用型盗窃进行刑法评价，需要证明行为人具有"非法占有的目的"。在侵犯财产法益的犯罪的领域，行为人是否存在"非法占有目的"是此罪与彼罪区分的关键所在。所谓非法占有目的，是指排除财物的权利人，以财物的用途对他人的财物进行利用、处分的意思。鉴于此，非法占有目的由两方面构成，排除他人的"排除意思"以及针对他人财物的"利用意思"。"排除意思"更多侧重法律层面，而"利用意思"则是侧重经济层面的分析，二者在机能方面不同。[1] 排除意思的机能在于：将缺乏排除意思的、不值得刑罚处罚的盗用行为排除出犯罪行为，可以肯定的是，行为人具有长久或者长期不法占有他人财物的意思，就具有了排除意思。利用意思的主要机能在于：区分盗窃等犯罪与故意毁坏财物罪的界限。换言之，如果案件不涉及盗窃等犯罪与故意毁坏财物罪的区分，则只需要判断排除意思。

比如，爱慕虚荣的甲为参加同学聚会，偷拿了室友乙的钻石项链，并打算在同学聚会后偷偷归还。但是乙及时发现报警，甲在同学聚会尚未结束即被抓获。本案中，甲并不具有长久或者长期不法占有他人财物的意思，但是在司法实践中这种意思却很难得到证明，并且根据当前的司法传统，甲这种陈述几乎没有任何意义。原因在于：一方面，通说认为，非法占有目的是主观要素，但是对其中的"非法"的判断，由于行为人的内心想法无法被外界所了解，所以必须依据客观的行为加以判断。换言之，只要是行为人实施了侵犯他人财产法益的行为，就推定行为人具有非法占有目的。在司法实践中，在行为人占有他人财物缺乏合法的依

---

[1] 参见张明楷：《刑法学》（第五版），法律出版社 2016 年版，第 957 页。

据的情况下，或者缺乏他人转移财产的合法依据的，就具有非法占有的目的。对"暂时性使用"而言，就几乎不具有对抗"非法占有目的"的可能性。在这种使用型盗窃的情况下，排除意思与使用意思之间本身并没有明确的界限，而且随时存在转化的可能。① 有学者提出，对于使用型盗窃行为人是否具有"非法占有目的"可以综合行为人的社会地位、经济状况等客观情况加以判断，对行为人的行为进行反向推定。显然，这种观点不具有规范意义上的科学性，因为行为人的社会地位、经济状况的好坏并不能直接决定行为人具有的是"非法占有的目的"还是"暂时使用的目的"。

上述案例，甲承担比较重的刑罚处罚在司法实践中恐怕是不可避免的。对于此种无法证明的事实抑或是证明陷入困境的案件事实，刑法到底应该作出何种反应？事后自动恢复的理念，对于使用型盗窃案件，可能会是一个充满人道主义、符合各方诉求的刑法理论选择。在司法解释中，使用型盗窃的刑法评价已经出现出罪化端倪。2013 年 4 月 2 日最高人民法院、最高人民检察院《关于办理盗窃刑事案件适用法律若干问题的解释》第 10 条第 3 项规定："为实施其他犯罪，偷开机动车作为犯罪工具使用后非法占有车辆，或者将车辆遗弃导致丢失的，以盗窃罪和其他犯罪数罪并罚；将车辆送回未造成丢失的，按照其所实施的其他犯罪从重处罚。"按照文义解释的方法，行为人如果能够将偷开机动车辆物归原主的情况下，对于其偷开行为本身刑法不再评价。

（四）刑法从宽事由的有效补充

刑法规定了犯罪与刑罚展示了刑法冷峻的一面，但是在犯罪

---

① 参见董玉庭：《浅论使用盗窃犯罪》，载《行政与法》2001 年第 1 期。

准入以及量刑宣告等方面刑法同样展现了宽缓的一面。关于刑法从宽事由的本质到底为何，有学者提出正当与宽恕是刑法从宽事由所具有的共同本质。[1]何谓刑法中的"正当"？是指在特定的情况下，能够被社会所接受的，不需要行为人承担损害的刑事责任，乃至无须受到刑法谴责的行为，行为人实施这种行为，罪责也就被刑法排除。从类型化的角度出发，该学者认为下列三种行为在刑法中是正当化的行为：防御性武力行为，典型的如正当防卫；行为有正当的法律依据，典型的如公务行为；紧急情况下的避险行为，典型的就是刑法正当行为中所规定的紧急避险。总而言之，在该论者看来，刑法中的"正当"以"行为时"本身的社会接受程度作为评价的标准。

上述观点值得商榷。首先，行为正当与否的判断不一定只能从行为本身入手，行为后的相应的恢复法益的行为理应列入刑法"正当"行为的范畴。正当防卫、紧急避险等行为，在不考虑罪责因素时，行为本身均对他人权益造成了侵害，其最终成为刑法上的"正当"，显然并非从行为时入手，而是从结果利益的角度出发所作出的正当化考虑。鉴于此，在刑法上判断"正当"与否，应从逻辑上采取结果反推行为的思维方式，"行为时正当"显然是基于先入为主的道德判断。其次，如果一定认为"行为时正当"才是正当，显然无法解释刑法中同样具有法定从宽事由的坦白、自首等行为。因为在坦白、自首中，显然刑罚从宽处罚的依据——自首、坦白的结果与犯罪行为时存在时空距离，没有任何关联性，但是如果从结果的利益性角度出发，则可以包括自首、坦白等从宽法定情节。鉴于此，结果正当才是刑法从宽事由的本质属性。

---

[1] 参见魏汉涛：《刑法从宽事由共同本质的展开》，法律出版社 2012 年版，第 6 页。

事后自动恢复行为同样透视着结果正当的痕迹，行为人在犯罪既遂后通过努力部分或者全部恢复了被害法益，显然可与自首、坦白等法定从宽情节一起成为刑法"正当"行为的组成部分并进行裁判考量。

第三章　事后自动恢复制度
构建之必要性

原则不允许反对或否认。

——西方法谚

事后自动恢复，这是一个刑法问题。那么，要在刑法上构建事后自动恢复制度，讨论事后自动恢复与刑法学基本理论之间的关系问题就是非常有必要的。因为在任何法律制度中，其基本原则、基本理论都是法律理性选择的集中体现。作为非常重要并且特殊的法律门类，刑法以其冷峻的面目给人类以足够多的理由，刑法制度的建构需要符合基本原则、基本理论的要求。此乃"刑"之大事，不可不察。如果说事后自动恢复是现代刑法理性选择的产物，那么，可以肯定的是，事后自动恢复从宽乃是蕴含在刑法基本原则、基本理论之内的一项当然要求。刑法之发展的外部直接动力来自刑法之前即犯罪和犯罪学以及刑法之后即刑罚和监狱学。就犯罪学对刑法的作用而言，犯罪学的研究促进刑法思想变化从而推动刑事立法的前进。如果说事后自动恢复成为刑法上正式规定的制度，那么，我们同样可以肯定，事后自动恢复从宽乃是犯罪学促进功能的明显体现。鉴于此，事后自动恢复的研究为刑事一体化之具体践行提供了良好的契机和难得的试验领域。

第一节　事后自动恢复制度之构建与
　　　　罪刑法定原则之契合

一、罪刑法定原则概述

罪刑法定原则即是现代法治刑法的一条铁则，又是重要的宪法原则，当然也是刑法学永恒的课题。[①]"法无明文规定不为罪""法无明文规定不处罚"是罪刑法定原则的基本含义与经典表达。关于罪刑法定主义的思想渊源，刑法理论一般认为其思想渊源是三权分立学说与心理强制说。[②]罪刑法定原则得以最终形成离不开众多杰出的思想家的努力。罪刑法定原则的提出首先应归功于三权分立的学说。三权分立学说始于英国学者洛克，由法国学者孟德斯鸠最终完成。根据三权分立的学说，立法机关依照正当的立法程序制定法律，这种法律具有最大的权威性和最普遍的约束力；司法机关必须正确适用法律，作出合法的判决；行政机关必须认真地执行司法机关作出的最后判决、不得非法变更。[③]所以，根据三权分立学说，罪刑法定原则就是对于何种行为构成犯罪、对犯罪适用何种刑罚，必须由立法机关事先作出规定，然后由司法机关根据现行的法律作出裁决。费尔巴哈根据心理强制说，于1810年最先在自己的教科书中率先以格言的形式对罪刑法定原则

[①] 参见张明楷:《罪刑法定与刑法解释》，北京大学出版社2009年版，前言，第1页。

[②] 参见［日］大塚仁:《刑法概说》（总论），有斐阁1997年版，第56页。

[③] 参见［法］孟德斯鸠:《论法的精神》（上册），张雁深译，商务印书馆1961年版，第153-166页。

作出了表述。心理强制说以人是理性的动物和人具有自私的特性为基点，其基本内容是，如果法律将某行为规定为犯罪行为并规定相应的处罚，人们就会基于愉快或者痛苦合理地选择自己的行为，为了避免刑罚处罚给自己带来的巨大痛苦，而选择抑制犯罪行为所导致的小的痛苦。鉴于此，为了抑制人们犯罪的决议，法律必须事先规定何为犯罪，科处何种刑罚。换言之，法律事先对犯罪与刑罚进行明文规定，从而使人们作出趋利避害的选择，预防犯罪行为的发生。但是，三权分立学说并不符合大陆法系各国的现状，不能揭示罪刑法定原则的内涵；至于心理强制说，其内容缺乏科学的依据，也不能为罪刑法定原则提供依据。现在一般认为，民主主义与尊重人权（民主与自由）是罪刑法定原则的思想基础。[①]

一般认为，罪刑法定原则的法律渊源是 1215 年英王约翰签署的《大宪章》。该宪章第 39 条（对于任何自由人，不依同一身份的适当的裁判或国家的法律，不得逮捕、监禁、剥夺领地、剥夺法的保护或者放逐出境，不得采取任何方式使之破产，不得施加暴力，不得使其入狱[②]）奠定了"适当的法律程序"的思想基础。1215 年的《大宪章》经过 1216 年和 1217 年两次修订之后，于 1225 年正式成为英国法律。[③]1225 年的《大宪章》第 29 条规定："任何自由人，非经其具有同等身份的人依法审判或者依照王国的法律规定，不得加以扣留、监禁、没收财产、剥夺自由权或者自由习俗、褫夺其法律保护权、放逐或者施以任何方式的侵

---

① 参见张明楷：《刑法学》（第四版），法律出版社 2011 年版，第 51 页。
② 参见苏惠渔等：《犯罪与刑罚理论专题研究》，法律出版社 2000 年版，第 56 页。
③ 参见张千帆：《宪法学导论》，法律出版社 2003 年版，第 61 页。

害，不仅我们不能这么去做，而且我们也不能派人这么去做。"① 可见，1225 年的《大宪章》第 29 条与 1215 年的《大宪章》第 39 条所规定的内容都是罪刑法定原则。美国学者考文曾经针对 1225 年的《大宪章》指出：《大宪章》的任何一部分的重要性都无法与其二十九条相比。"② 之后的英国 1628 年《权利请愿书》、1688 年的《人身保护法》以及 1689 年的《权利法案》也从不同角度强化了罪刑法定原则，罪刑法定原则逐渐走向成熟。特别是《权利法案》正式确立了国会主权的原理和法支配的原理，促进了罪刑法定原则在欧洲的传播。此后，罪刑法定原则在北美传播。罪刑法定原则在美国的《权利宣言》及宪法（1787 年颁布《美利坚合众国宪法》第 1 条第 9 款第 3 项规定了事后法的禁止）都肯定了罪刑法定主义，罪刑法定主义得到了进一步的发展。与大陆法系不同，英美刑法以普通法为主体，对罪刑法定主义的规定主要限于程序方面。

罪刑法定主义在刑事实体法上得到确认始于 1789 年法国的《人权宣言》，第 8 条（法律只应当制定严格的、明显的必须的刑罚，而且除非根据在违法行为之前制定、公布并且合法地适用的法律，任何人都不受处罚③）的规定。这一规定确立了罪刑法定原则的基本方向。此后的 1791 年法国宪法与刑法采纳了这一原则的基本精神。1810 年法国刑法典是罪刑法定原则的直接渊源。其第 4 条进一步发展了罪刑法定原则，即："没有在犯罪行为时以明文规定刑罚的法律，对任何人不得处以违警罪、轻罪和重罪。"这是罪刑法定原则第一次被规定在正式的刑法典之中，它的历史进步

---

① 张明楷：《罪刑法定与刑法解释》，北京大学出版社 2009 年版，第 3 页。

② ［美］爱德华·S. 考文：《美国宪法的"高级法"背景》，强世功译，生活·读书·新知三联书店 1996 年版，第 26 页。

③ 参见王瑞君：《罪刑法定：理念、规范与方法》，山东大学出版社 2006 年版，第 14 页。

意义在于使罪刑法定原则从最初的宪法中的宣言式规定转变为刑事法律中的实体规范。至此，罪刑法定原则成为近代刑法的基本原则开始登上世界刑法的舞台，被后世各国刑法所采纳。

当代世界各国大多在法律中规定了罪刑法定原则，并且罪刑法定原则在国际法上也得到了承认。例如，1948 年 12 月 10 日，联合国大会通过的《世界人权宣言》第 11 条第 2 款明确规定了罪刑法定原则，即任何人的实行行为，根据其国家法或者国际法均不构成刑事罪的人，不论其作为或者不作为，均不能被判处构成刑事罪。不得对犯罪人适用比该犯罪行为实施时适用的法律的规定更重的刑罚。此后 1966 年的《公民权利和政治权利国际公约》第 15 条第 1 款也作出了相类似的规定："任何人的任何作为或者不作为，在其发生时依照国内法或者国际法均不构成刑事罪者，不得认为其犯有刑事罪。所加的刑罚不得重于犯罪时适用的刑法规定。如果在犯罪之后依法规定了应处以较轻的刑罚，犯罪者应予以减刑。"1949 年 8 月 12 日签署的《关于战俘待遇之日内瓦公约》第 99 条第 1 款规定："战俘之行为，在其犯此行为时，非为当时有效之拘留国法律或者国际法所禁止者，不得因此受到审判或者处刑。"从罪刑法定原则产生的历史条件以及这些国际条约的规定不难看出，罪刑法定原则的产生是为了防止罪刑擅断主义，避免人民被处以不可预测的刑罚，从而保障人权和自由。如果没有罪刑法定原则，对人权的保障将成为空谈，罪刑法定原则作为人权的最有力保障，成为现代刑法的首要、根本原则。据不完全统计，目前世界上公开反对罪刑法定原则的国家或者地区已经不存在，大多数国家都在宪法（如挪威、瑞典等国）或者刑法（如奥地利、越南等国）或者刑法与宪法之中（如意大利、西班牙等国），对罪刑法定原则加以明文的规定，也有些国家虽未在法律上明确规定罪刑法定原则，但是理论和实践之中均承认罪刑法定原则。

　　罪刑法定原则自产生之日起，已经走过了几百年。世界的政治、经济、文化、人们的思想观念都处在不断的变化发展之中。这些变化必然要在立法上有所体现，使法律的规定适应社会变化发展的需要。在这样的时代背景下，罪刑法定原则也经历了从绝对到相对的转变。所谓绝对的罪刑法定主义，是一种严格的、不允许任意选择和变通的原则。在绝对罪刑法定原则看来，犯罪与刑罚的规定必须是绝对确定的，司法人员只能按照法律的规定选择对犯罪人适用何种罪名、何种刑罚，不允许司法人员有任何自由的裁量权。这一立法思想反映在刑事立法上，就形成了绝对的罪刑法定原则。其基本内容是：（1）绝对禁止适用类推解释与扩大解释；（2）绝对禁止习惯法的适用；（3）绝对禁止刑法溯及既往，把从旧原则作为解决刑法溯及力的唯一原则；（4）绝对禁止法外施刑和不定期刑，刑期绝对确定。①

　　现代刑法学意义上的罪刑法定原则已经由古典主义的绝对的罪刑法定原则转变为相对的罪刑法定原则。相对的罪刑法定原则相对灵活，是对于传统绝对的罪刑法定原则的修正。在定罪的根据上，从绝对禁止类推到允许有条件地适用类推和严格限制的扩大解释。法律的明文规定是类推解释适用的前提，以有利于被告人为原则。在刑法渊源上，从绝对禁止习惯法的适用到允许习惯法在确有必要或不得已的前提下，可以成为刑法的间接渊源。在刑法溯及力的问题上，从绝对禁止溯及既往到允许在有利于被告的前提下，采用从旧兼从轻的原则，作为禁止刑法溯及既往的例外。在刑罚种类上，允许采用相对的不定期刑。法官有权根据案件的具体情况，在法定量刑幅度内选择适当的刑种和刑期。而这些转变的基础和依据则是出于"有利于被告人"的理念，这也是

---

　　① 参见赵秉志等：《刑法学》，北京师范大学出版社 2010 年版，第 33 页。

罪刑法定原则的根本精神所在。① 绝对的罪刑法定主义完全排除司法裁量的原因在于为了排除封建刑法的罪刑擅断主义对人权的践踏。但是一味地强调绝对的罪刑法定主义，反而不利于保障人权。而相对于绝对的罪刑法定原则而言，相对的罪刑法定原则更有利于保障被告人的人权。之所以作出如此论断，理由如下：

1. 法律对于社会的意义在于，通过法律这种人类能够掌握的方式，可以达到一种确定性的共同生活状态：秩序与安宁。历史表明，凡是在人类社会建立了政治或者社会组织单位的地方，人类为了获取安宁的生活，都试图确立某种适于生存的秩序形式。法律通过事先明确的规范，将现存的利益关系定型化，从而使人们这个普遍的心理愿望得到满足。由于各部门法之间调整的社会关系存在差异，所以不同的法律对于其确定性的要求程度不同。作为规定犯罪与刑罚的法律，刑法规范具有双重的规范功能，它既是普通公民的行为规范，也是司法者的裁判规范。以我国刑法关于故意杀人罪的规定为例，该规定实际上包含了两种不同性质的规范：一种是以一般公民为对象的行为规范，即不得杀人；另一种是对法官的裁判规范，即对犯故意杀人罪的犯罪人，法官只能选择死刑、无期徒刑或者 10 年以上有期徒刑以及 3 年以上 10 年以下有期徒刑的。无论是作为行为规范还是裁判规范，一定程度的确定性是刑法规范所必须具备的。如果刑法规范是不确定的，那么其行为规范与裁判规范均是随意的，会导致司法者在刑罚权上的滥用。不过，在法律机制的内部，存在与确定性相反的力量，这就是法律的灵活性。正是法律灵活性的存在，才使法律能够不断满足复杂多变的社会生活的需要，不断推动法律与时代相适应。

---

① 参见刘宪权：《中国刑法理论前沿问题研究》，人民出版社 2005 年版，第 5 页。

因此，即便是最强调确定性的刑法，也不能无视这种复杂多变的社会现实。所以，刑法的确定性也只能是相对意义下的确定性，这是刑事法律适应性的基本要求。如果完全排除相对的不定期刑的适用和司法裁量，其结果同样会导致刑法自由（人权）保障机能的萎缩。因为犯罪现象是以动态的形式存在的，而刑法规范是以静态的形式存在的。即使触犯相同的刑法罪名的前提下，犯罪人的"三罪情节"（罪前、罪中、罪后）以及个人情况等都是完全不同的。如果忽视这些差异的存在，适用绝对确定的法定刑的话，会导致刑法裁判只注重被抽象的、类型化的犯罪人，而忽视具体的、个性化的犯罪人的局面，导致刑事法律的僵化。与绝对的罪刑法定原则相比，相对的罪刑法定主义在刑罚种类上，允许采用相对的不定期刑，并赋予根据案件的具体情况，在相对的不定期刑的刑罚幅度内一定的司法裁量权，这在一定程度上解决了动态的犯罪与静态的刑法之间的不适性，增强了刑法的灵活性与适应性，有利于法益的保护。从另一个角度分析，允许司法裁量权有限度的存在，本质上促进了刑法的自由（人权）保障机能——保障犯罪人自由的机能。换言之，排斥司法裁量的刑法适用，势必无法考虑具体个案的具体情况，无法实现量刑个别化与刑罚个别化，进而导致个案中的罪刑失衡的局面。而相对的罪刑法定原则扩大了量刑权的上下适用范围，司法者在裁判具体个案时有了充分考虑具体情节的空间和自由。相对的罪刑法定原则使个案中的罪刑均衡得到保障，进而有利于实现法律公平，维护刑法的自由保障机能。

2. 相对的罪刑法定原则之所以允许有条件的类推解释，其根本出发点、立足点还是保障人权。与绝对的罪刑法定原则相比，相对的罪刑法定原则在有利于被告人的情况下允许类推适用刑法。这种灵活的处理方式显然不是出于保护法益的需要，而是出于保障人权的考虑。可以肯定的是，允许一定条件之下适用类推是刑法的社会保护机能在某些情况下对刑法的自由（人权）保障机能所做出的一定程度的让步。这一点上，刑法中解决刑法溯及力问题的从旧兼从轻原则也是出于同样的考虑。绝对的罪刑法定原则完全排除事后法的适用，即在刑法颁布之前的行为不受刑法的约束，不受刑法的处罚。换言之，对于犯罪行为的处理只能依据犯罪行为发生时的刑法，事后法对于现在的行为没有约束力，现行的行为只能依据事前法来处理。禁止使用事后法处罚过去的行为，但是对以过去的法律处罚过去的行为并不禁止。因此，在行为时的旧法与审判时的生效的新法不一致时，只能适用行为时的旧法。如果旧法规定行为人的行为构成犯罪，而新法并不将这种行为规定为犯罪时，法官对行为人的行为只能依据旧法作出有罪的判决。在这种情况下，刑罚权是否还有动用的必要就值得思考。新法之所以将一些行为排除在犯罪行为之外，是因为随着社会的发展进步，某些行为已经没有被规定为犯罪行为的必要，这时再对这些行为动用刑罚权已经没有任何保护社会的意义了。这种没有必要的刑罚无疑是对人权的践踏和蔑视。相对的罪刑法定原则在从旧基础上有条件地适用从轻原则，实际上就是对以上不合理情况的摒弃。所谓从旧兼从轻原则，即原则上适用行为时的旧法，但是适用新法对行为人有利的情况下，排除旧法的适用。由此更充分说明，相对的罪刑法定原则体现的是对行为人权利保护的不懈努力，反映的是对自由（人权）保障机能的不懈追求。

综上，可以得出这样的结论：无论是绝对罪刑法定原则还是相对罪刑法定原则，都没有脱离罪刑法定原则产生的最初的价值理念——保障人权。而人权保障的实现有赖于对刑罚权发动的限制以及公平正义的判决。保障人权是罪刑法定的思想基础和最核心的内容。离开了保障人权，罪刑法定原则就失去了设定的根基与基本的价值。从绝对到相对的转变，只能说明罪刑法定原则自身实现方式改变得更为合理，合乎时代的要求。从亚里士多德开始，如何根据正义的考虑减轻现行法律可能带来的严苛与不公正就已经成为法律理论与实践所面临的一个重要的问题。法律虽然无法以一种完美无缺的公平方法来适用于一切情况，但是人们从来没有停止过对公平、正义的追求。通过事后自动恢复制度的建构，将犯罪人犯罪后的积极的补救行为纳入刑法调整的范围，是基于限制刑罚权的发动进而追求公平正义判决的具体体现，而对于公平正义判决的追求最终是出于保障人权的目标，这也正是相对的罪刑法定原则的当然要求。从这一点上看，事后自动恢复与罪刑法定原则之间并不矛盾。事后自动恢复与罪刑法定原则特别是相对的罪刑法定原则存在相同的价值取向。

二、事后自动恢复与罪刑法定原则

我国 1997 年刑法典在第 3 条明确规定了罪刑法定原则，即："法律明文规定为犯罪行为的，依照法律定罪处刑；法律没有明文规定为犯罪行为的，不得定罪处刑。"我国刑法坚持并明文规定罪刑法定原则能够严正地表明我国是社会主义法治国家，能够适应国际的进步潮流，更好地与国际接轨，有利于我国刑法的国际形象的维护，提高我国刑法乃至整个法治的威望。罪刑法定原则的规定能够最大程度避免罪刑擅断，最大限度地保障人权。[①]

关于我国刑法第 3 条的规定，一种观点认为，第 3 条前半段规定了积极的罪刑法定原则，从而使我国的罪刑法定原则更为全面，既注重保护社会、打击犯罪，又注重保障人权，限制司法权，

[①] 参见高铭暄：《中华人民共和国刑法的孕育诞生和发展完善》，北京大学出版社 2012 年版，第 172 页。

是对传统罪刑法定原则的新发展。[①]另一种观点认为，第 3 条前半段与后半段均是关于罪刑法定原则的规定，但是前半段没有实际意义，应当删除。[②]笔者认为，上述两种观点均存在值得商榷之处。第一种观点认为第 3 条前半段是关于积极的罪刑法定原则的规定，不符合罪刑法定原则的产生背景和发展历程。该原则产生之初旨在限制司法权（入罪权、施刑权）的随意发动，经过逐渐发展完善后将立法机关的制刑权也纳入在内。但是第 3 条前半段的规定，既没有体现出对司法机关司法权的限制，也没有体现出对立法机关制刑权的限制，所以从这一点上分析，很难认为第 3 条前半段与罪刑法定原则之间存在联系。通过上文分析可知，罪刑法定原则的精神实质在于反对罪刑擅断，实现人权保障。从这一点上分析，第 3 条前半段没有体现出这样的精神实质。如果承认第 3 条前半段为积极的罪刑法定原则，那么可以推出这样的结论，即只要有刑法的相关规定，就自然存在罪刑法定原则，显然这是违背逻辑的。所以第一种观点是不成立的。至于第二种观点，存在逻辑论证方法上的缺陷。按照第二种观点，第 3 条前半段是关于罪刑法定原则的规定，但是其不符合罪刑法定原则保护人权的精神实质，按照这种逻辑推理，第 3 条前半段就不是罪刑法定原则的规定。论者一方面认为这是罪刑法定原则的规定，另一方面又否认其具有罪刑法定原则的实质，这种解释实在缺乏说服力。持这种观点的学者之所以得出上述结论其实是认为一条法条只能规定一种意思。但是，并不存在一条法条只能规定一种意思的戒律，一条法条规定两个意思的现象也十分普遍。反之，两个条款反映

---

① 参见何秉松：《刑法教科书》（上卷），中国法制出版社 2000 年版，第 63 页以下。
② 参见刘艳红：《刑法的目的与犯罪论的实质》，载《环球法律评论》2008 年第 1 期。

同一个意思的并非不存在。比如，刑法第 12 条有关溯及力原则从旧兼从轻的规定归根结底也是罪刑法定原则的内容。

　　鉴于此，我国刑法上并不存在所谓积极罪刑法定原则的规定。首先，刑法第 3 条前半段的规定不符合罪刑法定原则保障人权实质内容，而仅是一个提示性的规定。即针对我国刑法分则的特点，提示司法人员对符合犯罪构成要件的行为，应当依法入罪，而不能非法出罪。其次，如果认为刑法第 3 条规定的内容是积极的罪刑法定原则，那么就无法解释我国刑法第 13 条的"但书"条款的合理性。因为适用"但书"的前提条件是该行为在形式上符合犯罪构成的要件，认为其不构成犯罪的原因是鉴于"情节显著轻微危害不大"。如果认为刑法第 3 条前半段属于积极的罪刑法定原则，那么就应当处罚这种"犯罪行为"。其实关于"情节显著轻微危害不大"的判断，只能是法官基于实质的判断作出这样的结论。[1] 可见，我国刑法规定的罪刑法定原则至少不排斥法官在出罪功能上作出的实质解释。最后，从罪刑法定原则的具体内容来看，不存在所谓的积极的罪刑法定原则。罪刑法定原则的具体内容分为形式的侧面和实质的侧面。所谓形式的侧面即罪刑法定原则的传统内容。包括禁止事后法、禁止类推解释、禁止不定（期）刑。实质的侧面旨在限制制刑权的发动，具体包含两方面内容，即刑罚法规的明确性原则与刑罚法规适正原则。后者又可详细划分为禁止处罚不当罚的行为与禁止不均衡、残虐的刑罚。上述这些派生原则的精神与罪刑法定原则是高度一致的。从这些派生原则来看，都是禁止某种具体行为。"禁止"一词所限定的均是消极的事物，而非积极的一面，并且所谓积极的罪刑法定原则与从旧兼从

---

　　[1] 参见储槐植、张永红：《善待社会危害性观念——从我国刑法第 13 条但书说起》，载《法学研究》2002 年第 3 期。

轻原则也是格格不入的。其实，刑法第3条前半段仅为一个一般法律原则的规定，旨在突出刑法的法益保护的机能，防止司法人员随意"出罪"，是对罪刑法定原则在另一个角度的阐述和加强。后半段是关于罪刑法定原则的规定，旨在突出人权保障的机能。我们不必指责刑法第3条规定了两方面不同的内容。一方面，保护法益的机能应当受到限制，自由（人权）保障的机能也不能无限扩张无条件地优于法益保护机能，两者总是存在冲突，刑法第3条要求司法机关对二者进行调和，在充分权衡的基础上，使两个机能都得到充分发挥。[1] 总而言之，刑法第3条旨在限制司法权，只不过前面与后面所限制的内容不同。

可见，我国刑法关于罪刑法定原则的规定与世界其他国家的规定并无不同之处，均是出于限制立法权、司法权的立场，以达至保障人权的最终目标。罪刑法定与其说是一个刑法的基本原则，毋宁说罪刑法定是刑法的一种基本价值理念和思想观念，相比字面意思而言，它的内涵更为深远。罪刑法定的核心属性是多极权力与公民个人自由之间的关系问题。[2] 罪刑法定原则的终极目的是通过对权力的消极限制来达成对权利的积极开放。所谓权利的积极开放，即"不存在规则的规定，则可以根据自由的意志选择做与不做"。[3] 罪刑法定原则的杰作就是通过刑法泾渭分明地营造了两片天地：权力空间和权利空间，并且权利空间实际上是通过对权力空间的限制而加以排他式廓清的。[4] 从这个层面上分析，刑法规范是规定犯罪与刑罚的规范，但它针对的对象都是国家，这就

---

① 参见张明楷：《刑法学》（第四版），法律出版社2011年版，第54页。
② 参见李洁：《论罪刑法定的实现》，清华大学出版社2006年版，第63页。
③ ［英］洛克：《政府论》（下），叶启芳、瞿菊农译，商务印书馆1964年版，第16页。
④ 参见李洁：《论罪刑法定的实现》，清华大学出版社2006年版，第70页。

是罪刑法定原则的实质，也是罪刑法定原则的全部内容。[①]而这些均是为了追求罪刑法定原则的终极价值——人权保障。

当前我国刑法还没有关于事后自动恢复制度的规定，司法实践中对这类情节一般是作为酌定的量刑情节处理。因此，在实践中并未形成一个统一的标准，无法对其作出中肯的评价。但是，从目前规定事后自动恢复制度的国家来看（名称未必一致，但是内容大体相同），犯罪人实施犯罪之后，如果存在积极的补救行为，并且消弭犯罪影响、减轻了犯罪后果的，主要作为法定幅度内对犯罪人从宽处罚的一个情节，对存在这种情节的犯罪人，刑法一般规定减轻或者免除处罚。这些从宽处罚均是在法律限度内进行的，没有超出刑罚制度的框架。目前在我国这种情节还属于酌定的量刑情节，司法实践中，法官对存在这种情节的犯罪人，在选择刑罚的时候相对谨慎，从宽的幅度与这种情节本身的积极作用相比尤显不足。既然并未超出法律规定的范围，自然谈不上违背罪刑法定原则。

事后自动恢复制度的构建与罪刑法定原则并不冲突。而且，事后自动恢复制度在刑法上的构建，可以更加完善罪刑法定原则的适用。首先，两者的终极目标存在一致性。构建事后自动恢复制度，可是给犯罪人提供一条悔过自新之路，同时有利于被害人利益的及早恢复，是对被害人权利的保障；对存在事后自动恢复的犯罪人予以从宽处罚也是对犯罪人人权的保障。罪刑法定原则的终极目标同样为了保障人权，同时两者都是为了最大限度地实现刑法的谦抑与轻缓，以减少刑法适用的负面效应。因此，两者的终极目标是一致的。其次，从定罪量刑的过程和原则出发，事

---

① 参见李海东：《刑法原理入门（犯罪论基础）》，法律出版社 1998 年版，代自序，第 4 页。

后自动恢复制度应有一席之地。尽管根据我国刑法理论和刑法规定的量刑原则，犯罪构成是确定刑事责任的唯一根据，但是在考虑是否判处刑罚、判处何种刑罚的时候，不仅要依据犯罪构成，同时还要考虑是否具有法定或酌定的量刑情节。对事后自动恢复而言，虽然现阶段仅仅是作为酌定的量刑情节存在的，但是至少说明其与罪刑法定原则并不冲突，基于其在保护法益、保障人权方面的积极作用，将其明确规定为法定的量刑情节，并明确适用的条件范围，并无不妥。最后，在刑法上构建了事后自动恢复制度以后，对于这种情节的处理就具有了刑法上的依据，无论对犯罪人采取何种刑罚，是否从宽，从宽幅度如何，都将是依据刑法作出的判决。对事后自动恢复减轻处罚或者免除处罚，并非简单依照该情节的有无决定，而是将事后自动恢复作为一个法定的量刑情节在刑法中加以规定，使其成为一项正式的法定的量刑依据。换言之，即便犯罪人存在事后自动恢复情节，但是在犯罪人犯罪行为的认定方面还是要以刑法规定的具体个罪的犯罪构成为依据，其刑罚的种类选择及刑罚程度的轻重亦是以刑法所规定的具体个罪的法定刑为基础，事后自动恢复制度的适用仍然是以现行刑法为基本的框架的。鉴于此，事后自动恢复制度的构建不会对罪刑法定原则产生任何的冲突与破坏，反而有利于罪刑法定原则的实现。

第二节　事后自动恢复制度之构建与罪责刑相适应原则相契合

一、罪责刑相适应原则概述

法律旨在一种社会正义的创造。维护社会正义亦是刑法自古以来最基本的价值追求。人们认同刑罚所施加于人的痛苦是追求公平的基本前提。刑罚的轻重与犯罪人之犯罪行为成正比乃为刑法公平正义之集中体现。所以，罪责刑相适应原则是刑法存在和发展过程中人类理性的选择与追求。虽然不同的社会背景下，人们对于这一原则的认识存在差异，但是人类从未放弃对刑法正义与公平的追求，同时刑法的正义与公平也从未放弃过人们。

"罪责越重，刑罚越重"这一格言表达了罪责刑相适应思想的基本内容，即罪责轻则刑罚轻，罪责重则刑罚重，应当根据犯罪裁量刑罚，而不是随意裁量刑罚。[①]罪责刑相适应原则最早源于原始社会的同态复仇与奴隶社会的等量报复。其成为刑法的基本原则，则源于 17 世纪和 18 世纪杰出的资产阶级法学家反对封建社会刑罚残酷性、任意性的时代。该原则于资产阶级革命胜利之后，正式写入法律。

传统的罪责刑相适应原则，以报应刑罚观为基础，机械地强调刑罚与已然之罪、犯罪客观行为（客观危害）的相协调性。在保障人权特别是未实施犯罪的人的自由方面效果显著，符合朴素的正义观念与社会正义的内容。不过随着时代的发展，传统的罪责刑相适应原则，渐露弊端，其过分强调犯罪人意志的绝对自由并无科学依据，以此为基础构建的罪刑关系，不能够应对千变万化的犯罪现象。19 世纪末随着近代学派的崛起，传统的罪责刑相适应原则受到了严峻的挑战。无论是近代学派中刑事人类学派还是刑事社会学派，均注重对犯罪原因的探究，将对行为的重视转移到对行为人的重视。这种理论强调根据行为人的人身危险性不同选择不同刑罚的刑罚个别化思想具有可取之处。不过这种刑罚与行为人的人身危险性相适应的刑罚个别化原则存在不足之处，

[①] 参见张明楷：《刑法格言的展开》，北京大学出版社 2013 年版，第 90 页。

其完全忽视已然犯罪的危害对刑罚的影响，过分地强调行为人的人身危险性，以此为基础构建的罪刑关系，会使刑罚殃及未实施犯罪的人，出现重罪轻判、轻罪重判的不合理现象。可见，无论是罪责刑相适应理论还是刑罚个别化理论均存在一定的合理之处，但是也存在其不足之处。从当今世界各国的刑事立法来看，罪责刑相适应原则作为刑法基本原则的地位已经不能动摇，但是与传统的罪责刑相适应原则相比，其内容已经得到修正：在注重刑罚与已然犯罪相适应的同时，注重刑罚与犯罪人的个人情况相适应。刑法巧妙地将传统的罪责刑相适应原则与刑罚个别化原则勾连起来，刑罚个别化的思想作为对传统的罪责刑相适应原则的补充在刑法典中有所体现。

二、事后自动恢复与罪责刑相适应原则

我国刑法理论在 1997 年刑法颁布以前，就承认罪责刑相适应原则应当对刑事立法起指导作用。[①]1997 年刑法在总则基本原则处明文规定了罪责刑相适应原则。这是对西方刑法的罪责刑相适应原则在新的历史时期的完善与发展。这一原则在坚持罪责刑相适应原则涵义的基础之上，强调人身危险性在刑罚具体适用上所起的制约作用，表明我国的罪责刑相适应原则是报应与责任的有机结合，在满足刑罚传统报应要求的同时，加入合理的理性限制，克服了单纯强调刑罚报应的弊端，将刑罚限制在理性范围之内，可以说罪责刑相适应原则汲取了目的刑、教育刑的精髓，同时严肃了刑罚的适用，强调刑事责任在犯罪人所承受刑罚上具有制约作用，进而保证目的之合理性。这一原则的规定适应了当今世界

---

① 参见高铭暄：《中华人民共和国刑法的孕育诞生和发展完善》，北京大学出版社 2012 年版，第 176 页。

各国刑事立法的发展趋势，在实现刑法的公平追求以及刑罚的公正方面具有积极的意义。

罪责刑相适应原则作为我国刑法规定的一项基本原则，理应在我国刑事立法与刑事司法的各个环节予以贯彻。在刑事立法中，无论是犯罪及其刑事责任的规定，还是刑罚体系的构建，特别是具体个罪轻重不同的量刑幅度的设立，都应当遵循罪责刑相适应原则关于犯罪与刑罚的相应比例关系。这也是司法中贯彻罪责刑相适应原则的前提和基础。在刑事司法当中，应当将定罪与量刑置于同等地位，强化量刑公正的执法理念，在类似案件的处理上，轻重上应当基本相同，以实现刑事司法实践中的公平正义。

对事后自动恢复行为给予刑法上的恩惠与罪责刑相适应原则之间并无任何矛盾冲突，并且事后自动恢复制度在刑法上的建立是对刑罚裁量制度的完善。我国刑法总则区别具体行为的社会危害性程度、犯罪人的主观恶性、人身危险性差异，设置了区别对待的刑罚适用原则。例如，我国刑法第 17 条第 3 款对未成年人犯罪应当从轻或者减轻处罚的规定；刑法第 22 条至第 24 条规定了预备犯、未遂犯、中止犯，并作出了有别于既遂犯的从宽的处罚原则。除此之外，针对聋哑人、盲人犯罪，规定了从轻或者减轻处罚；对共同犯罪中的犯罪人进行了不同的分类，规定了刑罚适用的不同原则；对防卫过当和避险过当，作出了应当减轻或者免除处罚的规定。此外，立法者从刑罚个别化的角度考虑，在刑法总则中规定了一系列刑罚裁量与执行制度，如累犯、自首、缓刑、假释制度等。以上刑罚制度中，累犯从重处罚的原因在于，犯罪人主观恶性、人身危险性深；自首、立功一般从宽处罚源于犯罪人主观恶性、人身危险性的降低；缓刑之所以适用，根本还在于犯罪人主观恶性、人身危险性的降低；减刑与假释是根据犯罪人在刑罚具体执行过程中的悔改表现，其适用的根本还是源于犯罪人主观恶性、人身危险性的变化。

具体到事后自动恢复，如果事后自动恢复制度可以在刑法上确立，那么它将与自首、立功等制度一样，成为我国刑法上正式的刑罚裁量制度。事后自动恢复行为之所以给行为人从轻或者减轻甚至免除处罚，就在于行为人在实施犯罪之后，其自身积极的补救行为使得被害法益得到部分或者全部恢复，表明行为人的主观恶性与人身危险性相比之前大大降低或者说基本不存在了，再对其适用较重的刑罚也就没有必要了。从这点上来看，事后自动恢复与刑罚个别化理论也存在契合之处。并且我国刑法在一定的意义上是承认犯罪人的罪后态度可以对其刑事责任产生一定的影响的。① 我国关于自首、立功从宽处罚的规定正是对这一观点的印证。作为我国刑罚裁量中的正式制度，自首从宽仅仅是出于对犯罪人主观恶性、人身危险性降低的考虑，自首在犯罪行为社会危害性的降低上没有起到任何作用。与自首不同，事后自动恢复行为的实施，不仅表明犯罪人主观恶性、人身危险性有所降低，同时使犯罪的社会危害性也得到了一定程度的减轻。② 但是，目前司法实践中，事后自动恢复仅仅作为酌定的量刑情节，从宽幅度远远不能与自首相比，对其刑罚的选择与其对法益的恢复方面所起的作用和主观恶性、人身危险性的降低不成比例。这与罪责刑相适应原则存在相悖之处。因此我国很有必要在刑法上构建事后自

① 参见张智辉、宋英辉：《刑事和解研究述评》，载《国家检察官学院学报》2007 年第 4 期。

② 当然，刑法学界一些学者认为，社会危害性一经形成就无法消除和降低，能够发生变化的仅为行为人的主观恶性与人身危险性。笔者认为对此问题不能一概而论。在一些犯罪中确实犯罪行为一旦既遂，损害就无法挽回，社会危害性无法消除，典型的如故意杀人罪。不过，有些犯罪由于其保护的法益本身具有可以修复的特征，因此行为人通过积极的修复是可以降低其行为的社会危害性的。

动恢复制度。当然，具体的事后自动恢复制度从宽处罚必须在对
犯罪人的犯罪行为作出全面评价的基础上进行。换言之，具体的
事后自动恢复行为是否从宽处罚应当在整体考察犯罪行为的社会
危害性与犯罪人的人身危险性之后才能得出的合理结论。

　　从更深层次来分析，罪责刑相适应原则首先是一个平等适用
刑法的问题。换言之，如果刑法面前人人平等得到严格的执行，
那么，罪责刑相适应原则就会基本上得到实现。平等是一个具有
多种不同含义的概念，其中包括"关注在适用刑法时维持罪行与
刑罚间的某种程度的均衡"。①法律面前平等意味着，凡是被法律
视为相同事项应当得到相同的或者至少是相似的待遇。与自首相
比，事后自动恢复在法益的恢复以及犯罪人人身危险性降低方面
所起的作用大于起码是不亚于自首。那么，对事后自动恢复就应
当给予至少与自身相同的待遇，这是平等适用刑法的要求，也是
罪责刑相适应原则的要求。从司法实践来看，由于缺乏法律的明
确规定，对存在事后自动恢复情节的犯罪人的处理，畸重的判决
占大多数，这违反了平等适用刑法的原则。在当前刑法将坦白行
为都纳入刑罚裁量制度范畴的情况下，比坦白更具积极意义的事
后自动恢复没有不纳入刑法的理由。罪责刑相适应原则的贯彻，
以平等适用刑法的原则落实为前提。而事后自动恢复制度之建构
正是出于平等适用刑法原则的考虑。罪责刑相适应原则的重要的
侧面是禁止残酷的、不均衡的刑罚，在刑法上规定事后自动恢复
并设置合理的刑罚以达到该种情节在罪刑的均衡，是在刑事立法
层面对罪责刑相适应原则的具体贯彻与落实，事后自动恢复制度
在刑法上的构建与罪责刑相适应原则相契合。

---

① 参见张明楷:《刑法格言的展开》，北京大学出版社 2013 年版，第 100 页。

第三节　事后自动恢复制度之构建与
刑罚目的具有一致性

所谓目的，是指那种通过意识、观念的中介被自觉地意识到了活动或行为所指向的对象和结果。① 目的是法律的灵魂，是所有法律活动的主宰。刑罚，作为近现代刑法中犯罪行为最主要的刑法效果，是国家用以构建和谐社会的法秩序的重要手段之一，对刑罚目的的不同理解与追求直接决定着刑罚政策的选择。②

一、刑罚目的概述

何为刑罚目的？刑罚目的具体包括哪些内容？这是刑法学界争论已久的问题。在西方，关于刑罚目的的论述，可以说是众说纷纭，莫衷一是，比如报应刑论、教育刑论、目的刑论、社会防卫论等。我国刑法学界，学者们对刑罚目的的论述也不鲜见，可谓仁者见仁，智者见智。概括起来，主要有以下三种观点：

第一种可以概括为单一目的说。即刑罚的目的是单一的、具有排他性。单一目的说具体又分为惩罚说（刑罚的目的在于限制和剥夺犯罪人的自由与权利，使他们遭受痛苦，来惩罚他们所犯的罪行）、改造说（刑罚的目的在于通过刑罚对犯罪人进行改造，使犯罪人痛改前非，重新做人）与单一预防说（适用刑罚的目的在于预防犯罪的需要）三种不同的学说。

---

① 参见夏甄陶：《关于目的的哲学》，上海人民出版社 1982 年版，第 227 页。
② 参见梁根林：《刑事制裁：方式与选择》，人民出版社 2004 年版，第 143–144 页。

　　第二种可以概括为多重目的说。该说与单一目的说相对，认为刑罚具有两个或者两个以上的目的。多重目的说具体可以分为，主张刑罚的目的在于惩罚和改造犯罪分子的双重目的说；主张刑罚的目的在于实现一般预防与特殊预防的双重预防说；主张刑罚的目的是惩罚和改造犯罪人，预防其重新犯罪，教育和警戒社会上的不稳定分子的三目的说；等等。

　　第三种是认为刑罚的目的非单一而是多层次的根本目的与直接目的说。根本目的说认为，刑罚的根本目的在于预防犯罪的发生，保护社会的安全。刑罚的直接目的是实现根本目的的手段，具体包括惩罚犯罪、威慑犯罪分子和社会上不安定分子，对犯罪分子进行改造。①

　　80年代中期以后，我国刑法学界又产生了几种关于刑罚目的的理论。具有代表性的有以下三种观点。第一种观点是认为刑罚的目的是由直接目的、间接目的和根本目的构成的有机统一体的"新三目的说"，直接目的是指通过刑罚的适用所希望达到的直接效果，具体包括特殊预防、一般预防以及提高人民群众的法治观念，使其自觉遵守法律，积极地与犯罪作斗争。间接目的指适用刑罚所产生的附带效果。具体包括堵塞漏洞、铲除诱发犯罪的外部条件。根本目的是指通过适用刑罚所要达到的终极目标。具体是指我国刑法第1条所规定的"惩罚犯罪，保护人民"的立法目

---

　　① 以上三种学说为笔者根据不同著作中提及的七种刑罚目的观总结而成。参见高铭暄：《新中国刑法学研究综述（1949—1985）》，河南人民出版社1986年版，第408-410页；参见马克昌：《刑罚通论》，武汉大学出版社2000年版，第59页以下；参见樊凤林：《刑罚通论》，中国政法大学出版社1994年版；参见韩轶：《刑罚目的的建构与实现》，中国人民公安大学出版社2005年版，第70-71页；等。

的。①第二种观点是认为刑罚目的是报应与预防的辩证统一的刑罚目的二元论。②第三种观点是认为刑罚目的是完整性、层次性的统一的"三层次刑罚目的说"。其中我国刑罚目的的三个层次依次为犯罪的公正惩罚、犯罪的有效预防与最大限度地保护法益。刑罚目的的三个层次之间为递进关系，其中第三个层次为刑罚目的中的最高层次，是适用刑罚所追求的终极目标，为我国现阶段的刑事法律活动指明了方向。③上述观点都存在一定的合理之处，但是也都存在值得商榷之处。对于上述观点，在很多刑法学著作中多有评析，限于本书研究的重点问题，不再赘述。

笔者认为，之所以对刑罚目的存在不同的理解，根本原因在于，对刑罚目的的前提问题——刑罚目的的理解没有达成共识。关于刑罚目的的含义，在我国刑法学界有代表性的观点有最广义说、广义说与狭义说三种。最广义的刑罚目的说认为，刑罚的目的是国家制定、适用和执行刑罚所期望达到的效果，即国家通过刑事立法、刑事审判和刑罚执行活动所追求的效果。④广义的刑罚目的说认为，刑罚目的即国家制定、适用刑罚所追求的预期效果。⑤狭义的刑罚目的说认为，刑罚的目的是指适用刑罚所追求的效果，即人民法院对犯罪人判处刑罚所希望达到的效果。可见，狭义说认为刑罚的目的只能在量刑活动中予以体现。在上述三种观点中，

①参见何秉松：《刑法教科书》（上卷），中国法制出版社2000年版，第535-540页。
②参见陈兴良：《刑法哲学》（下），中国政法大学出版社2009年版，第447-451页。
③参见韩轶：《刑罚目的的建构与实现》，中国人民公安大学出版社2005年版，第78-81页。
④参见杨春洗、杨敦先：《中国刑法论》，中国人民大学出版社1989年版，第229页。
⑤参见陈兴良：《刑法哲学》（下），中国政法大学出版社2009年版，第440页。

狭义的刑罚目的为我国刑法学界通说，一直占主导地位。① 笔者认为，将刑罚的目的仅仅局限在量刑环节，视野未免过窄。关于刑罚目的的认识，宜采取最广义说的观点。因为完整的刑事活动必须由刑事立法、刑事司法以及刑事执行共同完成。相应地，刑罚作为国家惩治犯罪的最主要方式，其效果不是立法、审判、执行三个环节中某一环节所能独立完成的，只有三者互相协调，才能实现刑罚目的。对刑罚目的的正确认识决定或制约着刑罚其他全部问题，是刑罚论的要害。据此，刑罚目的具有以下特点：（1）刑罚目的贯穿刑罚制定、刑罚适用与刑罚执行的全过程，对于刑事立法具有指导作用，对于刑罚适用起决定作用，对于刑罚执行具有指导作用；（2）根据刑罚的第一个特点可以推知，刑罚目的的设立是先于或者至少与刑罚制定、刑罚适用、刑罚执行位处同一时间的；（3）刑罚目的具有主观性。

二、特殊预防兼顾报应——我国刑罚目的的再审视

关于刑罚目的的问题，我国刑法学界多数学者认为特殊预防与一般预防是刑罚目的。在笔者看来，我国刑罚的目的应当包含报应与特殊预防两方面，两者之间是辩证统一的关系。对于报应与特殊预防的关系，应当以特殊预防为主兼顾报应的要求才是我国刑罚科学的目的与发展方向。之所以作出这样的结论，原因在于：

我们不能排除报应是刑罚的目的这一事实，因为自刑罚产生以来，惩罚就随之如影随形，报应也因此成为名正言顺的刑罚的目的。当犯罪没有受到身体上的痛苦，其犯罪所获得的唯一后果

---

① 参见马克昌主编：《刑罚通论》，武汉大学出版社 2011 年版，第 58 页。

却是免费教育的特权时，刑罚还有何存在意义？① 缺乏报应目的的刑罚不能称之为刑罚。特殊预防作为刑罚的目的是预防犯罪人重新实施犯罪行为，为了使刑罚在惩罚已然犯罪的同时，防患于未然，就必须追求刑罚特殊预防的效果。不过特殊预防存在缺陷。（1）根据特殊预防理论，只要是为了改造罪犯，就不管刑期的长短，久而久之很可能会造成国家肆意践踏公民的权利。（2）根据这一理论，在不存在再犯可能性的情况下，就不用动用刑罚，这显然是不合适的。（3）这一理论的正当性根据是建立在多数人强制少数人接受多数人认为合适的生活方式（再社会化）的基础上的。② 所以，现代刑罚目的理论以报应作为特殊预防目的的补充，以解决刑罚公正的要求。不过国家动用刑罚权，其本质还是功利的，因而特殊预防是动用刑罚所追求的主要目的。而为了保证功利的适度性，就形成了由奠基于公正基石上的报应对特殊预防进行制约的必然逻辑。具体而言，刑罚依据公正的原则，确定一个合理的刑罚范围，在这个刑罚范围内，再考虑特殊预防目的的实现，从而决定刑度。如此，则特殊预防的目的即可经由报应的刑罚强制而得以实现。即以报应刑罚，而达到特殊预防的效果。③ 由此，以特殊预防为主兼顾报应是我国刑罚所追求的目的，追求刑罚特殊预防的目的是功利主义的体现，而追求报应的目的是刑罚公正的需要。两者之间是辩证统一的关系，即没有功利，公正无所依存；缺乏公正，功利必成公害。刑法中的刑罚在关注国家面对犯罪人的同时，也应当关注国家保护犯罪人，④ 只有坚持这种辩

---

① 参见［意］加罗法洛：《犯罪学》，耿伟等译，中国大百科全书出版社1996年版，第228页。

② 参见［日］城下裕二：《量刑基准的研究》，成文堂1995年版，第134页。

③ 参见林山田：《刑法通论》（下册），北京大学出版社2012年版，第280页。

④ 参见［德］拉德布鲁赫：《法学导论》，米健等译，中国大百科全书出版社1997年版，第96页。

证统一，才会实现公正而有效的刑罚。[①]

三、事后自动恢复制度之构建与我国的刑罚目的具有一致性

（一）事后自动恢复与刑罚目的的内容相一致

构建事后自动恢复制度所追求的刑罚上的效果与我国的刑罚目的所追求的效果具有一致性。

在刑事立法方面，虽然特殊预防一直是我国刑罚目的所追求的效果之一，但是在刑事立法方面体现的仍然不够。从有利于完善刑事立法的角度来讲，应当特别注重强调特殊预防的实现。[②]因为刑罚适用的最终目的是功利的，那么，刑事立法应当考虑的主要是对不同类型的犯罪人用多重的刑罚，采用何种刑罚来遏制犯罪的发生。当然，针对不同犯罪根据其社会危害性的不同而规定的轻重不同的刑罚，又应当兼顾报应的目的，使两者之间有机地统一起来。换言之，强化特殊预防的主要表现是对犯罪人的规定进一步类型化，从而加强刑事立法的针对性。

我国刑法总则针对犯罪人主观恶性与人身危险性的不同，从侧重满足刑罚个别化的要求出发，区别规定了累犯、自首与立功的犯罪人适用刑罚的原则，这在实现刑罚特殊预防的目的上有一定的积极作用。但是与其他国家相比较，我国在犯罪人的规定上还有些粗疏，有进一步细致的必要。不仅对同类犯罪人划分存在粗疏之处，在对不同种类犯罪人类型的划分上也存在完善的空间。事后自动恢复的犯罪人与自首、立功的犯罪人在各方面上都存在很大的差异，同样是刑罚目的特别是特殊预防的重点。但是我国

---

① 参见林山田：《刑罚学》，商务印书馆 1995 年版，第 91 页。
② 参见陈兴良：《刑法哲学》，中国政法大学出版社 2009 年版，第 392 页。

除了刑法分则个别罪名对此有所涉及之外，并未在刑法中予以明确的规定。而且，刑法理论上也未将其作为一类独立的犯罪人加以研究，这与事后自动恢复的积极意义不成正比。通过刑事立法的形式，在犯罪人的分类中进一步划分出一类人——事后自动恢复的犯罪人，这类犯罪人与普通的犯罪人或者负隅顽抗的犯罪人相比，主观恶性、人身危险性均有所降低，所以刑事立法应当设计有别于其他犯罪人的刑罚处罚原则，这样才能够实现刑罚特殊预防兼顾报应的目的。

在刑事司法方面，案件之所以需要及时侦破的原因在于，实现特殊预防与报应的辩证统一的刑罚目的。事后自动恢复制度能够加快刑罚适用的及时性、刑罚适用的准确性与刑罚适用的有效性的实现。而事后自动恢复是通过犯罪人自愿的积极的补救行为，部分或者全部恢复了被犯罪行为所能破坏的法益，这表明犯罪人的再犯可能性几乎不存在，无疑前置了特殊预防的开始时间，并且刑罚的及时也是为了平息被害人与普通民众的愤怒情绪，及时修复被犯罪破坏的法益，尽早实现报应的目的。事后自动恢复的犯罪人通过积极地恢复法益的行为，使被害法益及早得到了一定的恢复，势必能够平息被害人一定的愤怒，对其适用较轻的刑罚是对其之前的犯罪行为的报应，从这点上看，也满足了刑罚报应的目的。在量刑活动中，对于事后自动恢复的犯罪人适用较轻的刑罚是对立法上刑罚个别化的切实贯彻，使量刑更具针对性。这样才能使这类犯罪人更加心服口服，真心地认罪服法，认真积极地参加改造。

在刑事执行方面，特殊预防为主兼顾报应的刑罚目的的实现一直是我国行刑所追求的效果，刑罚的特殊预防是行刑的主宰。在对事后自动恢复的犯罪人的实际改造问题上，区别于其他犯罪人本身就是刑罚特殊预防在行刑阶段的具体体现。行刑机关应当根据这类犯罪人不同于其他犯罪人的情况采取具有针对性有效的措施，并根据犯罪人改造的情况予以适时的调整，这有利于刑罚执行的有效性的实现，从而实现刑罚特殊预防的目的。鉴于目前我国监禁刑在具体执行中存在的诸多弊端，对此类犯罪人中罪行较轻的可以多采取社区矫正等非监禁刑的处罚措施。

（二）事后自动恢复与特殊预防兼顾报应的刑罚目的具有一致性

以特殊预防为主兼顾报应的要求是我国刑罚科学的目的与发展方向。具体到事后自动恢复，对于除犯罪情节显著轻微的事后自动恢复不作犯罪处理之外，相当一部分的事后自动恢复行为即使在全部恢复法益的情况下，犯罪人还是有被处以刑罚的可能。原因在于：事后自动恢复的犯罪人其先前的犯罪行为毕竟已经达到了犯罪既遂的状态。其补救行为无法抹去犯罪行为已经既遂这一事实。对其适用刑罚是刑罚公平正义的要求。刑罚不仅需要面对社会，也需要面对犯罪人。刑罚基于其报应的目的，惩罚了犯罪人，对社会本身所受的痛苦进行了补偿，实现了公众内心深处的正义观念，从而获得了社会的普遍认可。在对于事后自动恢复的行为人适用刑罚这一点上正是刑罚报应目的的体现。换言之，即使从报应主义的立场出发，事后自动恢复制度的构建也具有合理解释，报应主义惩罚的动力得到了削减。

在法哲学领域，一般认为报应主义的思想起源于康德，康德对报应主义的经典表述：譬如一个公民社会，经过全民公决，决定解散公民社会并分别前往世界各地居住，倘若这个时间还有一名被判处死刑的罪犯没有被执行死刑，也应当在将该犯执行死刑后，才能够执行解散公民社会的决议。因为要让公民社会每个人都可以认识到，人必须对自己的言行负责并有应得的报应，不能把有血债的人留给人民。如果不这样做，他们会被认为同样参与了犯罪，是对正义的公开违反。① 康德坚决认为犯罪就必须受到惩罚，社会负有惩罚犯罪的完全的义务，惩罚的实质是以社会之恶惩治犯罪之恶的过程，是社会将恶施加给违法、犯罪者的权利，同时也是一种绝对的命令。② 与康德思想类似的还有维多利亚时代著名刑法学家 J.F. 斯蒂芬爵士对于惩罚与报应的关系的阐释同样精彩，他提出复仇欲之于刑罚正如性欲之于婚姻。③ 在我国学者眼中，报应主义之所以存在，源于民众对于犯罪行为的愤恨，在犯罪行为发生后，道德由此出现了不平衡的状态，通过对犯罪人施加刑罚能够恢复被犯罪行为所破坏的道德，上述报应绝对思想得到了合理解释。④

在事后自动恢复领域，如果是为了平复犯罪及其后果所制造的愤恨，在事后自动恢复行为完成并取得一定效果的情况下，报应主义的惩罚绝对诉求基本丧失。理由在于：作为激发惩罚绝对性的愤恨的心理在事后自动恢复的视阈丧失了存在的空间。对此，贝卡里亚曾作出过经典的表述："当某种犯罪在人们看来根本不可能给自己造成任何损害时，就不能引起和激发公众对于作案者的公共义愤。"⑤ 其实，真正的被害人心理在不同的案件中存在不同状态，在社会生活中，我们经常看到的某些寻物启事或者寻人启事，会出现这样的表述：本人丢失某物品，该物品对于本人有重

---

① 参见［德］康德：《法的形而上学原理》，沈叔平译，商务印书馆 1991 年版，第 167 页。

② 参见王立峰：《惩罚的哲理》，清华大学出版社 2006 年版，第 80 页。

③ 参见［美］哈伯特·L. 帕克：《刑事制裁的界限》，梁根林等译，法律出版社 2008 年版，第 37 页。

④ 参见王立峰：《惩罚的哲理》，清华大学出版社 2006 年版，第 172 页。

⑤ 参见［意］切萨雷·贝卡里亚：《论犯罪与刑罚》，黄风译，北京大学出版社 2008 年版，第 86-87 页。

要意义或者价值，只要行为人予以归还，不追究法律责任，甚至会"必有重谢"。部分丢失儿童的家庭在发出寻人启事时，也会存在"不追究法律责任"的字样。这里"不追究法律责任""必有重谢"等并非是欺骗行为人的文字表述，而往往是被害人真正的心理诉求。我们可以感同身受，在有重要意义的财物丢失的情况下，在亲人失踪不见的情况下，失而复得的庆幸与幸福才是被害人真正的心理，此时惩罚的诉求以及报应的愤恨情绪在具体被害人的心中已经可以忽略不计。这种事后自动恢复前后的心理变化是由愤恨到庆幸的过程，极端是到感激的心理变化过程，在某种意义上可以用心理学上的概念"斯德哥尔摩症候群"（Stockholm syndrome）①进行现象的描述与系统的解释。在一般人看来，"斯德哥尔摩症候群"产生的基础是非法的，但是对处于其中的被害人感激的心理确实是真实存在的。当然用"斯德哥尔摩症候群"解释事后自动恢复存在天壤之别，但是用此概念能够清晰说明在事后自动恢复的场合社会愤恨心理的消失，在这种情况下，报应主

---

① 1973 年 8 月 23 日，两名有前科的罪犯在意图抢劫瑞典首都斯德哥尔摩市内最大的一家银行失败后，挟持了四位银行职员，在警方与歹徒僵持了 130 个小时之后，因歹徒放弃而结束。然而这起事件发生后几个月，这四名遭受挟持的银行职员，仍然对绑架他们的人显露出怜悯的情感，他们拒绝在法院指控这些绑匪，甚至还为他们筹措法律辩护的资金，他们都表明并不痛恨歹徒，并表达他们对歹徒非但没有伤害他们却对他们照顾的感激，并对警察采取敌对态度。更有甚者，人质中一名女职员竟然还爱上了其中一名劫匪，并与他在服刑期间订婚。这两名抢匪劫持人质达六天之久，其间他们威胁受俘者的性命，但有时也表现出仁慈的一面。在出人意料的心理错综转变下，这四名人质抗拒政府最终营救他们的努力。这件事激发了社会科学家，他们想要了解在掳人者与遭挟持者之间的这份感情结合，到底是发生在这起斯德哥尔摩银行抢劫案的一宗特例，还是这种情感结合代表了一种普遍的心理反应。而后来的研究显示，这起研究学者称为"斯德哥尔摩症候群"的事件，令人惊讶的普遍。研究者发现这种症候群的例子见诸各种不同的经验中，从集中营的囚犯、战俘、受虐妇女与乱伦的受害者，都可能发生斯德哥尔摩综合征体验。

义惩罚也就缺乏了动力。

事后自动恢复在功利主义的视阈下，更加能够得到合理的解释。边沁作为功利主义刑罚观的代表，提出"包括刑罚在内的所有的惩罚都是损害，犯罪是一种恶害，刑罚本身也是一种恶害，适用刑罚的唯一可能性只能是因为刑罚的适用可以排除更大的恶"。①按照边沁的观点，一个刑罚正当化的依据是利益最大化。功利主义原则与报应主义的区别在于，着眼于社会总体利益，只有惩罚能够给社会带来更大的善的情况下即惩罚的善大于惩罚的恶的情况才能够适用刑罚。②

由此展开逻辑，在事后自动恢复的理路中，功利主义惩罚的动力同样被削弱甚至不存在，功利主义的刑罚目的在事后自动恢复行为完成并取得效果的瞬间同步实现。理由在于：行为人犯罪既遂后的自动恢复的良善行为已然消除了其先前犯罪行为所制造的后果，无论是报应主义还是功利主义，都不能将上述行为归结为恶，即使不能贸然认为事后自动恢复行为属于善的范畴，但是至少该行为能够归入非恶的范围。既然刑罚是恶，用刑罚的恶惩治事后自动恢复的非恶，就无疑背离功利主义原则。③

鉴于此，对事后自动恢复的犯罪人确定适用刑罚的前提下，相对于类似案件中没有实施事后自动恢复的犯罪人适用宽缓的刑法原因在于：国家动用刑罚权，其本质还是功利的，因而特殊预防是动用刑罚所追求的主要目的。而特殊预防的实现主要通过两种途径。一是通过死刑的方式淘汰犯罪人，使之永远不会犯罪。

① 参见［英］边沁:《道德与立法原理导论》，时殷宏译，商务印书馆2000年版，第216页。
② 参见庄绪龙:《"法益可恢复性犯罪"概念之提倡》，载《中外法学》2017年第4期。
③ 参见庄绪龙:《"法益可恢复性犯罪"概念之提倡》，载《中外法学》2017年第4期。

该种方式主要是针对极少数罪行极其严重的犯罪人适用；二是通过对犯罪人施以合适的刑罚，使之改恶从善，重新做人。该种方式适用于除第一种方式之外的大多数犯罪人。事后自动恢复的犯罪人的恢复行为已经表明，行为人对其先前的犯罪行为的不认同，那么对于这类犯罪人，从使之改恶从善，重新做人的角度出发，在刑罚的选择上就必须与其他没有事后自动恢复的犯罪人相区别。具体而言，对存在事后自动恢复的犯罪人，在对其适用刑罚时，必须慎重考虑刑罚对于这类犯罪人的影响，理性地选择刑罚，注重刑罚个别化的实现，遵循刑罚的效率原则以绝大多数人的最大幸福为目标，为了这一目标的实现，付出一定的代价仍不失正当性。[1] 在这一点上，事后自动恢复的刑罚适用与刑罚特殊预防的目的所追求的目标显然是一致的。

第四节　事后自动恢复制度之构建 与刑法谦抑性相融洽

　　刑罚与其严厉不如缓和。在现代文明社会，刑法的迷信应当在破除之列。[2] 刑罚从严厉到宽缓是历史进步与发展的必然结果。"刑罚的完善总是——不言而喻，这是指在同样有效的情况下——随着刑罚的宽大程度一起并进。因为不仅宽大的刑罚本身弊端较少，它们也以最符合人的尊严的方式引导着人离开犯罪行为。它们在身体上引起的痛苦愈少，愈少一些恐怖，它们就愈是符合道

---

[1] 参见徐久生：《刑罚目的及其实现》，中国方正出版社 2011 年版，第 79 页。
[2] 参见陈兴良：《刑法的价值构造》（第二版），中国人民大学出版社 2006年版，第 292 页。

德；与此相反，巨大的身体苦难在受难者本人身上减少耻辱感，在旁观者身上则减少厌恶感。"[①] 因此，刑法谦抑性就成为现代刑法孜孜以求的价值目标。作为现代刑法的基本理念，刑法谦抑准确指引了刑法的发展方向，合理界定了刑法的适用范围，构建了行之有效的刑法社会保护与人权保障机能的实现途径，在构建现代刑法方面影响深远。

一、刑法谦抑性概述

所谓刑法谦抑，又称刑法的经济性或者节俭性。是指刑法的发动不以所有的违法行为为对象，立法者应当力求少用甚至不用刑罚，获取最大限度内控制和预防犯罪的原则。关于刑法谦抑，一般认为包括刑法的补充性、片面性与宽容性。所谓刑法的补充性，是指刑法作为最后手段只能在不得已、毫无他法的情况下才能发动。刑法的片面性（不完整性），是承认刑法补充性的自然的结果，即刑法不能进入国民生活的各个角落。所谓刑法的宽容性，是指即使犯罪是现行的，在衡量法益保护之后，只要并非不得已的情况下，就应当慎用刑罚。综上，谦抑主义是以刑法的补充性、片面性和宽容性为基本内容，成为现代刑事立法和刑法解释的原理。[②]

刑法理论上的"非犯罪化"与"非刑罚化"均是基于刑法谦抑主义而提出来的。刑法是规定犯罪与刑罚的法律，相应地，刑法谦抑就包括犯罪范围的谦抑性即罪之谦抑与刑罚范围的谦抑性即刑之谦抑两方面内容。

所谓罪之谦抑，主要是针对国家对社会生活的刑事干预程度

---

① ［德］威廉·冯·洪堡：《论国家的作用》，林荣远等译，中国社会科学出版社 1998 年版，第 144 页。

② 参见［日］川端博：《刑法讲义总论》，成文堂 1995 年版，第 57 页。

而言的，即国家对于社会生活的刑事干预限度应尽可能控制在科学合理的范围内。具体而言，犯罪圈由刑事立法划定，但是犯罪圈的划定必须以社会物质生活条件为基础，因此犯罪圈的划定是客观的，并非立法者主观意志所能够决定的。行为的正当与否是决定其能否被刑法关注的首要因素。只有不正当的行为才有可能进入刑法的视野。不过即使是不正当的行为也并非都需要划入犯罪的范围。近年来，罪之谦抑呈现出"非犯罪化"的国际化的潮流。关于非犯罪化的范围，世界各国总的趋势几乎集中在有关道德风化的犯罪之中，这些诸如卖淫、吸食毒品等大多属于无被害人犯罪（victimless crime）或自愿被害人犯罪（crimes with willing victim）。这些行为并非传统意义上的犯罪人——被害人模式，其实行行为的任何一方都是自愿的。因此，现代社会将其排除在犯罪圈之外是有必要的。同时，非犯罪化还表现为违警罪向行政处罚法的转移。

　　所谓刑之谦抑，主要是针对刑罚的发动限度而言的。即国家发动刑罚权应当尽量节俭，尤其是需要防止刑罚过剩与刑罚过度。详言之，刑罚作为对犯罪的反应，起初是出于本能的同态复仇，当然也就不涉及刑罚谦抑的问题。随着社会的发展和人们价值观念的不断变化，刑罚也经历了从最初的同态复仇向等价刑—矫正刑—折中刑转变的过程。这一刑罚转变的进化史从某种意义上说也是刑罚逐渐由严苛走向谦抑并不断谦抑的过程。关于如何实现刑之谦抑的问题，也就是某一危害行为是否必须采取刑罚的手段加以制裁的问题，一般情况，具有以下三种情况之一的，就必须适用刑罚：（1）有效果。所谓有效果，即对于某一危害行为来说，将其规定为犯罪，并且动用刑罚手段，才能够达到抗制与预防的效果。那么，这时候适用刑罚就是不可避免的。（2）不可替代。所谓不可替代，即对于某一具体的危害行为，采取除刑罚之外的其他任何方式都没有办法预防和抗制的情况下，只能采用刑罚的手段对该行为进行处罚。（3）经济性。所谓经济性，是指通过刑罚的手段来预防和抗制犯罪所取得的收益大于消极效果。也就是说，只有以小恶惩治大恶的基础上，刑罚才是非恶的、谦抑的。鉴于此，只有在有效果、不可替代和经济性的前提下动用刑罚，刑罚才是谦抑的、合理的。近年来，随着非犯罪化的发展，非刑罚化也开始出现和发展。非刑罚化，顾名思义，即去刑罚化，是指在承认某些危害行为仍然构成犯罪的前提下，减轻法律规定对某些犯罪的刑事处罚程度，对这些犯罪行为适用与以往不同的刑事处罚方法。在这种思想的影响下，人们开始致力于监禁替代方式的寻找。①非刑罚化成为当今世界各国刑之谦抑的主要实现途径。

二、事后自动恢复与我国刑法的谦抑性

（一）我国刑法谦抑性实现之基本路径

我国刑法谦抑性的实现同样包含罪之谦抑实现与刑之谦抑实现两个方面。关于我国罪之谦抑实现的基本路径问题，笔者认为，非犯罪化不是中国刑法罪之谦抑的实现方式。笔者并不否认非犯罪化既是一种刑法思潮，也是一种刑法改革运动。非犯罪化作为一种刑法思潮影响很大，而落实到刑事实践则收获很小。从目前的情况来看，非犯罪化主要是作为一种刑事政策的内容得到广泛的承认。并且，非犯罪化的同时，也不否定犯罪化的存在，非犯罪化与犯罪化是一种双向运动。在某一特定时期，甚至犯罪化占主导地位。在非犯罪化理论发达的西方国家，刑法的非犯罪化改

① 参见［法］马克·安塞尔：《从社会防护运动角度看西方国家刑事政策的新发展》，载《中外法学》1989 年第 2 期。

革也处于基本停滞的状态，并且现实情况是刑法惩治犯罪的范围在不断扩大。但是，并不能因此否认非犯罪化这一理论，认为非犯罪化是一个伪命题，因为非犯罪化代表着刑法的发展方向。在对非犯罪化客观评价的基础上，对我国应否实行非犯罪化的问题上，笔者持否定意见。我国刑法目前存在的问题不是非犯罪化的问题，而是应当适度犯罪化，即将具有严重社会危害性的不法或者有责的行为通过刑事立法的形式纳入刑法的规定，使之成为刑法上明文规定的犯罪行为的问题。[1]我国正处于社会转型时期，随着经济体制改革的不断深入，各种社会关系不断变化发展，在这种社会大背景下，刑法理应更加关注对民生和公共利益的保护，2011 年通过的《刑法修正案（八）》增加的危险驾驶罪、拒不支付劳动报酬罪、食品安全监管渎职罪就属于此类规定。当然，计划经济体制下的一些已经不合时宜的罪名和无被害人的犯罪，如卖淫、吸毒等应当予以非犯罪化。更为重要的是，在适度犯罪化的过程中，应当始终以刑法谦抑理论作为指导，防止过度犯罪化。对于适度犯罪化之"适度"的把握，应当遵循刑法评判与干预的范围以公共利益为界限，并且是在其他手段干预无效的情况下不得以才动用刑法手段进行调整的原则。综上，我国刑法罪之谦抑的主要实现途径是刑法谦抑原则指导下的适度犯罪化与部分合理的非犯罪化。

关于我国刑之谦抑的实现，非刑罚化同样不是我国现阶段刑之谦抑实现的基本路径。非刑罚化的实质内涵是非监禁化。对于已经实施的犯罪行为，不可能不产生一定的反作用，但是，这种

---

[1] 参见赵秉志、王鹏祥：《论我国宪法指导下刑法理念的更新》，载《河北法学》2013 年第 4 期。

政策对行为人采取的是宽免的刑罚，其理由在于尽量缩小刑罚的负面影响，使犯罪人有积极改造的主观愿望，规定对犯罪人予以社会帮助。①我国因传统重刑主义的思想根深蒂固，一直认为真正的刑罚只有生命刑和自由刑，至于财产刑和资格刑往往在观念上被排除在刑罚之外，并且这种认识在现在还没有很大的改观。在我国刑法典中，《刑法修正案（八）》出台以前，我国刑法规定死刑的条文为 48 个，涉及死刑的罪名 68 个。虽然《刑法修正案（八）》取消了 13 个非暴力犯罪的死刑罪名，《刑法修正案（九）》取消了走私武器、弹药罪，走私核材料罪等 9 个罪名的死刑条款，但是我国的死刑罪名仍存在一定的可以进一步完善的空间。从其他刑种的分配情况来看，有期徒刑为常见的刑种，几乎所有分则的犯罪都规定了有期徒刑的适用，规定无期徒刑的罪名有 100 多个，没有一个罪名的刑种仅限管制、罚金。仅危险驾驶罪一罪可以单独适用拘役。从我国对破坏市场经济秩序罪的规定和 1998 年12 月 29 日通过的《关于惩治骗购外汇、逃汇和非法买卖外汇犯罪的决定》中，共规定罪名 95 个，其中对于 58 个罪名的法定最高刑期刑规定了 10 年以上有期徒刑，占罪名总数的 60%，在《刑法修正案（八）》出台之前，还有 16 个罪名规定了死刑，而规定法定最高刑期在 3 年以下有期徒刑的罪名仅为 13 个，对经济犯罪适用如此重的刑罚，显然是不合适的。②综上，目前我国的刑罚结构

①参见［德］汉斯·海因里希·耶赛克:《世界性刑法改革运动概要》，载《法学译丛》1981 年第 1 期。
②参见吴富丽:《刑法谦抑实现论纲》，中国人民公安大学出版社 2011 年版，第 132–133 页。

属于以死刑和自由刑为主的重刑结构,①那么在这种刑罚结构之下,目前最应该提倡的是轻刑化而并非非刑罚化。

（二）事后自动恢复与我国刑法谦抑性的实现相融洽

事后自动恢复制度的构建,与我国刑法谦抑性的实现是相融洽的。该制度的构建符合我国刑法罪之谦抑与刑之谦抑的基本要求。具体而言:

首先,在刑法总则中明确规定事后自动恢复制度,有利于实现我国的刑法罪之谦抑。如前所述,我国罪之谦抑实现的主要途径是刑法谦抑原则指导下的适度犯罪化与部分合理的非犯罪化。就适度犯罪化而言,应当主要从两方面着手。一是填补立法漏洞、严密刑事法网;二是根据经济社会的发展形势适时地增设新罪。在刑法总则中增设事后自动恢复制度的规定,属于适度犯罪化的第一种情况——填补法律漏洞。"当法律对为适用法律必须予以明确的回答问题未给予明确的答案时,即法律存在一定的漏洞。"②如果一个国家或者地区,罪名简约而粗疏,法律漏洞百出,会导致司法者无法可依,导致罪刑擅断,漏洞如果不及时合理地填补,

---

① 从刑罚发展的过程来看:刑罚结构可能存在五种类型,第一种是以死刑为主,其他刑种为辅的刑罚结构;第二种是以死刑和监禁刑为主,其他刑种为辅的刑罚结构;第三种是监禁刑为主,其他刑种为辅的刑罚结构;第四种是监禁刑与罚金为主,其他刑种为辅的刑罚结构;第五种是替代刑占主导地位的刑罚结构。上述五种刑罚结构中,第一种已经成为历史,第五种是刑法刑之谦抑的未来发展方向（还没有到来）,中间三种在世界不同国家的刑罚结构中均有体现。其中第二种为重刑结构,第三种较之第二种轻较之第四种重,称之为次重刑结构,在以监禁刑为主导的刑罚结构中,重刑与轻刑的划分界限以法定刑 3 年作为分界点,法定刑平均刑期在 3 年以上的归属重刑类,称为次重刑,平均刑期在 3 年以下的属于轻刑范畴。第四种称之为轻刑刑罚结构。目前大多数西方国家的刑罚结构处于次重刑或者轻刑结构。

② 参见［德］拉伦兹:《法学方法论》,陈爱娥译,商务印书馆 2003 年版,第 307 页注 12。

会阻碍罪之谦抑的实现，会导致放纵犯罪，同时也会助长罪刑擅断。刑法上的事后自动恢复制度的缺失，导致犯罪人实施的积极的补救行为全部或者基本恢复了法益的情况下，从宽的幅度也十分有限，与该行为产生的积极效果不成正比。目前司法实践中，法官对这种情节的处理因为"无法可依"，导致同类的案件处理结果不同，且作为一个酌定的量刑情节，其从宽的幅度只能在法定刑范围内从轻，从轻的幅度与事后自动恢复的积极意义不成正比。

对存在事后自动恢复情节的行为人，即使法官予以从轻处罚，很多情况下，判处的刑罚还是过重。重刑的动用很有可能把实施事后自动恢复行为的初犯、偶犯等这些游离在犯罪边缘的人"改造"为经验更加丰富的犯罪人，使刑法丧失其教育的意义。可见，立法中的漏洞，使得事后自动恢复行为被排除在刑法调整的范围之外，造成对该种行为处理上的不公正，有违刑法公平正义原则。将事后自动恢复纳入刑法的调整范围，规定合适的从宽处罚原则也符合我国刑法罪之谦抑的部分合理的非犯罪化的实现路径。对存在事后自动恢复行为的犯罪人，特别是对其中属于偶犯、初犯，并且犯罪行为较轻且其事后补救行为完全恢复了被害法益的，应当直接认定行为人情节显著轻微，危害不大，不构成犯罪，这符合非犯罪化的"出罪"功能。

其次，在刑法总则中明确规定事后自动恢复制度，有利于实现我国的刑法刑之谦抑。如前所述，轻刑化是我国刑之谦抑实现的主要途径。实施了事后自动恢复行为的犯罪人，尤其是偶犯、初犯的犯罪人，其犯罪行为较轻且事后补救行为已经完全或者基本恢复了被害法益的情况下，对这类犯罪人，他们的补救行为已经说明了他们对先前犯罪行为的不认同，至少是害怕因为犯罪行为受到法律的制裁。对这类人适用刑罚其特殊预效果并不明显；在这类人通过自己积极的行为，已经恢复或者部分恢复了被犯罪行为破坏的法益的情况下，再对这类犯罪人适用太过严厉的刑罚进行报应有违刑之谦抑的理念。这种刑罚的适用或者说重刑的适用是不经济的也是不理智的选择。应当尽量避免或者减少自由刑的适用已经成为世界的共识，自由刑有其无法克服的缺陷。比如，容易造成犯罪人之间的交叉感染，占用监禁设施，给行刑实务造成压力，并且剥夺自由还会导致犯罪人与社会存在一定的脱节，不利于犯罪人重新回归社会。对事后自动恢复的行为人而言，严厉的刑罚极容易导致消极的效果出现，而且对其中犯罪情节轻微的事后自动恢复的犯罪人，更没有必要适用监禁刑，因为这会增加事后自动恢复的行为人复归社会的难度。

综上，事后自动恢复制度的构建可以使犯罪人犯罪后的恢复行为得到刑法上的认同，从而使存在此类情节的犯罪人在刑罚上得到从轻、减轻，或者免除处罚的结果。这无疑是符合刑之谦抑的基本内涵的。事后自动恢复制度的构建在实现我国刑法谦抑，完善刑法结构方面具有积极的意义。在目前该制度缺失的情况下，对存在事后自动恢复情节的犯罪人，如果应该适用短期自由刑的，尽量以罚金刑或者管制代替；如果应当适用有期徒刑的，也应当尽量选择较轻的监禁刑。

第四章 事后自动恢复制度
构建之可行性

一个法律制度之时效的首要保障必须是它能为社会所接受，而强制性的制裁只能作为次要的和辅助性的保障。

—— ［美］E.博登海默

无论是现在或者是其他任何时候，法的发展的重心不在立法，不在法学，也不在司法判决，而在社会本身。在法律的发展过程中，国家和国家立法活动的作用是十分有限的，国家立法仅为法律中很小的一部分，而社会本身才是法律发展的决定因素。法律是社会发展客观需要的记载。任何一项刑法制度，都不是立法者随心所欲的创作，其制定与发展是与特定的社会背景、观念以及法律环境等现状相吻合的。换言之，就是能被现实社会所接受。一种新的刑法制度的建立与执行，是建立在各方面现有条件基础之上的，如果与现实的社会环境相悖，那么即使该制度再怎么符合刑法的基本理论也是"空中楼阁"。总而言之，任何制度的构建都不能与实际条件相脱节。事后自动恢复能否得到我国刑法的认可，并转化为现实的刑法制度，除了具备相应的理论基础以外，还必须与我国现有的社会条件、政策条件、法治环境等相融洽，方能真正地被落到实处，实现与社会之间的良性互动。

第一节　法治中国为事后自动恢复制度的
构建提供了社会条件

一、法治在中国的理论价值

法治是一个伟大的名词！党的十八大以来，习近平同志在多次讲话中提出了"法治中国"的科学命题，党的十八届三中全会正式确认了这一概念。"法治中国"是"法治国家"、"法治政府"以及"法治社会"的综合体。"法治中国"概念和理论的提出，能够更加全面科学有效地统领依法治国和法治建设的所有理论和实践问题。[①]

法治是人类文明演进的制度成果，其发展凝聚了全人类不只是西方自由主义的智慧。它是迄今人类为驯服政治国家权力所找到的最有力的武器之一。正是借助于民主与法治，人类政治文明才迈上一个新的台阶。

2012 年 11 月，党的十八大在布置全面建成小康社会总任务的同时，要求"全面推进依法治国，加快建设社会主义法治国家"。党的十八大报告以全面建成小康社会为目标，重点强调了全面推进依法治国的问题。党的十八届三中全会决定号召全面深化改革，由点到线阐述了推进法治中国建设的基本内容。党的十八届四中全会在此基础上由点、线再到面、体，科学规定了全面依法治国的基本原则、工作布局和重点任务。党的十八届五中全会则聚焦

---

① 参见冯玉军:《法治中国中西比较与道路模式》，北京师范大学出版社 2017 年版，第 79 页。

法治经济、法治社会建设，特别是法治政府的基本建成问题，由静态到动态，由总体战略布局到分解任务、贯彻执行，描绘建成小康社会的战略总目标进入决胜阶段的具体任务和法治线路图。①综合分析，这四次会议和四份重要文件之间在精神上高度一致，内容上相辅相成，其围绕全面建成小康社会的总目标，全面深化改革和全面推进依法治国成为全面建成小康社会的车之两轮、鸟之两翼，而全面推进依法治国是前面两个全面建设的重要保证。整体构成当代中国法治建设与理论探索的重大突破，揭开了社会主义法治国家的新篇章。

法治是人类走向未来的自由标尺，体现了人类共识和价值理念。古希腊思想家亚里士多德将其经典表述为，"法治"包括两重含义："已成立的法律获得普遍的服从，而大家所服从的法律又应该是本身制定的良好法律。"在现代社会法治内在蕴含着人民主权、国家尊重和保障人权、法律面前人人平等、权力受到有效制约等普世价值，并以立法、司法、执法以及人权保障等诸方面的相关制度设计展现。这种内容与形式相统一法治，就是"良法之治"。鉴于此，法律的最终出发点与落脚点是维护公平正义与尊重保障人权，特别是作为规定犯罪与刑罚的刑法，在维护公平正义与尊重保障人权方面发挥着至关重要的作用。维护公平正义与尊重保障人权同样是全面建成小康社会的核心价值观与基本理念，科学的刑法对于全面建成小康社会起着重要的作用。法治是维护公平正义、实现经济社会稳定发展的基本治国方略，是我国治国理政经验和教训的总结，是建设中国特色社会主义的必然选择。推进国家治理体系与治理能力现代化的关键就是依法善治，把法

---

① 参见冯玉军：《法治中国中西比较与道路模式》，北京师范大学出版社2017年版，第5页。

治理念、法治精神贯穿到政治、经济、文化、社会和生态建设中，从上到下形成良好的法律意识、法律文化，树立坚定的法律信仰、法律意志，将社会主义核心价值观融入法治体系，不断促进国家利益和公共利益的最大化，实现富强、民主、文明、和谐的现代化建设目标。

古人有云："立善法于天下，则天下治；立善法于一国，则一国治。"放眼今天，就是在党的坚强领导下，坚持走中国特色社会主义法治道路，不断完善中国特色社会主义法治理论体系，最终建成法治中国，使之既体现人类民主法治价值又具有中国历史文化特色，既体现"良法"品格又涵摄"善治"精髓，实现国家治理的现代化、法治化。

二、事后自动恢复与法治中国之共同基本要求——维护公平正义

（一）刑法与实现维护社会公正的关系

党的十八大在之前历次大会上所提出以法治国方略的基础上，作出"全面推进依法治国"的战略部署，开创了法治建设的新局面。党的十八大报告在第五部分"坚持走中国特色社会主义政治发展道路和推进政治体制改革"中明确提出：全面推进依法治国。法治是治国理政的基本方式。要科学立法、严格执法、公正司法、全民守法，坚持法律面前人人平等，保证有法必依、执法必严、违法必究。其实，无论是科学立法还是公正司法、严格执法，目的都是实现和维护公平正义，公平正义是法治中国的重要特征和核心的价值观。从社会制度的角度看，社会主义与资本主义的最大区别在于，社会主义把公正看成是社会的基本价值诉求。

在全面建成小康社会发展的关键时期，法治中国特别是其蕴含的公平正义理念的实现对于巩固党的执政基础、完成党的执政

任务、实现经济社会协调发展，具有重大战略意义。维护社会公正，协调、处理好不同社会群体的利益关系，充分调动一切社会成员的积极性、主动性、创造性，是全面建成小康社会的关键和根本。所谓社会公正，是一种关于社会价值趋向的理想状态，在这种状态里，社会的不同利益主体遵照同一规则行动，在此规则下，它们保护与追逐各自应得的利益，最终实现彼此动态的利益均衡。①而小康社会是指社会的各个群体能够实现良性的互动，整个社会能够表现出一种公正的态度，社会能够实现安全的运行和健康的发展。

第一，实现社会公正状态是社会安全运行的必要条件。经过20多年的改革开放，中国社会发生了巨大的变化，中国经济发展平均每年的增幅在9%以上。2004年中国的人均GDP突破了1000美元，中国的发展进入了关键的阶段，因为从人均1000美元到3000美元是经济发展社会发展的黄金期，也是矛盾凸显期，在中国特色社会主义进入新时代，我国的主要矛盾已经转化为人民日益增长的美好生活需要和不平衡不充分的发展之间的矛盾，公平正义是顺利渡过这一时期解决目前主要矛盾的唯一方法。通过对社会成员基本权利和基本尊严的保证，就可以使社会各阶层之间的隔阂得到最大限度的消除，至少得到缓解，进而减少社会潜在的动荡因素。一个社会只有提升其公正的程度，社会问题出现的情况才能够减少，才会增强解决已出现问题的能力。社会公正的实现是各个领域公正实现的综合体现。

第二，社会公正实现的状态是保证社会健康发展的必然要求。社会的发展应该是以人为本的发展，是以绝大多数社会成员为本

---

① 参见谭泓：《构建和谐社会理论与实践探讨》，山东大学出版社2008年版，第63页。

的发展，而绝大多数社会成员为本的发展必须建立在遵循公正的基本原则之上才能实现；社会的发展必须依赖各个阶层的共同努力，而公正原则的遵循是实现的根本途径；一个社会只有遵循公正的基本原则，才能实现社会的有效整合与社会的团结，才能保证社会的健康发展。

法治中国的构建是一项系统的大工程，它涉及各项改革和创新，更加离不开法治环境的建设，因为法律是公平与正义的体现者和捍卫者。只有当社会生活的方方面面在公平、正义的法治环境下运行，法治中国才有建立的基础与保障。

刑法在法治中国的构建过程中发挥着重要的作用。这主要是因为：第一，刑法作为规定犯罪与刑罚的法律，直接通过对于不利于法治中国建设的不和谐的极端因素——犯罪的惩治和预防来维护安定的社会秩序与生产生活秩序，与此同时，刑法也通过必要的对于犯罪人权益的有力保障，使其免受刑罚上不公正的待遇。第二，相较于其他法律，刑法调整的社会关系最为广泛，其制裁方式也最为严厉，刑法通过这种方式来为法治中国建设保驾护航。第三，刑法的不断发展与完善以及刑罚的实施效果，更是对刑法的价值取向和规范不和谐的犯罪行为产生着不可替代的作用，而对法治中国建设所起的作用，不仅是通过对犯罪人的犯罪行为予以否定和打击，更是要通过切实保障犯罪人的基本权利，适用公正的刑事处罚来加以实现的。

（二）事后自动恢复制度之构建有利于实现维护社会公正

刑法通过刑罚权的运用来维护安全、秩序和自由。刑法的适用势必会给犯罪人的权利和自由造成一定程度的损害，甚至包括人身自由权利的限制和生命权的剥夺。而这些权利的限制、剥夺和影响，同样直接关系到社会的安宁和秩序。因此，刑事法律永远处在两种直接对立的利益的矛盾和冲突之中，永远面临着如何在两种对立的利益之间保持平衡以便使对社会的损害减少到最小的难题。破解这个难题是刑事法律科学研究永恒的主题。公平、正义是实现两种对立的利益之间平衡的唯一途径。刑法公平正义的实现，必须通过刑事立法、刑事司法与刑事执行共同完成，而刑事立法的完善是实现刑法公平和正义的前提。

从事后自动恢复制度的构建问题来看，首先，从刑事立法方面分析，事后自动恢复制度的构建有利于实现刑事立法上的公平、正义。从犯罪人的角度分析，犯罪人在犯罪之后，自愿实施积极的恢复行为，全部或者基本恢复法益的情况下，刑法对这类犯罪人规定相比普通犯罪人、负隅顽抗的犯罪人更加轻缓的刑罚，正是出于对上述几类犯罪人自身不同特点的考虑，维护了刑法的公平正义。其次，从刑事司法角度分析，目前在事后自动恢复制度缺失的情况下，大多数法官在审理此类案件时也会酌情从轻，这也是出于公平、正义的考虑。当然，在事后自动恢复制度缺失的情况下，部分法官给予事后自动恢复犯罪人在刑罚方面的酌情的"恩惠"与事后自动恢复犯罪人自动恢复了法益的行为应当得到的刑罚"恩惠"很多情况下不成正比，因此，才有必要在刑事立法上构建事后自动恢复制度，以确保刑事司法领域在事后自动恢复的犯罪人的量刑上做到公平、公正。最后，从刑事执行角度分析，在刑罚的具体执行过程中，相比负隅顽抗的犯罪人、缺乏自动恢复放任犯罪结果的普通犯罪人，事后自动恢复的犯罪人在主观恶性等方面都有很大的不同，所以在刑罚执行上应当有所区别。针对事后自动恢复犯罪人的特点，选择适合这类犯罪人改造的执行方式，避免不当的刑事执行带来的消极后果，降低其复归社会的难度。这也最大限度地增加了社会和谐因素，最大限度地实现了刑法的公正进而维护了社会的公正。

三、事后自动恢复与法治中国的共同价值追求——以人为本

习近平总书记在建设法治中国为主题的《法治中国》专题片《公正司法》一集中，强调法治的理念是要考虑人民群众，充分体现"以人为本"。[①]"以人为本"的发展观从本质上看是对人的存在、人的价值、人的生存意义的关注。在法治中国的建设中，要充分考虑"人"的因素，提升法治的"高度"。法治中国的实质标准在于，人民群众是否形成了根深蒂固的法治观念与厚重的人文精神，"以人为本"是法治中国的核心和价值追求。

"以人为本"作为法治中国建设的基本理念，是以全体社会成员特别是广大人民群众及其根本利益为考虑一切问题的出发点与落脚点的。"以人为本"把现实的人放在根本地位，是对"以神为本"和"以物为本"的否定与超越。"以人为本"将促进人的自由全面发展作为社会的使命，"以人为本"要求尊重人民的主体地位、发挥人民的首创精神、保障人民的正当权益，"以人为本"遵循"发展为了人民、发展依靠人民、发展成果由人民共享"的发展理念。用法律语言表述，"以人为本"，就是以人们的权利为本，以人权为本。尊重和保障人权是法治中国的基本特征，也是全面建成小康社会的前提。只有充分尊重和保护公民权利和人权，使人民群众意识到自己在国家和社会中的主人和主体地位，切实感受到自己的权利，才能增强对国家和社会的认同，才能满腔热情、扎扎实实地去学习、工作和创造，为全面建成小康社会做出贡献。

为使刑法能够起到为法治中国建设保驾护航的作用，就必须运用"以人为本"这一法治中国的核心价值追求对刑事立法、刑

---

① 参见王晓易:《建设法治中国，重在以人为本》，载网易网，http://news.163.com/14/1023/09/A97UQ58A00014SEH.html，2020 年 4 月 1 日访问。

事司法、刑法执行进行合理的审视与反思，将"以人为本"切实贯穿于刑事法律活动的全部过程。详言之，在刑事立法方面，贯彻"以人为本"，就必须在刑事立法活动中，始终以尊重保障人权为根本出发点与落脚点，在制度的设计上尽可能地全面保障犯罪人与被害人的人权，做到两者并重。在刑事司法方面，贯彻"以人为本"，就是要在定罪量刑过程中，除了必须保证国家刑罚权发动的合理性之外，更加关注保障犯罪人的权利，选择公正的刑罚，注重对被害人权利的保护，促进被害人权利的恢复。在刑事执行方面，贯彻"以人为本"，就必须注重刑罚执行的个别化，注重惩罚与教育的并重。

事后自动恢复制度在刑法上的构建完全符合"以人为本"在刑法上的要求。

首先，从刑事立法方面分析，事后自动恢复对于犯罪人本人而言，多给了犯罪人一条悔过自新之路，从犯罪人这一方面来分析，是尊重犯罪人人权，以犯罪人为本的体现；对犯罪被害人而言，事后自动恢复增加了犯罪被害人被害法益的恢复概率，使被害人的法益得到了及时的恢复，所以在犯罪被害人这一方面分析，这是出于保护被害人人权，以被害人为本的体现。事后自动恢复制度的构建可以一改目前刑法学界过于强调犯罪人人权的保护而忽视被害人人权保护的倾向，将犯罪人的人权与被害人的人权提到同等重要的地位，达到犯罪人与被害人"双赢"的局面，切实将刑事立法的"以人为本"落到实处。

其次，从刑事司法层面分析，对于事后自动恢复的犯罪人，给予从宽处罚是将刑罚权的发动限制在了合理的范围内，同时适用宽缓的刑罚也是出于保护犯罪人人权的考虑，当然通过给予刑罚上的减免，促使犯罪人实施事后自动恢复行为，也是为了能够促进被害人的法益得到及时的恢复。从这一点来分析，事后自动恢复制度的建立不仅可以在立法上获得"犯罪人与被害人双赢"的局面，在刑事司法方面同样可以全面保障犯罪人与被害人的人权。

最后，从刑事执行角度分析，"以人为本"要求我们在选择刑罚时必须针对不同的犯罪人做出不同的刑罚方式，做到"区别对待"。对于屡教不改、负隅顽抗、犯罪行为严重的犯罪人适用较为严厉的刑罚，对于积极悔过、犯罪较轻的犯罪人适用较为宽缓的刑罚。事后自动恢复制度建立以后，对于事后自动恢复的犯罪人的刑罚执行，当然应当与其他屡教不改、负隅顽抗的犯罪人和没有实施自动恢复行为的普通犯罪人有所区别。这既是对事后自动恢复的犯罪人人权的保障，同时也是宽严相济刑事政策核心精神——"人本主义"的根本要求。

四、事后自动恢复制度之构建——法治中国建设的具体路径之一

构建法治中国的过程，就是在妥善处理各种矛盾中不断前进的过程，就是不断消除各种法律中不符合法治中国建设的条文、不断完善法律规定的过程。从国家层面组织的反犯罪活动来看，承认和正视矛盾而不是否认和回避矛盾，积极妥善地处理矛盾而不是激化矛盾，意味着规范犯罪与刑罚的刑法，必须了解这样一个前提，犯罪是现阶段我国经济社会高速发展的"副产品"，不可能用严峻的刑罚消灭犯罪这一基本的事实，通过合理地制定与修改刑法、合理地定罪量刑，有效地运用刑罚手段和其他非刑罚方式，最大限度地化解刑罚的负面影响，积极发挥刑罚惩罚和预防犯罪的功能，从而使刑法在与犯罪作斗争的过程中，尽量减少社会对立面，使整个社会始终处于一种良好的发展态势。事后自动恢复制度的构建致力于减少或消除刑罚对犯罪人的负面影响，减

少犯罪人与被害人之间的冲突，符合人民群众对法律的期待和要求，从促进法治中国建设的角度出发，事后自动恢复制度的构建是法治中国建设的具体路径之一。

首先，侵犯财产或者财产权益的犯罪目前占我国犯罪总数的绝大多数。除此以外，由于一般的邻里纠纷等因素导致的报复型犯罪也在司法实践中占多数。这类犯罪的法益大多数具有可恢复性，及时恢复法益的情况下，不会对被害人造成很严重的损失。这类案件的犯罪人往往具有主观恶性、人身危险性不深的特点，对他们施以严刑峻法多数不仅不能够达到刑罚的目的，反而会适得其反，监禁刑容易把他们"改造"成为成熟的犯罪人。对此类犯罪人，在刑法上构建事后自动恢复制度，给他们多一条悔过自新之路是十分必要的。

其次，正确地评估刑罚的功能，承认刑罚功能的有限性。刑罚被神化的时代已经成为历史。科学的刑罚观消除了对适用重刑的迷恋心理，不再把刑罚特别是把"严打"看作是治理犯罪的灵丹妙药，而是根据犯罪自身的发生规律，注重社会治安综合治理，对犯罪人采取理性的刑罚处罚方式，实现公正的刑罚处罚，才是刑罚功能得以发挥的途径。构建事后自动恢复制度，对存在这一情节的犯罪人，根据其自身特点施以合适的刑罚处罚方式，是刑罚公正的体现，同时可以使这类犯罪人心服口服，使刑罚改造犯罪人的功能得以发挥。

最后，刑法最重要的作用不在于动用刑罚而是在于社会整合。通过刑法来否定犯罪行为的无效性进而肯定法律的有效性，从而防范犯罪意识对集体意识的破坏，而集体意识是全面建成小康社会和法治中国建设的关键。刑法的实施在于强调确认犯罪行为的无效性，即将不符合主流价值观的行为纳入犯罪圈，而不在于强调刑罚的严苛性。现代刑法已经开始由"厉而不严"向"严而不厉"发展，只要做到违法必究就可以确证刑法，维护集体意识。超过限度的刑罚是有百害而无一利的。历史经验告诉我们，实施严刑峻法，过分限制人们的自由，会造成公众逆反的效果，从而使司法丧失公信力，这样的教训应当时刻谨记。事后自动恢复制度的构建在肯定犯罪人犯罪行为无效的基础之上，积极肯定其犯罪后的积极恢复行为并给予宽缓的刑罚，符合"严而不厉"刑法结构的要求。该制度构建的根本目的，不仅仅是为了给犯罪人从宽处罚，节约司法资源、减轻监狱的负担，更为重要的一点是从被害人法益恢复的角度考虑，希望通过事后自动恢复制度的构建积极促进被害人的法益及早得到恢复，进而使社会关系恢复到或者说达到和谐的状态。

综上，构建事后自动恢复制度是站在我国经济社会发展新的历史起点上提出的一个新命题，在我国已经进入经济社会发展的高速时期，各种社会矛盾日益显现，各项事业的发展面临着新的问题的社会大环境面前，犯罪案件也会呈一定的上升趋势。在这种情况下，有必要完善现行的刑法制度，在确保司法公正的前提下，尽最大可能减少犯罪和刑罚的负面影响，降低犯罪引起的社会矛盾。事后自动恢复制度构建的提出，是从刑法人权保障机能的角度出发，旨在限制国家刑罚权的发动的程度，保护犯罪人的人权，充分考虑被害人权利的结果，其在维护社会公平、正义，保障人权方面所起的积极作用使其成为法治中国建设的具体路径之一。

第二节　习近平法治思想为事后自动恢复
制度的构建提供了思想基础

　　党的十八大以来，习近平总书记基于马克思主义的世界观、方法论和基本原理，结合法治普遍规律、现阶段中国国情和推进国家治理现代化、建设法治中国的丰富实践，提出并论述了中国特色社会主义法治一系列重大理论问题和实践问题，产生了一整套新概念、新范畴、新命题、新论断、新观点、新理念，形成了内容丰富、体系完整、逻辑严谨、具有纯熟哲学方法和鲜明实践面向的"习近平法治思想"。习近平法治思想是马克思主义法学中国化的重大理论成果，是中国特色社会主义法治理论的最新成果，是全面依法治国、建设法治中国、推进法治强国的理论基础和指导思想。习近平法治思想具有深邃的思想内涵、鲜明的理论风格、务实的实践导向。就其内容而言，既包括法治的一般理论，也包括指导依法治国丰富实践的一系列重大理论观点。

　　事后自动恢复制度在刑法上的构建是推进刑法科学立法的一项重要制度。按照习近平法治思想的观点，科学立法的核心在于：尊重客观规律并在立法中予以体现。[1]立法要注重适应改革发展稳定的大局，公正合理协调各种利益关系，与此同时，坚持问题导向，切实提高法律的针对性、及时性、系统性、协调性，增强法律的可执行性和可操作性。

---

　　[1] 参见习近平：《关于〈中共中央关于全面推进依法治国若干重大问题的决定〉的说明》，载《〈中共中央关于全面推进依法治国若干重大问题的决定〉辅导读本》，人民出版社2014年版，第54页。

一、科学立法要尊重规律

事后自动恢复制度的构建着眼于犯罪所侵犯法益的恢复，尊重刑法立法的根本任务和刑法发展的客观规律。由刑法规定可知，刑法的立法目的是"惩罚犯罪，保护人民"。意味着刑法所有的制度设计都应以惩罚和保护作为核心价值。事后自动恢复一方面不会放纵犯罪，在惩罚犯罪人的同时给了犯罪人一条悔过之路；另一方面，针对个案的被害人，考虑到了部分犯罪法益及时恢复的积极意义。

二、科学立法要体现民意

立法应当回应人民群众的真实关切和心愿，人民性是法律的最根本特征，也是衡量法律质量的根本标准。要促进社会的全面综合发展，必须以人类生存和发展的需要为出发点，即发展要"以人为本"。[①] 在当代中国，虽然"以人为本"的"人"主要是指人民。但是笔者认为"以人为本"在不同语境中包含的内容不尽相同，在法律特别是在刑事法律中的"以人为本"，不能简单理解为"以人民为本"。这是因为：首先，"以人为本"中的"人"，不仅仅包括人民，还应当包括如下一些意义上的人，即存在意义上的人、社会群体意义上的人、具有独立人格与个性的个人以及一切中国特色社会主义事业的建设者和劳动者。"人"的外延远远宽于"人民"的外延，比"人民"更具包容性。其次，"以人为本"，意味着任何人都应当享有作为人的权利，对任何人的权利都应该给予合理的尊重；"以人为本"比"以人民为本"的内涵更为丰富。再次，"以人为本"要求我们对现实社会中一切违背人性发展

---

① 参见徐春:《人的发展论》，中国人民公安大学出版社 2007 年版，第295–296 页。

的、不尊重人的现象必须进行反思与超越，不断推进人的全面发展。最后，"以人为本"要求关注人民之间作为人的共同性与个体的差异性。犯罪人，特别是存在事后自动恢复情节的犯罪人，尤其需要制度与社会的公正的评价，此时如若评价出现偏差，极易产生各种不适应甚至矛盾。因此，对这类存在特殊情节的犯罪人适用公正的刑罚处罚，使他们逐步真正地从自身的心里更为深刻地认识到自己的错误，通过积极地改造成为"人民群众"，是"以人为本"在这种特殊犯罪人身上的重要体现。构建事后自动恢复制度是"以人为本"核心内容在刑法中的具体贯彻与落实，是对刑法的完善与创新，是惩治犯罪的同时尊重和保障人权的具体体现，而惩治犯罪的同时尊重和保障人权也是符合刑法立法要求的。

三、科学立法要切合实际

立法必须立足现实，以解决现实问题和现实诉求为导向，既要有预见性和超前性，又要增强针对性和务实性。事后自动恢复现象虽然在理论中被"忽视"，但是在司法实践中事后自动恢复的案件数量并不罕见，并且相关的司法解释也已经透露出轻刑化甚至出罪化的端倪。事后自动恢复行为到底应当如何评价就成为刑法理论和司法实务亟须解决的问题，对于构建事后自动恢复制度是建立在现有刑法体系基础之上的，既具有针对性同时相比其他国家立法也具有一定的预见性和超前性。

四、科学立法要符合科学

立法应当按照科学的法治定理和原则加以完善，既要将人类法治发展史上凝聚的宝贵法治遗产如罪刑法定原则、罪责刑相适应原则等及时吸纳到立法中，又要增强可操作性和逻辑性，明确具体的适用条件、行为模式、法律后果，克服权利义务不明、责任抽象、有效性不足的局限性。构建事后自动恢复制度完全符合刑法基本原则的要求，事后自动恢复制度一旦建立，势必能够解决实践中这方面的问题，是对刑法具体原则的回应和体现。

第三节　传统的和谐文化为事后自动恢复制度的构建提供了文化基础

一、和谐文化

中华民族在漫长的历史发展过程中，逐渐形成了内容丰富、内涵独特的中华和谐文化。中华和谐文化经历了由史前萌芽、西周奠基、春秋战国成型到后世发展的演变过程，特殊的地理环境、以农业为主的经济背景、家国同构的宗法制度、文化精神的人本取向以及思维的辩证风格等构成了中华传统文化——和谐文化的特殊品质。中华和谐文化体现了中华民族对于和谐状态的美好憧憬与不懈追求。[1] 和谐文化理念作为中华传统文化的最高理念，体现在社会生活的各个方面：表现在人的价值观上就是"以和为贵"；表现在人与自然关系上就是"天人合一"；表现在人际关系的处理上就是"和而不同"；表现在家庭关系的处理上就是"家和万事兴"；表现在政治治理上就是追求"政通人和"；表现在经营实业上就是"和气生财"；表现在民族关系上就是"和亲""和盟"；表现在国与国的关系上就是"协和万邦"；表现在艺术上就是追求意与象、情与景、文与质、神与形等之间的完美和谐；表现在

---

① 参见王少安、周玉清：《社会主义和谐文化建设论》，人民出版社 2010 年版，第 1 页。

普遍心态上就是自足、求稳、中庸、平和、知足常乐、性情温和、安居乐业；表现在传统思维方面，就是全面与非全面、整体而非局部地看待问题，注重从联系的、整体的视角来认识事物、理解世界，重视事物之间的相互依存与相互转化的关系，在把握认识对象、处理事务的时候非常强调贯彻中庸原则，做到"执两用中"，即通过认识事物的两极来恰当地把握事物的现状，认识不能片面化，做事不能走极端。总之，一个"和"字，博大精深，蔚为壮观，深刻而全面地影响着中国人的思想与行为。①

中华和谐文化是全面建成小康社会的重要文化资源。中华和谐文化对于当代中国社会发展的重大启示就在于，它对全面建成小康社会起到了不可替代的作用。主要体现在政治和谐、天人和谐、人际和谐、身心和谐等方面。总之，中华传统文化中的"和为贵"的思想，是"以人为本"、全面协调可持续的科学发展观和正确处理人民内部矛盾原理的历史文化渊源，并且"和为贵"思想也是我国大众的普遍价值观念。

二、事后自动恢复制度的构建与和谐文化

"一切问题，由文化问题产生。一切问题，由文化问题解决。"②文化决定法治，法治状态取决于文化。事后自动恢复制度能否顺利构建，文化基础是关键。"法律是被创造出来的，并且，它是在不同的时间、地点和场合，由不同的人群根据不同的想法创造出来的。人在创造他自己的法律的时候，命定地在其中贯注了他的想象、信仰、好恶、情感和偏见。"③有一点不言而喻，法律是

---

① 参见王少安、周玉清：《社会主义和谐文化建设论》，人民出版社 2010 年版，第 9 页。
② 钱穆：《文化学大义》，台湾中正书局 1981 年版，第 3 页。
③ 梁治平：《法律文化解释》，三联书店 1994 年版，第 54 页。

特定民族的特定的历史、文化背景下产生的社会价值与一般意识形态观念的集中体现。所以同样的制度在两个国家也会存在不同。法律归根结底是一种文化的表现形式。[①]事后自动恢复制度如果得以构建，在我国刑事司法实践中能够长久地发挥作用的前提是必须与中国传统的和谐文化相融合，而一国民众的基本观念与传统文化是相一致的，如果事后自动恢复制度的构建符合和谐文化的基本要求，那么也就符合了民众的基本观念，其制定和实施就同时具备了文化基础与观念基础。

事后自动恢复从宽处罚与我国传统文化的"和为贵"思想是一致的。其一，对于已经恢复了犯罪行为所侵害的法益的事后自动恢复的犯罪人，处以较轻的刑罚与我国民众传统的"和为贵"的观念并不相悖。其二，中华和谐文化中的"政通人和"的价值追求，对实现社会主义的政治和谐有重要的意义。我国传统文化强调"德治"，主张"德主刑辅""以德服人"。在这种法律的理念之下，法律主要执行的是"仁道精神"，而不是通过制定法律达到某种"真知"，即法律既不是真理本身，也并非真理的捍卫者和进入门径。[②]这些虽然不可能完全符合事后自动恢复制度建立的理念，但是其中所体现出来的"宽和"的基本理念，可以作为事后自动恢复制度建立的司法理念基础。公平正义是社会的一个基本要求，没有公平也就谈不上和谐，公平应当体现在各个领域之中。尤其是法律的制定与实施，更要做到公平正义，才能保证社会稳定。事后自动恢复制度的建立正是从实现刑法的公平正义的角度出发的，其构建必定提高刑法的公平正义，提高整个社会的和谐

---

① 参见李双元、张茂等:《中国法律趋同化问题之研究》，载《武汉大学学报（哲学社会科学版）》1994 年第 3 期。

② 参见谢晖:《中国法律解释的哲学向度》，山东大学 2004 年博士学位论文，第 56 页。

程度。其三，中国传统和谐文化中的"人际和谐"的基本主张是社会和谐的基础与核心。人际和谐文化离不开法律文化的支持与保障。建立健全人际和谐的法律规范、法律制度是人际和谐的法律文化建设的保证。依法治国，就是处理一切事务时要依照有关的法律规定进行，这既是建设社会主义市场经济的需要，也是社会文明进步的显著标志。因而建立健全人际和谐的法律制度是一项紧迫的任务。在保证现有的法律落到实处的基础上，应当根据新的实践与人际关系的发展变化，将时代、社会、实践中提出的新的有关处理人际关系的要求加以制度化、法律化。这一点是至关重要的。作为构建犯罪人与社会和谐关系、构建犯罪人与刑罚和谐关系、构建犯罪人与被害人之间和谐关系的事后自动恢复制度能够很好地实现"人际和谐"，是人际和谐法律文化在刑法中的具体落实；作为社会与司法实践提出的重要的人际关系的刑法问题，事后自动恢复制度的构建对于社会的发展有着重要的价值与意义，而我国传统文化中的和谐文化无疑为事后自动恢复制度的构建提供了文化基础与观念条件。

第四节　宽严相济刑事政策为事后自动恢复制度的构建提供了理论指导

宽严相济的刑事政策是我国的基本刑事政策，刑事政策对于刑事立法具有导向功能。事后自动恢复制度的构建正是宽严相济的刑事政策指导之下的产物。换言之，宽严相济的刑事政策为事后自动恢复制度的构建提供了理论指导。

一、宽严相济刑事政策概述

在古代中国，有关"刑""政""刑政""策""政策"等字眼就为人们所常用，其大意都与统治、治理有关。[1]不过刑事政策这一概念在我国却是一个舶来品，刑事政策一词起源于德国，国人对于广义的刑事政策的接受——刑事政策即国家和社会整体为了治理或者解决犯罪这一公共问题而制定实施的战略、艺术——更是最近的事情。[2]任何一项刑事政策的产生均有其必然性，我国的刑事政策从惩办与宽大相结合到宽严相济的刑事政策，是中国社会发展变化的客观记载，同时也体现了我国在治理犯罪方面策略的转变。

惩办与宽大相结合的基本刑事政策产生于 1956 年。即党在肃反斗争中的严肃与谨慎相结合的方针，体现在对待反革命分子的政策上，就是惩办与宽大相结合的政策，其具体内容是：首恶必办，胁从不问，坦白从宽，抗拒从严，立功折罪，立大功受奖。惩办与宽大两者是紧密结合不可偏废的。之后的 1979 年刑法就是惩办与宽大相结合刑事政策的产物。以此为契机，此后随着一系列单行刑法与特别刑法的颁布实施，我国的刑事政策也不断得到发展。如 20 世纪 80 年代初，针对一些严重犯罪猖獗的情况，党和国家提出了"严打"的方针策略，并根据新时期各种犯罪的新情况，提出了"社会治安综合治理"的方针。在"严打"与"社会治安综合治理"工作中，还针对特定的问题提出了一些具体的刑事政策与策略。比如，针对违法犯罪的未成年人，采取"教育、

---

[1] 参见卢建平：《刑事政策与刑法变革》，中国人民公安大学出版社 2011 年版，第 212 页。

[2] 参见卢建平：《刑事政策与刑法》，中国人民公安大学出版社 2004 年版，第 3-4 页。

感化、挽救"的方针，该方针后来一直是各种未成年人犯罪定罪、处罚、执行政策的总政策。再比如"打击惩治犯罪相结合"，以打击治标，以预防治本的方针等。总之，惩办与宽大相结合的刑事政策是中国共产党在长期的革命斗争和新中国的建设中，在总结正反两方面经验的过程中，逐步形成和发展起来的一项基本的刑事政策。[①]

宽严相济刑事政策是针对 20 世纪中期以后，刑事政策新发展的趋势（与以往相比，更加强调犯罪人、受刑者的人权乃至作为一个人的尊严的观点以及对有效的犯罪防止措施的合目的性的追求[②]），在基于对于"严打"的反思的基础上，借鉴和吸收西方"轻轻重重"刑事政策，更加注重人权保护的情况下，对我国惩办与宽大相结合的刑事政策在新的历史时期的继承与发展。关于宽严相济刑事政策的含义，学界的解读大同小异，如有学者提出宽严相济刑事政策具体含义是指："当严则严，该宽则宽；宽严互济，宽严适度，宽严度势，以宽为主。"[③]还有学者认为，宽严相济刑事政策的含义是："该宽则宽，当严则严，宽严适度。宽缓与严厉互补，二者之间的关系是彼此协调与有机结合的统一，不能将二者割裂，一味地强调某一方面。"[④]笔者认为，对于宽严相济政策含义的解读应当符合世界刑事政策的发展趋势，同时也应当符合我国刑事司法的实际情况。具体而言，宽严相济刑事政策的含义应当从"宽"与"严"两个方面予以解读。宽严相济刑事政策可进一

[①] 参见谢望原、卢建平等:《中国刑事政策研究》，中国人民公安大学出版社 2006 年版，第 247-248 页。

[②] 参见［日］森本益之、濑川晃等:《刑事政策学》，戴波等译，中国人民公安大学出版社 2005 年版，第 24 页。

[③] 卢建平:《刑事政策学》，中国人民大学出版社 2007 年版，第 165-166 页。

[④] 孙万怀:《宽严相济刑事政策应回归为司法政策》，载《法学研究》2014年第 4 期。

步划分为宽缓的刑事政策与严厉的刑事政策。其中适用于"主观恶性"不深，犯罪情节轻微的犯罪人的刑事政策为宽缓的刑事政策；针对"主观恶性"深重，犯罪情节严重的犯罪人适用的为严厉的刑事政策。在宽严相济刑事政策基本精神和内容的把握上，必须对刑罚目的、刑罚效果、社会民意、刑法谦抑性等加以考虑，才能使宽严相济刑事政策符合社会发展的需要。

二、事后自动恢复制度的构建与宽严相济刑事政策

（一）事后自动恢复制度的构建推动了宽严相济刑事政策的实现

从刑事政策的本质特征来看，是社会公共权威为防控犯罪而对刑事资源进行合理的配置。[①]配置刑事资源的目的在于防控犯罪，为起到防控犯罪的作用，就必须使刑事资源的效益发挥到最大化、最优化。刑事资源具体可以分为非刑事法律资源与刑事法律资源。非刑事法律资源也称刑事社会资源，即刑罚与非刑罚处罚方法之外的，用以防控犯罪的社会资源，比如被用于犯罪防控的民法资源、行政法资源等。目前刑法资源的配置并不合理，对刑法资源无限量地使用（很多情况其实并不需要动用刑法资源），造成司法资源日益紧张；另外，对非刑事法律资源运用不足，刑事法律资源被过分适用，势必影响到刑事政策功能的发挥。宽严相济刑事政策的实现需要刑事立法、刑事司法以及刑事执行共同完成。立足于社会治安综合治理的大背景下的宽严相济的刑事政策，强调教育与预防的优先地位，强调社会发展与变革的基础性作用。那么，对于能不动用刑事法律资源就能达到教育和预防目的的，自然就没有必要动用刑事法律资源。尽一切可能合理运用刑事法律

[①] 参见侯宏林：《刑事政策的价值分析》，中国政法大学出版社 2005 年版，第 107 页。

资源，充分发挥非刑事法律资源在教育和预防犯罪方面的作用，进而使宽严相济刑事政策效益达到最大化。事后自动恢复制度的构建，将很多不需要判处刑罚的事后自动恢复的犯罪人排除在外，这样避免了刑法资源无限量地使用，将更多的刑法资源应用到需要应用的领域。

宽严相济刑事政策的效益最大化，依靠刑事立法、刑事司法与刑事执行三个阶段的互相配合。所以将宽严相济刑事政策落实到刑事立法、刑事司法与刑事执行各个阶段是实现其效益最大化的根本途径。换言之，实现宽严相济刑事政策的关键在于，必须将宽严相济刑事政策落实到刑法政策的核心——刑罚政策上（具体包括制刑、量刑、行刑三个阶段）。而实现这一点的首要和关键是做到区别对待。

首先，宽严相济的刑事政策包括针对轻罪的宽缓刑事政策和针对重罪的严厉的刑事政策，我国有必要对不同的犯罪和犯罪的不同层次进行科学的区分，从而为宽严相济刑事政策奠定科学的基础。事后自动恢复制度的立法缺失是导致宽严相济刑事政策效益受阻的原因之一。将事后自动恢复上升到刑法的制度层面并加以单独规定，使犯罪的不同层次的划分更为准确，对事后自动恢复的犯罪人适用宽缓的刑事政策，对负隅顽抗的主观恶性深的犯罪人适用严厉的刑事政策，有利于实现刑罚资源效用最大化。刑罚资源效用最大化的实现对于宽严相济刑事政策的有效落实以及刑事一体化思想的贯彻（其划分具有广泛的刑事实体法和程序法上的意义）具有重要的意义。

其次，根据宽严相济刑事政策的精神实质，针对犯罪的不同主体、犯罪人罪后的不同情况也要做到区别对待。比如，我国刑法在老年犯罪人与未成年犯罪人的刑罚适用上较成年犯罪人轻缓；主犯的刑罚要重于从犯；累犯的刑罚要重于偶犯和初犯。与普通犯罪人相比，事后自动恢复的犯罪人自愿积极地使法益得到了有效的恢复，当然应当在刑法上予以区别对待。存在事后自动恢复情节的犯罪人在适用刑罚的幅度上应宽于负隅顽抗的犯罪人和不具有恢复情节的普通犯罪人。

最后，根据我国刑法的立法现状，宽严相济刑事政策效益最大化的实现必须做到"以宽为主"。目前我国刑罚重而严厉，多数犯罪配置了监禁刑以上的刑罚，刑法措施单一化导致我国监狱面临一定压力，这一定程度上不利于司法资源的合理配置，无形中增加了司法成本。事后自动恢复制度的构建有利于宽严相济刑事政策效益的实现——司法资源的合理配置。针对我国刑罚现状，在刑法上构建事后自动恢复制度，对于事后自动恢复的犯罪人在刑罚适用上总体趋轻；并且对于事后自动恢复的犯罪人中，犯罪较轻的犯罪人，多适用非刑罚处罚措施，防止短期自由刑的滥用造成的不良后果，积极推动以行刑社会化为核心的行刑制度改革；对存在事后自动恢复情节的犯罪人，犯罪较重的也应当减少无期徒刑以及长期徒刑的使用，减少长期监禁刑带来的不良后果，减少这类犯罪人回归社会的难度。

（二）事后自动恢复制度——建立在宽严相济刑事政策基础上的量刑制度

事后自动恢复制度的建立，其制度本身就能够成为一种较为克制的犯罪的应对机制，因此，从这个角度上分析，事后自动恢复制度是一种建立在宽严相济刑事政策基础上的量刑制度。换言之，宽严相济刑事政策为事后自动恢复制度的构建提供了理论指导。

首先，宽严相济刑事政策核心内容——区别对待的实现，为事后自动恢复制动的构建提供了理论指导。对事后自动恢复的犯罪人施以较之缺失此情节的犯罪人相应轻缓的刑罚，是在区别犯罪人罪后的情况的基础之上作出的。事后自动恢复的犯罪人在犯

147

罪既遂以后，实施了积极的补救行为，并修复或者部分修复了被其犯罪行为所破坏的法益，对其在合理的范围内适用从宽的处罚，有利于鼓励犯罪人积极实施事后自动恢复行为，从而得到刑法上的"宽恕"。从被害人的视角分析，事后自动恢复行为使被害人的损失可以及早得到恢复，缓和被害人与犯罪人之间的紧张关系，从而有利于社会稳定。从这个意义上分析，确实有必要对事后自动恢复的犯罪人适用相对宽缓的刑罚，以实现区别对待。

其次，宽严相济"以宽为先"思想的实现为事后自动恢复制度的构建提供了理论指导。在当前刑法"严厉"的情况下，要发挥"宽"这个配角的作用，除了刑事立法上的不断完善之外，也必须充分发挥司法实践的作用，以尽可能多地拓展"宽"的空间和份额。具体思路是以"量刑"（裁判）这个司法中心环节为基点，向"量刑"（裁判）的前、后两个阶段和领域进行扩展。[①] 我国现行的量刑政策偏重于对犯罪行为的客观危害的考虑，而对于作为犯罪行为主体的刑罚的最终承受者——犯罪人的关注较少。由刑罚特殊预防为主兼顾报应的目的所决定，刑罚的裁量既要考虑犯罪的社会危害性程度，同时也要对犯罪人的人身危险性加以考察，才能初步对犯罪人的教育难易程度进行评估，以选择合适的刑罚。这也是罪责刑相适应原则与刑罚个别化的基本要求。要优化我国目前的量刑政策，应当对我国目前的量刑制度予以合理、科学的完善。而确立刑罚个别化原则的地位，完善量刑情节特别是针对不同犯罪人的不同量刑情节及其适用原则的有关规定等，就成为合理调整量刑政策的途径。

事后自动恢复是解决此类犯罪人如何适用刑罚的量刑情节，是从社会危害性与人身危险性两方面对犯罪人作出的初步的评估，

---

① 参见储槐植、赵合理：《国际视野下的宽严相济刑事政策》，载《法学论坛》2007 年第 5 期。

以此情节为依据选择的刑罚能够实现刑罚目的，同时也有利于罪责刑相适应原则和刑罚个别化的实现。行刑社会化、人道化是人本主义原则的基本要求，同时也与现代刑罚的目的（改造矫正犯罪人）相吻合。行刑社会化代表着世界行刑前进的方向，是缓解监禁刑悖论、提高行刑效能和改造质量的根本出路。[①]事后自动恢复制度的建立可以促进行刑社会化的实现。因为事后自动恢复从保护犯罪人人权的角度出发，旨在实现刑罚的个别公正。对于此类犯罪人选择比较宽缓的刑罚是出于刑罚效果的考量，符合刑罚政策现代化的要求。这与行刑社会化以实现犯罪人与社会整体的协调为最终目的，注重刑罚效果的理念不谋而合。鉴于该制度的构建对量刑合理化、科学化以及行刑社会化与人道化的积极意义，有必要在刑事立法上对该制度的概念、适用范围、适用原则、处罚原则等予以明确的规定。总之，罪名和处罚的变化，就是刑事政策发展的表现，[②]而事后自动恢复制度的构建，正是在宽严相济刑事政策的理论指导之下而提出的。

第五节 刑罚轻缓化为事后自动恢复制度的构建提供了法治环境

一、刑罚轻缓化概述

（一）何谓刑罚轻缓化

随着社会的不断发展，刑法也会随之不断变化。刑法规定的

---

① 参见冯卫国：《行刑社会化研究》，北京大学出版社 2003 年版，第 3 页。
② 参见蔡枢衡：《中国刑法史》，广西人民出版社 1983 年版，第 3 页。

主要内容是犯罪与其法律后果（主要指刑罚），随着时代变迁的自然就是犯罪与刑罚的变化。自刑罚出现以来，人们对于刑罚这一可以剥夺人的自由乃至生命的最严厉的法律制裁措施的研究一直都没有停止。刑罚自原始社会开始出现等量报复开始，历经封建社会的威慑时代、资本主义社会的等价时代、矫正时代以及近代的折中时代五个发展阶段，逐步由严厉走向缓和、积极、保障、合理的发展。在当今社会，刑罚轻缓化已经得到各国的充分认可，成为当代刑罚发展的总体趋势。所谓刑罚轻缓，亦称轻刑化。是与重刑化相对的概念，简单地说就是刑罚向轻缓的方向发展。具体而言，刑罚轻缓化的含义具有多个层面，概括起来，其含义可以分别从思想理念、刑事政策、刑罚制度、刑罚实践、历史规律五个层面上予以把握。①

思想理念层面的刑罚轻缓化，即一种内在的精神层面的轻刑化或者说是一种价值取向的轻刑化。所谓刑罚轻缓化的理念，是人们对人类自身以及刑罚功能、目的理性认识的基础上，依据刑罚发展的客观规律，升华的刑法的思想理念。在刑事政策层面，刑罚轻缓化是国家立法机关确立的以尽可能轻缓的刑罚作为惩罚、预防犯罪的方针与准则，具体表现为刑法设置的刑罚体系在总体上呈现惩罚总量降低，司法实践中广泛运用轻刑、缓刑与假释。②制度层面的刑罚轻缓化主要体现在刑事立法中，通过具体的刑法条文来达到限制国家刑罚权的范围、降低刑罚强度的目的。实践层面的刑罚轻缓化，顾名思义是在司法实践中具体落实制度层面的刑罚轻缓化，最终实现刑罚轻缓化。历史规律层面的刑罚轻缓

---

① 参见黄华生：《论刑罚轻缓化》，中国经济出版社 2006 年版，第 1、4 页。
② 参见曲新久：《轻刑化与非刑罚化在中国》，载中国政法大学刑事法律研究中心和英国大使馆文化教育处主编：《中英量刑问题比较研究》，中国政法大学出版社 2001 年版，第 100 页。

化，是不以人的意志为转移的，按照时间纵向发展的刑罚历史进程与趋势，这一层面的刑罚轻缓化是客观存在的。[1]

（二）我国刑罚轻缓化的现状与倡导刑罚轻缓化的原因

从世界范围内看，刑罚轻缓化的具体表现为：死刑被世界很多国家废止与限制、自由刑执行方式的改革以及非监禁刑的兴起与发展。[2]随着经济社会的不断发展，我国刑法也在刑罚轻缓化的大背景下被不断地修改和完善。具体表现为：（1）死刑罪名的减少。我国《刑法修正案（八）》《刑法修正案（九）》大幅度地废除死刑罪名体现出我国刑法轻缓化的发展趋势。（2）劳动教养制度的废止。关于劳动教养制度的存废之争由来已久，之所以最终被废止的原因在于，"劳动教养以行政处罚之名行刑罚之实"。劳动教养虽然在性质上是行政处罚，但是其剥夺人身自由的惩罚实为刑罚处罚，形成了刑法之外的重刑化，并且因为行政处罚与刑罚的衔接性，劳动教养制度的存在无形中提高了刑罚。2013年11月11日，存在55年的劳动教养制度被废止，我国刑罚轻缓化得到进一步发展。（3）管制、缓刑禁止令的规定。我国《刑法修正案（八）》创设性地将禁止令纳入刑法，规范了管制犯罪人、缓刑犯罪人的具体执行监管措施，禁止令的出台改善我国司法实践中管制、缓刑适用率偏低的问题，减少不必要监禁刑的适用，无疑提高了轻刑种的效能，推动了我国在刑罚轻缓的道路上更进一步。（4）社区矫正制度正式写入刑法。在试点8年之后，我国在2011年正式将社区矫正写入刑法，明确规定了对判处管制的犯罪分子、宣告缓刑以及假释的犯罪分子在缓刑考验期限内和假释考验期限

---

① 参见黄华生：《论刑罚轻缓化》，中国经济出版社2006年版，第4-7页。
② 参见黄华生：《论刑罚轻缓化》，中国经济出版社2006年版，第115-124页。

内依法实行社区矫正。社区矫正在避免监禁刑弊端方面的作用被世界大部分国家所认可，社区矫正制度的建立和不断完善，使我国刑罚更为轻缓。

我国之所以要倡导刑罚轻缓化，原因在于：首先，刑罚轻缓化是刑法现代化的重要标志。刑罚处罚程度由重到轻，是历史发展的进步表现与必然结果。刑法经历了由最初产生时各种利益的全面保护法到其他法律的最后保障法的发展历程，刑法适用的严厉制裁范围也随之变小，刑罚的适用范围当然缩小，这是历史的进步和必然。从刑法的法律体系分析，整体的制裁体系呈现轻缓的趋势，随之严厉的制裁措施在适用范围上也越来越小。① 这种趋势会随着社会的发展而继续发展，与人们物质生活与精神生活发展趋势呈反比，刑法（罚）圈会随之缩小，鉴于此，"轻刑化"是历史发展之必然。

其次，刑罚轻缓化有利于我国社会主义和谐社会的构建。构建和谐社会重要的一点是注重矛盾的化解。其中犯罪人与社会的矛盾也是众多矛盾中需要及时解决的矛盾。如果对于犯罪人不分情况，一律适用较重的刑罚，势必使犯罪人仇视社会，实施更为严重的犯罪。和谐社会的构建是一项系统的大工程，它涉及各项改革和创新，这离不开宽松的环境，从维护社会稳定方面，刑罚轻缓化也是应当在刑罚的具体运用中予以贯彻的。

最后，刑罚轻缓化有利于犯罪人改过自新，回归社会。适当的刑罚会使犯罪人心服口服，从而积极改造，改过自新。过重的刑罚会使犯罪人形成刑法与刑罚不公，国家对自己过于严厉的心理认识，在这种心理支配下，犯罪人不可能认真反省，改过自新，反而会导致犯罪人反社会心理的形成，回到社会以后实施更为严

---

① 参见张明楷：《刑法在法律体系中的地位》，载《法学研究》1994 年第 6 期。

重的犯罪行为。

二、事后自动恢复制度的构建与刑罚轻缓化

复归，是现代文明社会刑法的最终目标。我国刑法在刑罚轻缓化的大背景下被不断地修改和完善的现实，为事后自动恢复制度的构建提供了相应的法律环境。换言之，在刑罚轻缓化的大背景下，对事后自动恢复的犯罪人给予刑罚上的从宽处理，使之能够更快地回归社会符合刑罚轻缓化的刑法发展趋势，符合刑罚轻缓化的基本含义。

第一，事后自动恢复制度的构建与思想理念层面的刑罚轻缓化的要求相一致。法律理念是法律制定以及法律运用之最高原理。[①] 刑罚轻缓化这一理念，针对刑法和刑罚实践中的重刑主义弊端，在归纳和探索的基础上所提出的思想观点，旨在改变滥用刑罚的观念，扭转刑罚残酷的情形，使刑罚符合历史发展的规律，向缓和、人道、文明的方向继续前行。构建事后自动恢复制度旨在保护犯罪人同时保护被害人的人权，符合思想理念层面的刑罚轻缓化所体现的人道主义与人权保障的精神内涵；对存在事后自动恢复行为的犯罪人从宽处罚，甚至免予刑罚，符合思想理念层面的刑罚轻缓化所提倡的刑罚的犯罪控制能力是有限的，反对泛刑主义与重刑主义的要求，符合思想理念层面的刑罚轻缓化倡导的，刑罚并非控制犯罪的一切手段，甚至不是主要手段，提倡综合运用刑罚和一系列非刑罚措施作为犯罪防控手段的观点。对事后自动恢复的犯罪人适用刑罚应与相同或者相似犯罪中没有事后自动恢复的犯罪人相区别，符合思想理念层面的刑罚轻缓化对犯

---

① 参见［德］拉德布鲁赫：《法学导论》，米健等译，中国大百科全书出版社 1997 年版，第 95 页。

罪人应该实行惩罚与教育改造结合的刑罚执行的理念。

第二，事后自动恢复制度的构建与刑事政策层面的刑罚轻缓化的要求相协调。刑事政策层面的刑罚轻缓化是指导刑事立法、引领刑事司法、贯穿刑罚执行的重要原则。事后自动恢复从宽处罚的立法建议，符合刑事政策层面的刑罚轻缓化以相对较轻的刑罚应对犯罪，以尽可能轻的刑罚来惩罚和控制犯罪的观点。事后自动恢复制度建立之后，对存在事后自动恢复的行为人，犯罪较轻的，一般可以考虑免予刑罚处罚；需要适用刑罚的，在刑罚的适用上会多选择管制、拘役、缓刑等轻缓的刑罚；对积极改造的事后自动恢复的犯罪人在符合减刑、假释的条件时，必定会及时地予以减刑和假释，这与刑事政策层面的刑罚轻缓化中刑罚体系中惩罚总量的降低，轻刑、缓刑、假释的广泛运用的理念不谋而合。

第三，事后自动恢复制度的构建与制度层面的刑罚轻缓化的要求相统一。刑事政策层面的刑罚轻缓化具有总体的指导价值，不过作为指导原则，其规范性与操作性不足不可避免，这就需要制度层面的刑罚轻缓化来加以弥补。现代国家普遍以罪刑法定作为方式，通过制定具体的法律条文达到限制国家刑罚权范围与强度的目的。通过在刑法上明文规定事后自动恢复的概念与处罚原则，可以将大量犯轻罪后全部自动恢复法益且主观恶性、人身危险性低的行为人排除在犯罪之外，对其中必须要适用刑罚的事后自动恢复的犯罪人，刑罚的强度也会有所减弱，符合制度层面的刑罚轻缓化通过具体的法律规则限制国家刑罚权的范围与强度的需要。现代意义上的刑罚轻缓化主要体现在以下几个方面：刑法针对死刑作出的限制乃至废除；针对自由刑的限制与监狱行刑待遇改善的结合加之减刑、假释等刑罚执行方法的规范运用；罚金刑、社区劳动以及缓刑等轻缓刑种被广泛适用；不起诉、刑事和解、刑事损害赔偿等刑罚替代措施在合理范围内的应用。[①] 具体到事后自动恢复，如果该制度成为刑法上正式的制度，那么对这类行为人在大多数情况下会适用缓刑等轻缓刑种，这些轻缓刑种在整个刑法领域的运用率将会大幅度提高，这与制度层面的刑罚轻缓化的要求是一致的。

第四，事后自动恢复制度的构建与实践层面的刑罚轻缓化的要求相一致。"徒法不足以自行"，法律制度是静态的，实现必须依赖于动态的刑事司法与刑事执行，这才是真正实现刑罚轻缓的途径。制度层面的刑罚轻缓化必须依赖于实践层面的刑罚轻缓化才有实现的可能。根据刑事政策层面的刑罚轻缓化要求，司法者在审判时要将罪刑法定原则、罪责刑相适应原则以及刑罚人道主义原则贯穿于整个审判活动，在犯罪人刑罚的选择上要慎之又慎。在执行刑罚的过程中，始终贯彻惩罚与教育相结合的原则，在充分保障服刑人员合法权益的基础上，结合服刑人员的表现及时调整刑罚给予减刑和假释。在事后自动恢复制度的具体设计方面，对犯罪人在刑罚的选择适用上一般要从宽处罚，这也符合罪责刑相适应原则与刑罚人道主义原则的基本要求。司法者在审判时对事后自动恢复的犯罪人选择合适的刑罚，自然符合实践层面的刑罚轻缓化的要求。对事后自动恢复的犯罪人在刑罚的执行过程中肯定要区别对待，在执行过程中，应该根据其表现，及时予以减刑、假释，以确保这类犯罪人的改造效果。刑罚轻缓化的背景下，社区矫正等非监禁刑的完善以及轻刑种具体执行不断完善，为事后自动恢复制度的构建提供了相对完善的执行条件。虽然目前上述非监禁刑以及轻刑种具体执行尚需完善，但是事后自动恢复制度建立以后，同样会在一定程度上增加非监禁刑以及轻刑种的适

---

① 参见黄华生：《论刑罚轻缓化》，中国经济出版社 2006 年版，第 6 页。

用率，这样能够更容易发现我国非监禁刑以及轻刑种存在的不足，进而推进非监禁刑、轻刑种的完善，从而提高非监禁刑以及轻刑种在司法实践中总体的适用率，实现刑罚轻缓化。

第五，事后自动恢复制度的构建与历史规律层面的刑罚轻缓化相契合。轻刑化是刑罚发展的世界性趋势。纵观中西方刑罚历史的发展进程，刑罚总体上的变化经历了由重及轻、由野蛮到文明再由低级文明到高级文明的发展变化历程。在今天，刑罚在整体上仍然沿着人道化和轻刑化的轨迹继续前行。对事后自动恢复的犯罪人从宽，在刑法上建立事后自动恢复制度，正是基于与刑法轻缓化发展的大趋势相一致的考虑，该制度的构建符合刑罚人道化和轻刑化的潮流，世界上一些国家已经将事后自动恢复上升为刑法上的正式制度予以规范。我国在刑法上构建事后自动恢复制度，从总体上来讲是符合刑罚人道化和轻刑化的世界大趋势的，是与历史规律层面的刑罚轻缓化相契合的。

第五章　事后自动恢复制度之构建方案

病症不同，救治方法也不同；有多少疾病，就有多少药方。

——［英］边沁

"法律必须是稳定的，但不可一成不变。"[①] 这句话揭示了一条永恒且无法辩驳的真理。一个完全不具稳定性的法律制度，是不能称之为法律制度的。它会缺乏逻辑上的自洽性和连续性。这样，人们在为将来安排交易或制定计划的时候，就会无从确定昨天的法律是否成为今天的法律。然而，稳定性与确定性本身却并不足以为我们提供一个行之有效的法律制度，刑法也是如此。随着刑事案件的不断增多，司法资源短缺日益明显成为当今世界各国面临的同一司法难题。"迟到的正义非正义"，如何在确保公正的前提下尽量追求刑事案件侦查与处理的速度，及早恢复被害法益，修复被犯罪行为所破坏的社会关系成为各国不懈追求的目标。为此，世界各国在自己的刑事政策的模式之下努力探索可行的方案。为促进公平与效率的有机统一，我国很有必要在刑事立法上构建事后自动恢复制度，并给予特别的关注。

[①] Jean Beetz, Relections on Continuity and Change in Law Reform, 22University of Toronto Law Journal 129（1972）.

第一节　事后自动恢复之成立条件

事后自动恢复成立的逻辑顺序是：符合犯罪主体条件的行为人，在实施犯罪之后，在其自愿的心理态度的支配之下，实施了一定的恢复行为，全部或者部分恢复了其先行的犯罪行为所破坏的法益。犯罪主体要件是一切刑法问题的前提，只有符合犯罪主体要求的行为人在一定的心理支配之下实施的补救行为，才谈得上构成事后自动恢复，没有主观因素的支配，即使客观上出现了事后自动恢复的效果，也不能构成事后自动恢复。换言之，事后自动恢复行为又是行为人自愿恢复心理的外在表现。在分析事后自动恢复行为的基本构成时，应当根据事后自动恢复行为发展的内在逻辑，对事后自动恢复行为的基本构成要件进行分析，以犯罪人的主观表现为基础，层层递进，勾勒出事后自动恢复的形成过程，揭示其内在规律。

一、事后自动恢复成立之主观条件——自动性

我国刑法理论上通常认为，自动性是犯罪中止形态的本质特征。[①] 对事后自动恢复而言，自动性是其主观方面的重要特征和本质所在。自动性是事后自动恢复"真挚性"的前提和基础。即行为人出于本人意志而实施事后自动恢复行为，如果事后恢复行为并非出自本人的意愿，也就不能认定行为人为恢复法益的"真挚性"。

---

① 参见赵秉志：《刑法新教程》，中国人民大学出版社 2012 年版，第 166 页。

（一）事后自动恢复自动性的内涵

事后自动恢复，顾名思义，其主观条件表现在"自动"一词上面。自动性是事后自动恢复行为成立的主观条件。换言之，成立事后自动恢复行为，必须是行为人自己出于"自愿的意思"实施的行为。事后自动恢复的犯罪人是通过其事后自动恢复行为的实施恢复已然犯罪行为所侵害的法益，因此，事后自动恢复行为的主观方面就必然是"自愿"的，而不是被迫的，是犯罪人基于自己的意思放弃犯罪行为的既得利益。在主观方面，事后自动恢复行为和犯罪中止的主观方面颇为相似，但并不相同。相似之处在于，两者均是犯罪人出于自愿而作出的决定。不同之处在于，中止犯的"自动性"是出于防止结果发生的心理，其"自动性"与不希望危害结果的发生相对应；而事后自动恢复的犯罪人的"自动性"是出于恢复被害法益的心理，其"自动性"与希望通过恢复行为将已经发生的对法益的损害尽可能地减少或是消除相对应。不过，事后自动恢复的"自动性"与实行终了的中止的"自动性"颇为相似，因此，中止犯自动性的研究成果在事后自动恢复行为成立的主观条件——"自动性"的研究上颇具借鉴意义。

事后自动恢复的自动性，要求基于犯罪人自己的意志而实施恢复行为。在不存在任何外部障碍、压力的情况下，犯罪人基于自己的意志自由选择实施事后自动恢复行为，恢复被其先行的犯罪行为所破坏的法益。那么，如何理解基于自己的意志而实施事后自动恢复行为呢？进言之，是选择纯粹的心理方法判断（心理的自动性）还是以规范的、评价的方法（规范的自动性概念）判断自动性的问题。在事后自动恢复之"自动性"的标准问题上，无外乎以下几种标准：以行为人主观判断为基准的主观标准；以社会一般经验为判断基准的客观标准；犯罪人的认识为基础，再考察社会一般观念客观的主观标准以及基于特定心理实施事后自动恢复行为的规范的主观标准。至于这四种标准是否合适，还是采取除这四种以外的其他标准判断自动性的问题，笔者将在下文作详细的探讨。

（二）事后自动恢复自动性的判断标准

1. 主观标准。以犯罪人的自愿恢复动机是否基于自愿以外的外部压力的存在与否作为标准。即基于外部的压力而实施恢复行为的，不构成事后自动恢复；基于外部压力之外的事由而实施自动恢复行为的，完全符合事后自动恢复主观条件——"自动性"。外部压力有无的判断，如果采取主观标准判断是否成立事后自动恢复，就是不考虑事后自动恢复行为是道德的还是功利的，即只要犯罪人积极地实施了事后自动恢复行为，就成立事后自动恢复。那么就会出现这种情况，犯罪人盗窃财物的数额已经达到盗窃罪的既遂标准，但是犯罪人觉得盗窃的财物太少，不稀罕而还给被害人的，按照主观标准，仍然成立事后自动恢复，这显然是不合适的，并且以犯罪人主观的判断为准，认定是否存在外界压力，就会出现本来不存在外界压力，但是犯罪人却误认为存在，进而实施事后自动恢复行为的，不构成事后自动恢复的结果。反之客观存在外部压力，行为人误认为不存在而实施事后自动恢复行为的，成立事后自动恢复。显然，以主观标准作为判断事后自动恢复行为"自动性"的标准存在一定的问题，会导致"一人一个标准"的局面。主观标准以犯罪人所感知的外部的压力是否成为压力作为标准来判断"自动性"。但是就压力本身而言，针对不同的犯罪人是否构成压力存在较大的差异。那么何种程度的压力能够使犯罪人迫于这种压力实施事后自动恢复行为呢？这个问题恐怕难以给出圆满解答。比如，行为人盗窃财物得手后，听到外面有警笛的声音，因此将盗窃的财物偷偷放回了原处的情况下，就面临警笛要响多久，距离多近才能否认事后自动恢复行为的"自动性"的问题。是响一声还是响几声？是距离很近还是距离很远？这个问题，显然主观标准无法进行回答。鉴于此，以"主观标准"作为判断事后自动恢复"自动性"的标准欠妥。

2. 客观标准。此标准与主观标准相对。客观标准以一般的社会经验作为"自动性"的判断基准。即如果用客观标准解释事后自动恢复的"自动性"则应当以社会的一般观念为基础，进行一般的客观的评价，判断是否存在外界的压力。其具体标准是，如果一般人在这种压力之下，不会做出事后自动恢复的行为，而犯罪人本人在这种压力下做出了事后自动恢复行为的，犯罪人就是出于"自动性"的支配，因而构成事后自动恢复；反之，如果这种压力对于一般人而言会产生强烈的影响，犯罪人在这种压力下实施事后自动恢复行为的，不是出于"自动性"，不构成事后自动恢复。很明显，以客观标准作为判断事后自动恢复行为"自动性"的标准同样存在一定的问题。因为以客观标准作为理解属于主观性构成要素的"自动性"这一要件，会片面以客观的一般经验作为判断标准，忽视犯罪人的主观方面。并且，客观标准不考虑成立事后自动恢复动机的事实对行为人的决意如何起作用，只考虑其在一般经验上是否具有抗压的能力。如此判断，在有无"自动性"的判断上就完全不用从犯罪人自身考虑了。但是这样的结果显然偏离了事后自动恢复制度设立的宗旨。以客观标准来判断事后自动恢复的"自动性"同样会出现不合理的结果。比如，行为人入室盗窃他人财物之后，发现被害人正看着自己，因而将财物还给了被害人。在这种情况下，一般人会因为心虚而归还财物。那么，根据客观说，因为犯罪人面临的压力对于一般人而言会产生强烈的影响，因此否定"自动性"的存在。但这种否定的合理性确实有待进一步商榷。

3.客观的主观标准。此标准以主观标准为基础，客观地对行为人所认识的外部事实的现实过程加以判断，即应从客观上判断犯罪人现实的意识，行为人在认识到外部压力的情况下，根据其认识，客观地判断能否实施事后自动恢复行为。详言之，以犯罪人的认识为基础，再考察社会一般观念肯定犯罪人不是基于外界压力而实施事后自动恢复的，承认犯罪人事后自动恢复的"自动性"。如果社会一般观念对于犯罪人不是基于外界压力而实施事后自动恢复持否定意见，犯罪人实施的事后自动恢复的"自动性"随之会被否定。如果采取此种标准判断事后自动恢复的"自动性"，会将客观说与主观说的缺点统统继承，并且无法解释为什么"客观地"判断"自动性"这一"主观的"内容。

4.规范的主观标准。此标准是限定的主观标准，即只有犯罪人基于广义的后悔这种内心压力的场合，才能认为是出于自己意思的实施的事后自动恢复。广义的后悔包括悔悟、不安、恐惧、悔改、惭愧、同情、怜悯等。基于这种主观意识之下所实施的事后自动恢复行为才具有"自动性"，才能成立事后自动恢复。反之，则不成立事后自动恢复的"自动性"，也就不能考虑成立事后自动恢复行为。不过，如果采取该标准判断事后自动恢复"自动性"的话，会导致"自动性"的标准过于严格，不适当地缩小了事后自动恢复成立的范围。

关于事后自动恢复主观条件——"自动性"的判断，如果采取单纯的心理方法判断常常会出现不合理的结果，为了避免这种不合理结果的出现，采取规范的自动性判断更为合适。作规范性判断可以为事后自动恢复的"自动性"判断提供一个比较明确合理的标准，尽量涵盖所有的事后自动恢复行为。

如前所述，笔者之所以主张在刑法中规定事后自动恢复制度，其原因在于，犯罪人实施的事后自动恢复行为客观上全部或者基本恢复了被害法益，主观上反映出犯罪人主观恶性、人身危险性的降低。笔者认为，在事后自动恢复行为的"自动性"判断问题上，只要犯罪人对其先行犯罪行为持否定的态度、主动实施有效恢复被侵害之法益的行为，就符合事后自动恢复"自动性"的要求。而犯罪人对先行犯罪行为持否定的态度、主动实施有效恢复被侵害之法益的行为，表明了犯罪人由反刑法的意思向适应刑法的意思的转化。鉴于此，成立事后自动恢复的"自动性"，只要能够证明犯罪人的主观方面是由反刑法的意思向刑法所承认的意思转变的情况下，就承认其事后自动恢复的"自动性"的存在。那么，如何判断这一转变是否存在呢？笔者认为，有以下三种标准：

第一，对自己先行的犯罪行为的否定评价。犯罪人并不一定需要基于遵守法律的心态有意识地实施事后自动恢复行为，即犯罪人由反刑法的意思向刑法所承认的意思转变不以积极与否作为"自动性"的评价标准。只要对自己的已然犯罪行为持否定性评价足矣。这是因为，对于自己先行的犯罪行为的消极判断足以说明犯罪人规范意识的醒悟。比如，犯罪人实施犯罪行为之后，基于亲友的劝说而意识到自己的行为是不好的行为，进而实施事后自动恢复行为的，就应当认定是对自己已然犯罪行为的否定性评价。同时，这种评价也没有必要一定要求是有意识而为之的，只要根据犯罪人的行为可以推知后悔、同情、怜悯等感情的存在就可以了。简言之，犯罪人对自己犯罪行为的否定性评价就证明了这些情感的存在，而并非都需要具有有意识的否定性评价。

第二，犯罪人反刑法意思的减弱。刑法允许轻微的反刑法的意思的存在，我国刑法第13条"但书"中，关于"情节显著轻微，危害不大，不认为是犯罪"的规定就印证了这一点。具体到事后自动恢复行为的"自动性"，犯罪人已然的犯罪行为所体现出来的反刑法的意思符合刑法关于犯罪的规定，已经成立犯罪。但是，在犯罪人实施犯罪之后又实施了自动恢复行为的，犯罪人的这种反刑法的意思就已经得到了一定程度的减弱，这时认定合法性虽然存在困难，但是承认其"自动性"完全没有问题，并且只有在犯罪人没有必须恢复的压力时，实施恢复行为的，才可以承认其"自动性"的存在。比如，犯罪人盗窃财物，盗窃得手后，觉得财物价值也不高，就偷偷还给了被害人。这种场合下，犯罪人的恢复行为不是基于外界的任何压力，也就意味着犯罪人的恢复行为是基于反刑法意思的减弱。

第三，犯罪人的自动恢复的意思在刑法上是合法的。笔者认为，事后自动恢复的"自动性"判断的对象应当仅限于犯罪人自动恢复的意思，而不能是犯罪人自动恢复的动机。虽然犯罪人的事后自动恢复行为的实施是以一定的动机为基础实施的，但是动机不能作为"自动性"判断的对象，否则就会出现混淆法与道德界限的情况。在此试举一例。王某对李某实施了抢劫行为，但是王某在得知李某家庭困难之后，将抢到的财物主动还给了李某。这种情况承认王某成立事后自动恢复没有任何问题。因为王某出于怜悯、同情的动机，将其犯罪行为抢到的财物还给了被害人，可见王某对于自己已然的抢劫犯罪行为作出了相对否定性的评价，并且基于这种否定性的评价实施了事后自动恢复的行为，其事后自动恢复行为的"自动性"可以得到肯定。再举一例。马某抢劫了钱某的钱包，正准备离开，见到附近有一个小孩子被绑架了，觉得小孩子可怜，就把钱包丢给钱某，去解救小孩，并且将小孩成功解救。这种情况下，马某解救小孩也是出于同情与怜悯的动机。但是马某将钱包"还给"钱某的行为并不是基于对已然犯罪行为的否定性评价，而是出于同情被绑架的小孩，为了解救小孩才不得已将钱包丢给了钱某。换言之，马某对行为的否定性评价不是抢劫行为本身。因此，由于马某的抢劫行为所产生的反刑法的意思并未得到转化或者减弱，所以，对于马某丢钱包给钱某的行为不能认定成立事后自动恢复行为的"自动性"，否则就会混淆道德与法律的界限。鉴于此，只有犯罪人的意思能够成为事后自动恢复"自动性"的判断对象，而动机永远不能成为其"自动性"的判断依据，只能作为事后自动恢复"自动性"判断的一个方面。

犯罪人的自动恢复的意思是合法的，意味着犯罪人的自动恢复的意思起码在刑法上是合法的。比如，犯罪人基于害怕法律的制裁而实施事后自动恢复行为，就是基于刑法上合法的自动恢复的意思所作出的事后自动恢复。因为刑罚除了报应功能之外，最重要的功能就是预防犯罪。犯罪人基于害怕法律制裁的意思而实施事后自动恢复行为符合刑法的目的，因为刑法具有期待使行为人畏惧刑法的目的，这种期待与犯罪人不想受到处罚或者想受到较轻的处罚的意思正好相符合，那么这种意思就应当得到刑法的承认与肯定。在犯罪人出于害怕刑罚而实施事后自动恢复行为的场合，可以认定犯罪人存在向刑法所承认的合法的意思的转换，或者说犯罪人的反刑法的意思减弱。这样的情况下应当承认成立事后自动恢复的"自动性"。如果是刑法认可的合法意思，肯定事后自动恢复的"自动性"更不存在问题。

（三）自动性的具体表现形式

在事后自动恢复行为"自动性"的判断问题上，除了要厘清相关理论之外，还需要在一些具体问题上形成正确的认识和分析，方能够全面地认识并妥善解决事后自动恢复"自动性"判断这一问题。

1. 担心被发现而实施恢复行为的。这里的担心被发现，是指因为其已然的犯罪行为，可能产生的受刑法处罚的情况。对被发现的担心可以划分为三种情况：第一种是抽象的担心。如担心被发现后会被逮捕、告发与受到刑罚处罚，基于此种心理状态而实施事后自动恢复的情况。第二种是具体的担心被发现、被逮捕。比如，犯罪行为结束后刚好有人走近，犯罪人基于担心被发现的这种心理而实施事后自动恢复的情形。第三种是真实地被发现，基于此种心理而实施事后自动恢复的情形。笔者认为，在第一种情况下肯定其恢复行为的"自动性"没有任何问题。对于第二种情况下实施的事后恢复行为同样不应当否定其"自动性"，因为所谓抽象与具体，还是具体与抽象之间，本身就很难区分，在司法实践中，司法人员恐怕也没有过多的精力来区分犯罪人是基于具体被发现还是抽象被发现而实施了事后自动恢复行为。无论行为人是基于抽象的被发现还是具体的被发现而实施事后自动恢复行为，均能够表明行为人对自己已然犯罪行为的否定态度，其实施的事后自动恢复行为表明犯罪人反刑法的意思已经得到了一定程度的减弱。因此，在这种情况下，从有利于犯罪人同时也有利于被害人的角度出发，不应当否定其"自动性"的存在。那么，真实地被发现的情况下，能否否定其"自动性"呢？笔者认为，在这种情况下犯罪人的恢复行为往往是被迫为之的，应当否认其"自动性"。不过，我国刑法分则以及相关司法解释，对于本来就危害不大的犯罪（尤其是财产类犯罪），规定了较为宽松的事后被动恢复的条文。比如，2018 年 11 月"两高"《关于办理妨害信用卡管理刑事案件具体应用法律若干问题的解释》中，对恶意透支的事后被动恢复以及事后自动恢复行为的处理作出了规定，即"恶意透支数额较大，在提起公诉前全部归还或者具有其他情节轻微情形的，可以不起诉；在一审判决前全部归还或者具有其他情节轻微情形的，可以免予刑事处罚"。这显然是关于恶意透支事后被动恢复的规定。之所以作出上述规定，源于宽严相济刑事政策的精神，并且很大程度上是出于财产法益的特殊性以及刑法规定财产类犯罪的根本动机。

2. 因被害人提供其他利益而采取恢复行为的。比如，王某与马某有仇，于是绑架了马某，要杀死马某。马某提出可以提供给王某一定数量的金钱，求王某不要杀掉自己。王某答应了马某的请求，放掉了被绑架的马某。这种情况是否应该认定"自动性"的存在呢？笔者认为，上述情况应当否定其"自动性"的存在。因为在上述案例中，犯罪人之所以采取了事后的恢复行为，是出于金钱利益的驱使，并非出于对自己已然犯罪行为的否定性评价。金钱同样是犯罪带来的利益，也并非是犯罪人反刑法的意思已经得到一定程度的减弱的表现，其自动恢复的意思在刑法上是不合法的，这种情形当然应当否认恢复行为"自动性"的成立。

3. 基于嫌恶之情而实施恢复行为的。比如，李某抢劫了王某的钱包，但是事后得知钱包里面的钱是王某给母亲看病的钱，对自己抢劫这样的钱而感到羞耻，因此偷偷地将钱包放回了王某的家中。笔者认为，这种嫌恶之情不能够成为阻碍事后自动恢复"自动性"存在的障碍。因为犯罪人并不一定需要基于遵守法律的心态有意识地实施事后自动恢复行为，犯罪人由反刑法的意思向刑法所承认的意思转变不以积极与否作为"自动性"的评价标准。只要对于自己已然的犯罪行为持否定性评价足矣。本案中犯罪人事后送还钱包的行为已经反映出犯罪人反刑法意思的减弱，其自动恢复的意思在刑法上并不是违法的，因此可以肯定自动性的存在。

4. 基于恐慌、惊愕而实施恢复行为的。笔者认为，对于基于恐慌与惊愕的情感而实施的事后恢复行为是否成立"自动性"，应当区别对待。比如，贾某盗窃公司财物，在盗窃以后回到家中，贾某越想越觉得恐惧，因此趁着黑夜，又将财物偷偷放回了公司。这种情况下，贾某的送还行为已经表明了其对于自己已然的犯罪行为的否定，并且其送还行为说明了贾某反刑法意思的减弱，应当肯定其恢复行为的"自动性"。再比如，李某诈骗王某 50000 元人民币，诈骗既遂以后，李某得知王某是黑社会成员之一，怕日后遭到王某等人的报复，所以将 50000 元还给了王某。笔者认为，这种情况下行为人实施的恢复行为不是基于对前述犯罪行为的否定，其退还财物的行为不是基于反刑法意思的减弱，而是基于其他的意志以外的原因才实施恢复行为的，对此类犯罪人给予刑法上的恩惠与刑罚特殊预防的目的相悖。因此其行为的"自动性"应当予以否定。

5. 基于目的障碍而实施恢复行为的。试举两例。案例一：钱某得知李某有一清朝的文物，价值不菲，遂去李某家盗取。在李某的保险箱中发现了装文物的小盒子，钱某盗得小盒子，回去发现盒子里面并非文物，而是价值 5 万元的金条一根。钱某觉得这金条也不值多少钱，因为这个被抓不划算，遂偷偷将金条放回了李某家中。案例二：赵某抢劫了王某的钱包，打开后发现里面就1000 元，赵某觉得钱不多，遂将钱包还给了王某。案例一讨论的问题是，行为人基于盗窃特定之物的目的，盗窃了非特定之物而实施的归还行为能否认定行为的"自动性"的问题。案例二讨论的问题是，行为人基于一定的犯罪目的并且犯罪既遂，但是其犯罪所得的利益在行为人看来并不多的情况下，实施的恢复行为能否认定"自动性"的问题。笔者认为，上述两种情况并不能成为否定犯罪人恢复行为"自动性"的理由。因为上述两种情况的出现，并不能对犯罪人造成任何的不利，犯罪人虽然没有得到特定之物，但是还是取得了一定的财物，即使犯罪人不实施事后恢复行为，也不会产生特别的不利情况。因此，这种情况下犯罪人实施的事后自动恢复行为只能表明其反刑法的意思的减弱，不能否认其恢复行为"自动性"的存在。

6. 因同情、怜悯而实施恢复行为的。例如，王某在公交车上偷了刘某的钱包，并且看见刘某在医院那一站下了公交车，盗窃之后发现钱包里面的医保卡还有现金，觉得一个老人坐公交车去看病非常不容易，遂将钱包委托一小孩送还给刘某。笔者认为，对犯罪人基于同情、怜悯而实施恢复行为的场合，可以认定为犯罪人对自己先前犯罪行为作出了否定性的评价，可以肯定其恢复行为的"自动性"。

7. 因为迷信而实施恢复行为的。例如，刘某盗窃了赵某的财物，后来刘某回去看了看黄历，发现这一天诸事不宜。因害怕被查出，就把赵某的财物偷偷地放回了原处。笔者认为，犯罪人基于非科学的事由，实施了事后恢复行为的，可以比照因为恐慌而实施事后自动恢复行为的例子，承认其恢复行为"自动性"的存在。因为犯罪人之所以不愿意在这一天实施犯罪，就是对自己的行为进行了否定性的评价，在这种情况下承认其恢复行为的"自动性"不存在障碍。

8. 因合法手段的出现而实施恢复行为的。试举一例。王某因为无钱给母亲看病，遂盗取赵某现金5万元。盗取之后，王某的亲戚刘某觉得王某可怜，借给王某4万元用于给其母治疗。王某觉得盗窃很可耻，就把钱还给了赵某。笔者认为，当犯罪人的犯罪目的因存在合法手段实现的可能，犯罪人因此实施事后自动恢复的，应当肯定其"自动性"的存在。因为此时犯罪人的自动恢复的心理可能存在以下两种情况：第一种情况是犯罪人本来就是不得已而实施犯罪行为，本身对犯罪行为就持否定态度，在存在合法手段能够解决问题时，犯罪人毫不犹豫地选择了事后自动恢复根本不足为奇，所以应当肯定其恢复行为的"自动性"。第二种情况是犯罪人认为能够通过合法的手段解决问题，就没有必要冒着被刑法处罚的危险实施犯罪行为来解决问题，这种心理实质上是一种抽象的恐惧心理。但是不论是基于前述哪种心理，犯罪人反刑法的意思减弱，其恢复的意思在刑法上是合法的这一点是共通的，所以应当认定其犯罪之后实施的恢复行为的"自动性"。

9.因发现对方是熟悉的人而实施恢复行为的。例如，王某盗窃钱包一个，盗窃后发现钱包里面有身份证，看了身份证王某才知道，此人是自己多年未见面的同学赵某，因此将钱包偷偷送回去。笔者认为，这种情况应当认定为事后自动恢复，肯定其"自动性"。因为行为人之所以送还钱包是因为对方是熟人，这也足以证明行为人对于自己先前盗窃行为是持否定的态度的。

除笔者分析的上述九种具体情况之外，司法实践中肯定还会出现很多"自动性"的判断不明的问题。在"自动性"的判断问题上，除了依据犯罪人的主观方面的转变，能够证明是由反刑法的意思向刑法所承认的意思转化的判断标准之外，应当时时以"存疑有利于被告人"为原则，判断是否存在"自动性"。

二、事后自动恢复成立之时空条件——实施犯罪之后至被追诉之前

事后自动恢复的构成离不开两个行为，一个是犯罪人已然的犯罪行为，另一个是实施犯罪之后的恢复行为。这里，讨论事后自动恢复成立的前提条件，实际上是对之前的犯罪行为以及事后自动恢复的时间问题作出一定的限制，即已然的犯罪行为必须具备刑法分则具体犯罪的全部构成要件的情况下，才可能存在事后自动恢复，且事后自动恢复必须存在在合理的时间范围内，才具有成立事后自动恢复行为的客观前提。

（一）已然的犯罪行为符合刑法分则规定的个罪全部构成要件

事后自动恢复，其"事后"两个字表明了自动恢复行为与犯罪人先行的犯罪行为的关系，即犯罪人已然的故意犯罪行为必须达到既遂的形态，或者构成间接故意犯罪、过失犯罪。

　　犯罪既遂，亦称既遂犯，是故意犯罪完成所达到的状态。关于犯罪既遂的概念，包括我国在内的大多数国家都未直接在刑法中予以规定，而是将这个问题交给刑法理论去阐释。目前，关于犯罪既遂的认定标准问题主要存在三种学说，即"犯罪目的实现说"、"犯罪结果发生说"与"犯罪构成要件说"。"犯罪目的实现说"认为，犯罪的既遂与否以犯罪人主观的目的实现与否作为既遂的标准。犯罪人达到犯罪目的的，构成犯罪既遂；反之成立犯罪未遂。在我国，不少学者认可此观点。[①]"犯罪的目的是受刑法规定的犯罪行为所制约的，是刑法规定的某种犯罪行为本身的目的，作为犯罪既遂与未遂区分标准的结果，也只能是犯罪人实施该犯罪所希望达到的结果，而并非一般意义上的危害结果。"[②]"犯罪结果发生说"认为，犯罪结果发生与否是犯罪既遂与未遂的区分标志，犯罪结果发生的构成犯罪既遂；反之成立犯罪未遂。例如，有学者指出："区分犯罪既遂与未遂的标准是行为人追求的、受法律制约的危害结果是否发生，发生结果的构成既遂；未发生结果的构成犯罪未遂。"[③]"犯罪构成要件说"为中外刑法理论的通说，几乎所有的刑法学教材均持此观点。该说认为，犯罪既遂与否的标准在于，行为是否符合刑法规定的构成要件，具备了全部构成要件的，成立犯罪既遂；反之，成立犯罪未遂。笔者认为，行为符合主客观相统一的犯罪构成是行为人负刑事责任的科学依据。因此，犯罪的既遂与否以行为是否全部符合刑法规定的犯罪构成作为标准，可以克服"犯罪目的实现说"偏重行为人主观方

　　[①] 参见徐光华：《犯罪既遂问题研究》，中国人民公安大学出版社 2009 年版，第 24 页。

　　[②] 张明楷：《刑法学》（上），法律出版社 1997 年版，第 257 页。

　　[③] 刘艳红：《再论犯罪既遂与未遂》，载《中央政法管理干部学院学报》1998 年第 1 期。

面与"犯罪结果发生说"不能涵盖所有犯罪的缺陷。

根据我国刑法分则对各种直接故意犯罪构成要件的不同规定，犯罪既遂主要有四种不同类型。第一种是犯罪的既遂不仅要实施具体的犯罪构成要件，还必须发生法定的结果才成立犯罪既遂的结果犯。第二种是以法定行为的完成作为既遂标志的行为犯。第三种是以行为人实施的危害行为造成法律规定的发生某种危害结果的危险状态的危险犯。第四种是行为人一着手就宣告既遂的举动犯。对于结果犯而言，出现了法定的危害结果，在结果可以修复的情况下，犯罪人实施事后自动恢复行为没有问题；对于行为犯而言，在行为人完成法定的行为以后，实施自动恢复行为同样不存在任何争议；对于举动犯而言，我国刑法是否存在举动犯的问题尚存争议，而且即便是承认举动犯的情况下，其在我国刑法中所占的比例也是很少的。但是关于危险犯的既遂与中止问题争议很大，对于危险犯既遂与中止的认定直接涉及事后自动恢复的认定，因此，十分有必要对这一问题进行探讨。

关于危险犯有无既遂的问题，我国刑法学界存在截然不同的观点——"否定说"、"肯定说"与"折中说"。持"否定说"的学者认为，刑法分则关于危险犯的规定，实际上是规定的犯罪未遂，因此危险犯无既遂可言。就此意义来说，危险犯没有存在的价值，刑法上对危险犯的规定仅仅是刑法基于一定的考虑，将某些特别重大的实害犯的未遂犯进行了专门规定，采取了一个特别的称谓而已。危险犯中行为人并没有达到其所希望的目的，仅仅是造成了一定的危险。[①]"肯定说"自然是肯定危险犯存在既遂状态。但是，即便是持"肯定说"的学者也存在一定的分歧。如有学者认为，危险犯只存在既遂状态，由于其特殊性导致其不可能存在任

---

① 参见冯亚东、胡东飞:《犯罪既遂标准新论》，载《法学》2002 年第 9 期。

何未完成形态。① 也有学者指出，危险犯与实害犯一样，存在既遂，同时也存在中止等未完成形态。② "折中说"则认为，危险犯存在既遂状态，但是部分危险犯有成立未遂的空间。对于具体哪些危险犯能够成立未遂，持"折中说"观点的学者们存在一定的分歧。有学者认为，具体危险犯与抽象危险犯的具体构成要件存在差异，因此，只有具体危险犯存在未遂。理由在于：具体危险犯以发生一定的具体的危险为构成要件，行为人已经着手实施了具体的危险行为，在这种情况下，存在不会发生法定的危险状态的情况，也就是应考虑构成未遂。而抽象危险犯则不以发生实际的危险为要件，与单纯行为犯相似，因此不存在未遂形态。③ 还有学者认为，只有抽象的危险犯才存在未遂的可能。如果是具体的危险犯，其存在可罚性的未遂是难以理解的，这无异于是说处罚能引起危害的"危险的危险"。但是，抽象的危险犯因为法律规定作为这种犯罪构成要件的危险状态，即使与这种行为可能造成的更大的危险相比只是一种危险，这种危险本身就是一种危害。④ 假如构成要件行为并不致形成具体危险，则不存在犯罪构成的可能，当然也就谈不到未遂的问题，所以具体危险犯不存在未遂的状态。⑤ 对此问题，我国刑法学界的通说认为，我国刑法分则是以犯罪既遂为模式对个罪进行规定的。以此通说观点为前提，危险犯作为刑法分

---

① 参见刘明祥：《论危险犯的既遂、未遂与中止》，载《中国法学》2005年第6期。

② 参见张明楷：《危险犯初探》，载马俊驹主编：《清华法学评论》（1998年第1辑），清华大学出版社1998年版，第131页。

③ 参见赵秉志：《犯罪总论问题探索》，法律出版社2003年版，第406-407页。

④ 参见［意］杜里奥·帕多瓦尼：《意大利刑法学原理》（注评版），陈忠林译评，中国人民大学出版社2004年版，第316-317页。

⑤ 参见林山田：《评刑法修正草案》，载《刑事法论丛》1990年第2期。

则明文规定的一类犯罪行为，自然存在既遂与未遂。"否定说"以行为人的目的实现与否作为犯罪既遂与未遂的标准，难免有重视主观忽视客观之嫌，有违主客观相统一原则。采取"否定说"，会导致对于同一种类的犯罪既遂与未遂的认定出现因人而异的局面，有违刑法的严肃性。刑法作为规定犯罪与刑罚的法律，对犯罪既遂的评价应当基于法律的评价，而非基于行为人主观意识的评价。

在承认危险犯存在既遂状态的基本前提下，关于危险犯的既遂标准是一个值得讨论的问题。我国刑法理论在危险犯的既遂标准问题上存在不同的观点。主要有"犯罪目的实现说"、"危险状态发生说"、"犯罪结果说"与"脱离自力控制说"四种学说。"犯罪目的实现说"认为，危险犯的既遂与否，应以犯罪目的是否实现作为判断的标准。犯罪人实现了犯罪目的就成立危险犯的既遂；反之成立未遂。[①]"危险状态发生说"是我国刑法学界的通说。该说认为，危险犯的既遂与否应以行为人的行为是否引起了某种危害结果的危险状态作为判断的依据。"刑法分则的规定是犯罪既遂模式，那么危险犯只要造成刑法规定危险的状态的，就构成犯罪既遂。危险犯即结果犯，因为结果犯并不仅限于实害犯，还包括危险犯的结果（危险状态），所以危险状态的出现即为危险犯的既遂。"[②]"犯罪结果说"则认为，危险犯与结果犯既遂的标准应当一致，都应当以犯罪结果的发生作为既遂的标准。依此学说，所有的危险犯都是未遂犯。假如以发生侵害法益的危险作为危险犯既遂的标准，则所有的未遂犯都成为既遂犯，这一结论很明显是不合适的，且在危险犯的既遂问题上采用"犯罪结果说"，可以很好

[①] 参见马克昌:《犯罪通论》，武汉大学出版社 1999 年版，第 491 页。
[②] 鲜铁可:《新刑法中的危险犯》，中国检察出版社 1998 年版，第 14—15 页。

地解释危险犯的中止问题。[1]在支持犯罪结果说的学者中，有学者提出此处的结果是法律规定的结果，而非行为人主观上所追求的结果。[2]"脱离自力控制说"认为，当行为人的行为造成了一定的抽象危险之后，行为人就负有消除此危险的义务。行为人没有采取措施消除该危险状态，以至于使该危险状态脱离行为人的自力控制，而使刑法所保护的法益产生具体危险时构成危险犯的既遂，反之不成立既遂。[3]

上述学说中，"犯罪目的实现说"因为忽视主客观相统一原则，其缺陷十分明显。"危险状态发生说"提出的危险犯的既遂标准明确，易于司法实践操作，且符合我国刑法分则的犯罪既遂的构成模式，所以笔者倾向于"危险状态发生说"。"犯罪结果说"的前提是建立在否认我国刑法分则的规定是犯罪既遂模式的基础之上而提出的，认为刑法分则规定的全部构成要件齐备与否，只是犯罪成立的条件。[4]这一标准成立的前提就存在问题。犯罪成立模式的弊端明显，这也是几乎世界上所有国家的刑法理论与立法都持反对意见的原因。如果认为分则的规定仅是犯罪成立的条件，那么，对于具体犯罪的既遂将没有统一的、明确的判断标准。我国刑法总则对直接故意犯罪的未完成形态均规定了相应的处罚原则，对直接故意犯罪而言，其完整的发展过程为：预备阶段—着手阶段—实行阶段—完成阶段。据此，刑法分则规定的具体犯罪

---

① 参见张明楷：《危险犯初探》，载马俊驹主编：《清华法学评论》（1998年第1辑），清华大学出版社1998年版，第131页。

② 参见刘明祥：《论危险犯的既遂、未遂与中止》，载《中国法学》2005年第6期。

③ 参见吴丙新：《危险犯停止形态研究》，载《山东公安专科学校学报》2003年第2期。

④ 参见张明楷：《危险犯初探》，载马俊驹主编：《清华法学评论》（1998年第1辑），清华大学出版社1998年版，第131页。

都应当从预备行为开始设置。但是预备阶段的情况肯定因人而异，如何设计条文才能做到涵盖这些问题，恐怕无法解决，并且并非所有的直接故意犯罪都存在预备阶段，如果采取这种模式会导致既遂没有标准可言，采取这种学说势必引起既遂标准的混乱。以盗窃罪为例，如果采取结果说，那么盗窃多少财物是既遂呢？如果在刑法总则中规定一个统一的既遂标准，因为各种犯罪现象千差万别，恐怕没有一条标准可以以不变应万变。可见，"犯罪结果说"缺乏实际可操作性，不宜采纳。"脱离自力控制说"所主张的标准同样具有不确定性，很难理解与操作。鉴于此，"危险状态发生说"作为危险犯的既遂标准是合适的。

关于采取"危险状态发生说"，持否定态度的学者认为，如果采取"危险状态发生说"，不能较好地回答行为人的行为导致了刑法规定的第 116 条（破坏交通工具罪）、第 117 条（破坏交通设施罪）以及第 118 条（破坏电力设备罪、破坏易燃易爆设备罪）的危险结果出现后，行为人采取有效措施，避免了第 119 条的严重后果的情况，为什么要按照实害犯的中止来处理，因为按照"危险状态发生说"的观点，这种情况已经构成犯罪既遂，不存在中止成立的空间。[1]

在司法实践中，经常发生危险犯的犯罪人在法定的危险状态出现之后，行为人自动采取了有效的措施消除了危险状态的情况，对于这个问题，刑法学界过多的争论停留在此类行为能否成立犯罪中止的层面，存在否定说与肯定说两种截然不同的观点。否定说认为，实施犯罪之后，自然就不存在中止的问题，对于危险犯而言也是一样的。行为人既遂后的积极、有效的补救行为可以作

---

① 参见程红：《中止犯基本问题研究》，中国人民公安大学出版社 2007 年版，第 140 页。

为酌定的量刑情节予以考虑。肯定说则认为，上述情况成立犯罪中止，但是具体理由说法不一。对危险犯既遂持"犯罪结果说"的学者认为，危险状态并非既遂，只有危害结果的出现才能构成既遂。所以危险状态出现以后，行为人采取有效措施进一步防止了危险结果发生的，构成犯罪中止。对危险犯既遂持"危险状态发生说"的学者提出了自己的观点。有学者认为，既遂不等于结果，根据我国刑法关于犯罪中止的规定，犯罪中止在犯罪结果发生前有存在的空间，因此危险状态既遂之后，行为人自动防止危害结果发生的行为构成犯罪中止。还有学者指出，可以借用"放弃重复侵害行为"来解释危险犯的中止问题。也有学者提出，将危险犯既遂以后，行为人自动、有效的补救行为认定为犯罪中止有违传统刑法理论，但是鉴于这种行为的积极作用，可以将此种行为视为中止的特例。

在我国，肯定说的支持者占大多数。究其原因，肯定说旨在给犯罪人以公正、宽缓的刑罚待遇，而这样宽缓的待遇符合人们在刑法公正性方面的要求。所以肯定说得到支持不足为奇。但是，持肯定说观点的学者在认定危险犯已经既遂的情况下，还提出可以存在犯罪中止的观点，明显与刑法的基本观点、基本理念与基本规定相悖，造成了理论上的混乱。"放弃重复侵害行为"以犯罪中止论，是因为放弃重复侵害行为之时，行为尚未实施终了，犯罪尚未达到既遂的状态。但是在危险犯既遂后的有效补救行为之时，已然的危险犯已经达到既遂状态，两者性质完全不同，所以不能以此学说说明原因。将危险犯既遂之后的有效补救行为作为犯罪中止的特例进行规定的观点，是考虑到犯罪人悔改的这一情节，这一点值得肯定。但是，这种观点的后果是架空刑法总则关于犯罪中止的规定，影响刑法的严肃性，与传统刑法理论相悖。至于犯罪中止是发生在犯罪结果出现之前而并非是既遂出现之前的观点，似乎有偷换概念之嫌。刑法总则规定的关于犯罪中止、未遂等犯罪停止形态，是在犯罪到达既遂状态的道路上因种种原因的制约与影响，而出现的不同的表现形式和结局，这些概念存在的基础就是犯罪既遂。抛开犯罪既遂，也不会有未遂、预备、中止等停止形态，且刑法关于未遂犯、预备犯规定的处罚原则都清楚写明"比照既遂犯"。之所以在犯罪中止这一停止形态的处罚上没有规定"比照既遂犯"，是因为中止犯所表现出来的主观恶性、人身危险性降低的程度相比未遂犯与预备犯来说更为明显，所以应当受到刑法更加宽大的处理。刑法总则中明确规定了中止犯的处罚原则，目的在于适用于分则中具体个罪的中止情况的处罚。刑法分则的条文是以犯罪既遂为模式规定的，认为中止犯中规定的犯罪结果与犯罪既遂为两个不同的概念，势必造成总则规定与分则规定相脱节的现象。

笔者基本上赞同否定说的观点。因为否定说保持了我国传统刑法理论与刑法规定的一致性。之所以说是基本赞同，原因在于，笔者肯定否定说在危险犯法定危险状态出现之后，犯罪就达到既遂，因此没有中止成立的空间的观点。但是持否定说观点的学者将危险犯既遂后行为人积极、有效防止危害结果发生的行为，作为酌定的量刑情节考虑，不会影响罪责刑相适应原则贯彻的观点，笔者持不同的意见。因为如果将这种危险犯既遂之后的补救行为仅仅视为酌定量刑情节的话，会导致被关注程度及从宽力度有限，这与行为人阻止危险结果发生所作出的积极努力并不能成正比例关系，这种情况下自然无法贯彻罪责刑相适应原则。

关于危险犯既遂之后，行为人采取的自愿有效的补救行为从宽处罚的合理依据问题，持肯定说的学者与持否定说的学者都提出了各自的观点。持否定说的学者认为，这是一个酌定的量刑情节。持肯定说的学者在此问题的认识上存在分歧。大多数肯定论者认为，危险犯既遂后，行为人的有效补救行为相对应实害犯与结果加重犯而言成立犯罪中止。也有少数论者认为，其中止的成立是相对于结果加重犯而言的。[①] 但是，根据我国刑法理论的通说观点，结果加重犯不存在犯罪中止。因此，持肯定说的学者进一步提出了"实害犯的中止说"与"危险犯的中止说"。"实害犯的中止说"认为，无论何种犯罪只要存在着结果发生的可能性，就不应当否认中止的存在。将危险犯既遂后，行为人的有效补救行为认定为与危险犯相对应的实害犯的中止，不仅符合中止成立的基本条件，而且与罪责刑相适应原则相符合。[②] 但是实害犯与危险犯是两种完全不同的犯罪类型，不可能存在同一个犯罪既是危险犯又是实害犯的现象，且刑法第 119 条是结果加重犯的规定，结果加重犯是不存在中止的可能性的，这种观点对处理危险犯既遂后的补救行为没有多大益处。[③] 因而该学者主张"危险犯的中止说"。即危险犯在结果没有发生之前，存在成立危险犯中止的空间条件。其不妥之处，笔者在上文已经论述，在此不再赘述。有学者认识到了上述理论的不合理之处，提出通过立法的形式规定危险犯的犯罪中止，以此化解上述争议。[④]

　　对此问题，笔者有着同以上学者不同的看法。上述诸多观点之所以饱受争议，原因在于，其选择的立论依据——犯罪中止，试图用犯罪中止的理论来解释危险犯既遂后，行为人采取的有效手

[①] 参见陈鑫：《危险犯中止问题初探》，载《中国青年政治学院学报》2005年第 3 期。

[②] 参见鲜铁可：《新刑法中的危险犯》，中国检察出版社 1998 年版，第130 页。

[③] 参见刘明祥：《论危险犯的既遂、未遂与中止》，载《中国法学》2005年第 6 期。

[④] 参见程红：《中止犯基本问题研究》，中国人民公安大学出版社 2007 年版，第 145 页。

段避免了危害结果发生的行为的性质，本身就是值得商榷的。根据我国刑法理论，犯罪中止的成立要同时具备时空性、自动性、彻底性以及有效性（限于实行终了的中止）四个条件。其中时空性是犯罪中止成立的客观前提条件，时空性，即犯罪过程中。如果犯罪已经既遂，不可能再存在成立犯罪中止的空间。当然，无论依据"实害犯的中止说"还是"危险犯的中止说"抑或是"作为中止的特殊形态单独规定"，最后的处理结果基本上是相同的，但上述理论均存在一定的缺憾。最好的解决办法是，在刑法上构建事后自动恢复制度，针对行为人实施犯罪之后的自动有效的补救行为在刑法上明文规定。这样既可以与传统的刑法理论保持一致，又可以使危险犯既遂后的有效补救行为的性质得到圆满的解答，避免上述争议的存在，从而从根本上解决此问题。如果事后自动恢复制度能够在刑法上建立，就会较好地回答关于行为人的行为导致了刑法规定的第116条（破坏交通工具罪）、第117条（破坏交通设施罪）以及第118条（破坏电力设备罪、破坏易燃易爆设备罪）的危险结果出现后，行为人采取有效措施，避免了第119条严重后果的情况，即承认行为人构成刑法第116条、第117条以及118条的既遂，行为人采取有效措施，避免了第119条严重后果的情况的，在性质上属于事后自动恢复行为。

当然，除直接故意犯罪以外，行为人在实施了间接故意犯罪、过失犯罪之后，努力为消弭犯罪结果而作出积极的努力并且全部或者基本恢复法益的，同样存在成立事后自动恢复的空间。

（二）行为人实施自动恢复行为的时间必须是在被追诉之前

事后自动恢复之"自动性"，是事后自动恢复行为得以从宽处罚的主观条件，自动性要求恢复行为是出于行为人的自愿性，那么在事后自动恢复成立的时间上就应当作出限制，以便与事后被动恢复相区别。笔者认为，参考我国刑法相关司法解释关于事后恢复时间点的界定，行为人自动恢复行为的时间应当设置在被追诉之前。因为如果是被追诉以后，行为人再恢复法益的，一般是基于司法机关的压力作出的被动恢复行为，该恢复行为虽然也应该得到刑法上的认可，但是其人身危险性、主观恶性的程度高于同类犯罪的事后自动恢复的犯罪人，对其从宽处罚的力度应当小于同类案件的事后自动恢复的犯罪人。

我国刑法并没有对"被追诉前"的时间进行界定和解释。笔者从立法原意、客观合理性、客观现实性，以及符合事后自动恢复成立的角度出发，认为在一般情况下，"被追诉前"分为两种情形：一种情形是司法机关已然发现了犯罪事实或者犯罪嫌疑人，不过，还没有立案和启动刑事诉讼程序。另一种情形是犯罪事实或者犯罪嫌疑人未被发现，尚未立案或者启动刑事诉讼程序。[1] 在此问题上，通过相关案例分析说明要比仅仅从理论上加以区别更具有说服力与可行性，更有利于司法实践把握事后自动恢复的时间点，使事后自动恢复在挽救犯罪人、积极恢复被犯罪侵犯的法益方面真正发挥其应有的作用。

秦某盗窃范某现金 10 万元。回家后将此事告诉了邻居蔡某。蔡某颇通刑法，告诉秦某盗窃现金 10 万元属于数额特别巨大，会被判处至少 10 年以上的有期徒刑。秦某越想越害怕，于是偷偷将钱放回了范某的住处。（1）范某对此事一直不知情；（2）范某回家后发现自己的钱不见了，还没去报案，在别处找到了秦某还回来的 10 万元现金，对此事范某没有深究；（3）范某发现钱不见了，马上去派出所报案，但是在没有立案之前发现钱已经被还回来了；

---

① 参见毛永强：《被追诉前主动交代属自首》，载《检察日报》2013 年 3 月 25 日。

（4）范某发现钱不见了，马上去派出所报案，并且告知派出所秦某可能会偷他的钱，派出所通过分析认为，秦某的作案嫌疑很大，但是还没有正式立案的情况下，秦某偷偷将10万元送回到范某家中；（5）范某发现钱不见了，马上去派出所报案，派出所经过研究予以立案，但是尚未锁定犯罪嫌疑人是秦某，这个阶段秦某将钱偷偷送到范某家中；（6）范某发现钱不见了，马上去派出所报案，派出所予以立案，并且锁定了犯罪嫌疑人秦某，在尚未抓捕之前，秦某将10万元偷偷送回了范某的住处。（7）秦某被抓获在一审判决前全部归还10万元现金。

上述七种情况，第一种情况属于作案事实与犯罪嫌疑人未被发现，尚未立案或者启动刑事诉讼程序。因此，秦某主动将钱还回去的行为无疑是发生在被追诉之前，其行为符合事后自动恢复主客观方面的要件，因此构成事后自动恢复。第二种情况，虽然犯罪事实已经被被害人发现了，但是由于被害人没有报案，司法机关还不知悉，仍然属于尚未立案或者启动刑事诉讼程序，秦某此时将钱送还的行为，符合事后自动恢复主客观方面的要件，因此构成事后自动恢复。第三种情况秦某的恢复行为仍然发生在被追诉之前，所以成立事后自动恢复。第四种情况派出所虽然已经怀疑秦某，但是仍然没有正式立案，所以在此期间秦某返还10万元的行为发生在被追诉之前，构成事后自动恢复。第五种情况下，司法机关已经立案，犯罪事实已经被知悉，此时秦某的归还行为不符合事后自动恢复"被追诉之前"的时间条件，所以不能构成严格意义上的事后自动恢复。第六种情况下，司法机关已经立案，犯罪事实和犯罪人已经被司法机关知悉，与第五种情况相同，此时秦某的归还行为不符合事后自动恢复"被追诉之前"的时间条件，所以不能构成严格意义上的事后自动恢复。第七种情况下，行为人的恢复行为发生在被追诉之后的审判阶段，其恢复行为在很大程度上源于司法机关的压力，因此秦某此时的恢复行为是典型的事后被动恢复的情节，按照相关司法解释处理即可。

　　详细分析一下上述第五种、第六种情况下，行为人的行为达到的效果与事后自动恢复的效果并无差异。上述情况虽然司法机关已经立案，并且已经发现了案件事实甚至已经发现了犯罪人，但是作为犯罪嫌疑人的秦某对于上述信息恐怕很难知悉，在这种情况下，秦某的归还行为还是出于自己的主观愿望，希望通过自己的行为免受刑法的追究。上述行为发生在被追诉之后，所以很难认定行为人的行为构成严格意义上的事后自动恢复行为。不过，这种情况又与事后被动恢复存在根本性的差异，如果在量刑时不予以考虑有违罪责刑相适应原则。鉴于该行为的积极意义，基于宽严相济刑事政策，从有利于犯罪人的角度出发，上述行为可以视为特殊的事后自动恢复行为，构成准事后自动恢复。所谓准事后自动恢复，是指犯罪人在实施犯罪之后，司法机关已经开始追诉，但是尚未抓获犯罪人时，犯罪人自愿采取补救措施，有效地恢复或者基本恢复了其犯罪行为所侵害的法益的，以事后自动恢复论。这样就很好地解决了上述可能出现刑法不公正的问题，拓宽了犯罪人改过自新的道路。

三、事后自动恢复成立之行为条件——积极的恢复行为

（一）积极的恢复行为概述

　　行为是现代刑法体系的核心要素。"无行为则无犯罪"这一法谚充分说明了行为在认定犯罪方面的重要意义。同样，"无恢复行为则无事后自动恢复"，积极的恢复行为是事后自动恢复得以成立的客观基础。

　　行为具有作为与不作为两种基本形式，相应地，犯罪就分为

作为犯与不作为犯。作为，是指以积极的身体活动实施刑法禁止的危害社会的行为。以作为方式实施的犯罪就是作为犯。我国刑法分则规定的绝大多数犯罪，都可以由作为的方式实施，其中不少犯罪甚至只能是由作为方式实施。比如强奸、抢劫等。不作为，是以行为人负有实施某种积极行为的特定法律义务为前提，行为人能够履行而不履行的构成不作为犯。关于持有行为的属性问题，理论上存在"作为说"、"不作为说"与"第三种行为说"。笔者赞同作为说。持有某种特殊物品之所以被规定为犯罪，原因在于这些物品具有极大的危害性，因此刑法才将单纯持有这种物品的行为规定为犯罪行为，而并非是为了鼓励行为人履行上交义务。鉴于此，持有完全符合"不应为而为之"的作为的特征。不作为犯的行为人在实施犯罪之后，在被追诉之前，自愿采取积极的恢复行为，并且在法益得到有效恢复的情况下，成立事后自动恢复。在作为犯的场合，根据犯罪的侵害法益，行为人在实施犯罪之后，在被追诉之前，积极作为履行了应当履行的义务，并且在法益得到有效恢复的情况下，行为人同样构成事后自动恢复。可见，无论是不作为犯还是作为犯的场合，只要是实施了犯罪之后，事后自动恢复都必须是积极的作为。因为在这种情况下，犯罪已经宣告完成，行为人成立事后自动恢复，就必须在客观上使被害法益得到恢复或者基本恢复的效果。因此，需要行为人积极地实施事后自动恢复行为。比如，黄某盗窃王某钱包一个，如果黄某认为钱包里面的钱少，仅仅是把钱包往马路上一丢，王某的利益并未得到恢复，黄某的行为肯定不构成事后自动恢复。这时，只有黄某采取积极的行为，（例如将钱包悄悄送回原处），从而恢复了王某的利益时，才构成事后自动恢复。

什么样的行为才是积极的事后自动恢复行为呢？笔者认为，对于积极的恢复行为的界定应当把握两方面原则。首先要把握的一点是，行为人的行为与法益恢复之间存在因果关系。在此基础上，必须是恢复行为能够作为行为人的业绩归功于行为人。

（二）事后自动恢复行为的"真挚性"

事后自动恢复是否必须存在"真挚性"的努力呢？如果犯罪人是在别人帮助的情况下恢复被害法益的情况下，能否认定为事后自动恢复呢？试举一例。甲诈骗乙人民币 5 万元，事后甲有些后悔，但是却不想自己亲自去退钱，于是打电话给朋友丙，托朋友丙将钱还给乙。这种情况下是否能够成立事后自动恢复？同例，如果甲诈骗后，其父亲丁害怕自己的儿子被发现受刑罚处罚，于是自己将钱送还给乙，这种情况下，能否认定甲成立事后自动恢复呢？这就涉及"真挚性"的刑法地位问题。

关于"真挚性"的刑法地位，国外刑法理论上存在不同认识，主要表现为以下三种主张：

第一种观点认为，"真挚性"是准中止犯与中止犯的共有要件。[①]第二种观点认为，"真挚性"是准中止犯的特有要件。[②]第三种观点认为，"真挚性"既非中止犯也非准中止犯的要件。[③]可见，在"真挚性"的问题上，中外刑法学者均是在犯罪中止或者准中止犯的语境下来讨论的。笔者认为，"真挚性"不是中止犯的主观特征。原因在于：（1）刑法关于中止犯的立法没有包含"真挚性"的要求。从中外刑法典的规定来看，都无法得出刑法关于中止犯的立法包含了"真挚性"的要求。（2）将"真挚性"作为中止犯"有效性"的认定标准，有主观要件取代客观要件的嫌疑，容易导

---

① 参见赵秉志：《犯罪总论问题探索》，法律出版社 2003 年版，第 471 页。
② 参见马寅翔：《准中止犯问题研究》，郑州大学 2007 年硕士学位论文，第 12 页。
③ 参见［日］大谷实：《刑法总论》，黎宏译，法律出版社 2003 年版，第 293 页。

致中止犯的虚化和主观化。作为中止犯的重要的构成要件，"有效性"反映的是防止犯罪结果发生的行为与犯罪结果不发生之间的客观联系。如果认为行为人只要为防止犯罪结果发生作出真挚的努力即可，无疑会虚化有效性，即只需对中止的"自动性"略加要求，从而使整个中止犯要件的主观化。这与刑法对于中止犯免除处罚的责任依据不甚符合。同理，"真挚性"也并非是准中止犯的特有要件。

在事后自动恢复的场合，"真挚性"同样是事后自动恢复的成立要件。原因在于：（1）"真挚性"是弥补事后自动恢复与中止犯客观差异的重要方面。从内容上看，事后自动恢复与中止犯的一个重要区别就是在事后自动恢复的场合，犯罪已然既遂。如果不将"真挚性"作为要件，无疑会在一定程度上削弱对事后自动恢复减免处罚的客观基础。由于事后自动恢复发生在犯罪既遂之后，要对其作出从轻、减轻甚至免除处罚的法律评价，就要求刑法在立法上对事后自动恢复的成立要件加以限定，严于中止犯的规定。"真挚性"所表现出来的行为人主观恶性的降低和人身危险性的进一步减少，增强了刑法对于事后自动恢复的行为人减免处罚的主观责任基础。（2）"真挚性"的内容需要通过一定的方式加以明确。因为"真挚性"本身是一个修饰词，内涵并不十分确定，但是可以通过明确其所修饰的对象将其内涵加以确定和明确。在规定事后自动恢复制度的各国刑法典以及我国涉及的相关立法及司法解释中，对于事后自动恢复的限定条件，其修饰的主要对象是行为人在犯罪既遂后所实施的积极的恢复法益的行为。对于事后自动恢复的行为人来说，"真挚"的作用范围仅限于行为人采取事后自动恢复的积极行为，而并不要求行为人放弃犯罪所得利益也必须真挚。鉴于此，完全可以通过行为人在犯罪既遂后所实施的行为属性来明确"真挚性"的内涵。（3）"真挚性"应作为事后自动恢复行为的客观特征。从行为的要求上看，规定事后自动恢复制度的国家大多对事后自动恢复的行为作出了明确的规定。比如，克罗地亚刑法典第 59 条第 3 款规定："……实施犯罪后犯罪人立即努力消除或者减轻犯罪后果，并且完全或者基本弥补了该行为所造成的损失。"可见，对事后自动恢复的行为以及行为的效果都是作出了明确的限定的，这一点与准中止存在明显区别，准中止的"真挚性"反映的是行为人对待防止犯罪结果发生的态度，最终结果没有发生是由于其他原因导致，所有在规定准中止犯的国家并未对准中止的中止行为作明确的规定，大多规定为"努力阻止行为的完成"，至于该阻止行为的效果并没有明确限定。[①] 如果将"真挚性"作为中止行为的特征，则必须要对中止行为的效果加以限制，这与准中止犯的立法取向是相矛盾的。鉴于此，在事后自动恢复的场合，"真挚性"是事后自动恢复的行为特征，这也是事后自动恢复"真挚性"与准中止"真挚性"的根本区别。

　　作为一个相对抽象的概念，"真挚性"的内涵需要在一定的语境下采取一定的标准加以判断。关于"真挚性"的判断标准，目前存在主观标准说、客观标准说、折中标准说三种不同观点。

　　按照主观标准说的观点，行为人的认识是"真挚性"的判断标准。按照该标准，如果行为人认为已经尽力实施了积极的恢复行为，就认定行为人符合事后自动恢复的"真挚性"的要求。显然，此观点值得商榷。虽然"真挚性"能够反映行为人在主观上一种真诚悔悟的态度，但是这种标准也过于主观，会导致事后自动恢复"真挚性"标准的虚化。例如，在故意伤害案件发生后，行为人既可以打电话报警或者打电话急救，也可以告知被害人亲友将其送往医院，还可以自己开车将被害人送往医院。如果单从

---

① 参见袁彬：《准中止犯研究》，中国法制出版社 2015 年版，第 134 页。

行为人的主观认识出发，行上述行为都可以被行为人认为其实施了积极的行为，具有"真挚性"。但事实可能是，警车在很远的地方，无法及时赶到；被害人亲属一时无法取得联系而不能及时送被害人去医院治疗等客观情况。而最终的结果是：恰好一辆救护车经过，及时对被害人进行了救治，经过治疗被害人恢复如初。对此，按照主观标准说，认为行为人在上述情况下成立事后自动恢复行为显然不太合理，在主观标准说的标准下"真挚性"被明显虚化。

按照客观标准说，"真挚性"的判断应当以一般人的标准并以行为的客观属性为对象进行判断。一般在准中止犯的场合，采取客观标准说判断"真挚性"。因为在准中止犯的场合，立法常用的表达是"足以防止犯罪结果发生"。例如，《日本改正刑法草案》第 24 条规定："基于自己的意志，中止犯罪的实行或者防止结果的发生，因而未遂的，应当减轻或者免除处罚。""行为人作出了足以防止结果发生的努力时，即使由于其他情况使得结果没有发生的，与前款规定相同。"① 从日本刑法规定来看，采取的是客观标准说的标准来判断准中止犯的"真挚性"。但是，采取客观标准说来判断事后自动恢复的"真挚性"欠妥。因为只有在行为人采取一定行为措施后，并未成功阻止犯罪结果发生时，采取客观标准说才比较合理。由于并未出现行为人想要的结果，所以对于"尽力"的判断当然就不具有实证性，所以只能按照一般社会经验，判断其行为阻止结果的相当性来认定其行为的"真挚性"。但是，事后自动恢复行为需要有恢复法益的最终结果，那么存在最终结果的情况下，对"尽力"的判断当然就具有实证性的标准，客观说显然不能成为事后自动恢复"真挚性"的判断标准。

---

① 《日本刑法典》，张明楷译，法律出版社 1998 年版，第 103 页。

　　按照折中标准说，"真挚性"的判断应当从主客观两方面综合认定。根据我国刑法主客观相统一的原则，"真挚性"当然也要从主观与客观两方面来认定。事后自动恢复行为，必须有"积极的恢复行为"，"自动"与"积极"均从主观上强调了"真挚性"，"恢复"则着重强调客观方面。其中，"真挚性"的主观特征包含以下含义：真挚是一种心理态度，是指行为人实施事后的恢复行为是出于本人的意志，当然对于事后自动恢复而言，只要求行为人在采取恢复行为的范围内是真挚的，并不要求行为人在放弃犯罪既得利益时也必须真挚。"真挚性"的客观特征"恢复"蕴含以下含义：从性质上看，恢复是旨在消除先前既遂的犯罪所侵害的法益，是与之前犯罪行为相对立的行为；从量上分析，这种恢复必须达到一定的程度，即"全部或者部分恢复其先前犯罪行为所侵害的法益"；"自动的恢复"并不仅仅限定于行为人本人的努力，不排除行为人通过第三人的行为予以恢复，但是行为人必须自己主观上已经否定前罪，并付出了与自己亲自恢复行为同等程度的努力。鉴于此，采取折中标准说评价事后自动恢复的"真挚性"具有很强的操作性。与主观标准说相比，折中标准说最大的优势在于它具有客观性，并因此使得其标准具有了操作性。与客观标准说相比，折中标准说能够在适用统一标准的情况下，关注到个别人。对于事后自动恢复的"真挚性"而言，折中标准说侧重行为人"真挚性"的外在表现，而非行为人的内心认识，其标准相对客观，它以行为人积极的恢复行为的程度进行事后评价，具有很强的可把握与可操作性。

　　综上，本部分开篇的两则案例，第一种情况下可以认定甲成立事后自动恢复行为，第二种情况不能认定为事后自动恢复行为。原因在于，按照折中标准说的观点，"真挚性"的判断应当从主客观两方面综合认定。恢复行为的"真挚性"属于行为人主观的内心判断，主观的部分需要依赖客观的行为进行判断，而积极的恢复行为是客观上能够恢复法益的行为。因此，"真挚性"是通过积极的恢复行为表现出来的。上述案例中，第一种情况，甲虽然没有亲自去送钱给乙，但是其委托朋友丙送钱的行为，也是恢复法益的积极行为，其"真挚性"已然得到了体现。而第二种情况下，甲缺乏积极的恢复行为，更谈不上"真挚性"的问题，所以不成立事后自动恢复的积极行为。因为"真挚性"在程度上应当表现为积极恢复行为的相当性，即恢复行为在强度上要与实施犯罪行为时的具体情况相适应并足以恢复被害法益的，方为"必要相当"的"真挚性"，除此之外，过剩的恢复行为（比如盗窃 10 万元，还给被害人 11 万元的行为）并不是"真挚性"的当然要求。

四、事后自动恢复成立之结果条件——有效性

所谓有效性，是指行为人必须采取作为的方式以恢复其已然的犯罪行为所破坏的法益。事后自动恢复之所以可以得到刑法的宽恕，在于其有效地恢复或者基本恢复了被害法益。恢复行为的有效性既是事后自动恢复成立的重要条件之一，同时也是对于事后自动恢复犯罪人作出从宽处罚的重要依据。易言之，事后自动恢复行为必须在客观上引起有形的效果，即恢复或者基本恢复了被害法益，这是事后自动恢复有效性的本质属性。因此，如果事后自动恢复行为没有有效地恢复或者基本恢复法益的，即归为失败的事后自动恢复，没有成立事后自动恢复的余地。但是，如果可以认定行为人采取了积极的事后自动恢复，而没有恢复法益与行为人恢复行为之间不具备因果关系的情况下，则行为人仍然存在成立事后自动恢复的可能。例如，王某放火烧赵某的房子，在燃烧之后，王某很后悔，害怕进监狱因此努力救火，在马上将火扑灭的情况下被屋主赵某拦住，赵某因为其房屋保有全险，若是

被他人纵火烧毁可以得到赔偿，可以买新房子。由于赵某的阻拦，房子最终被烧毁。在本案中，笔者认为，王某的行为成立事后自动恢复。原因在于，王某在犯罪后实施了积极的恢复行为，本可以基本恢复被害法益，但是却因为赵某的故意阻拦，导致房屋被烧毁。故王某对于赵某房子被烧毁的结果不承担责任。因此，王某的积极有效的救火行为成立事后自动恢复。

五、恢复行为与已然犯罪之间的关系条件——因果性

行为人的恢复行为必须与已然犯罪之间具有因果关系，才能成立事后自动恢复。如果恢复行为与法益恢复之间缺乏因果关系，那么行为人就不能构成事后自动恢复。试举一例。李某盗窃了张某家的名贵波斯猫，打算卖出牟利。李某的妻子刘某背着丈夫又将名贵波斯猫送回到张某家中。这样的情况下，张某的利益得到了恢复。但是李某不能成立事后自动恢复。原因在于因果性——恢复行为与已然犯罪行为之间的因果关系的缺失。如果是李某委托妻子将名贵波斯猫送回给张某的情况下，虽然没有直接的对其权益进行恢复，但是其委托妻子送还名贵波斯猫的情节，表明了其对于自己先前犯罪行为的否定，并且其间接的恢复行为也对被害人法益的恢复起到了积极的作用，因此构成事后自动恢复。再举一例。王某种植罂粟、大麻，后来听说种植这个东西是违法的，因此王某打算第二天将罂粟、大麻铲除。当天夜里，下了一场冰雹，罂粟与大麻全部死亡。这种情况下同样不能认定成立事后自动恢复。王某虽然已经打算实施事后自动恢复，但是还没来得及实施的情况下，自己种植的毒品就由于自然原因全部死去。这种情况下虽然犯罪的危险被消除，但是已然犯罪与恢复行为之间不具有因果关系，因此不能认定为构成事后自动恢复。这样的例子还可以举很多，举例是为了更加明确地说明，事后自动恢复的行

为的构成不仅需要结果上的权益恢复，还需要行为人的恢复行为与已然犯罪行为之间存在一定的因果关系。

第二节　事后自动恢复之成立范围

一、法益——事后自动恢复成立范围之认定标准

（一）法益概述

关于事后自动恢复的成立范围，笔者认为，应当以法益是否具有可恢复性作为标准界定事后自动恢复的成立范围。所谓法益，是指根据宪法的基本原则，由法所保护的、客观上可能受到侵害或者威胁的人的生活利益。其中由刑法所保护的是人的生活利益，就是刑法上的法益。[①]

法益所保护的是人的生活利益。何谓利益，存在主观说、客观说与折中说三种观点。主观说认为，利益是人意识的属性，是能满足人们客观需要的较长时间的目的，这种目的很多时候不能得到充分的实现，以至于人们要不断追求。通常表现为不断地、非常有力地、坚定而又往往充满激情地追求来满足这些需要的人的活动上，人们通过这样的途径使利益发挥作用，得到实现。客观说认为，利益是意识、意志之外的一种客观存在。"利益是人们同他人周围现实中能帮助他人作为一定的社会成员而生存、发展的对象和现象的客观关系的表现。"[②]折中说认为，利益乃是主体与客观环境的统一。折中说侧重主观方面，是以主观说为基础的

---

① 参见张明楷：《法益初论》（修订版），中国政法大学出版社 2003 年版，第 167 页。

② 孙国华：《法理学教程》，中国人民大学出版社 1994 年版，第 85 页。

折中说。[①]有学者对利益进行了界定，即"利益，简言之，是主体（劳动者个人、企业、村舍，乃至政府和国家）创造和享用外界对象，为自己谋福利，这样的一种特殊关系。详言之，利益是主体在一定的社会关系中，首先是在一定的经济关系中，为了满足自己的各种需要，通过精心的筹划和积极的追求，而能动地对待自己之外的各种对象或者资源，进行改造和创造，并且占有和享用它们，来现实地满足自己的需要，这样一种积极主动的关系"。[②]

主观说使利益成为不确定的现象，实不可取。据此，刑法所保护的利益就完全成为各个具体利益的主体，被害人承诺可以阻止一切犯罪行为的成立，这是难以成立的。客观说将人的意志完全排除在外的做法使得刑法所保护的利益就是客观利益，那么被害人承诺在任何情况下都不能成为阻却犯罪的理由，这也是不合适的。笔者认为，利益首先必须是客观存在的，才能成为确定的现象，从这个意义上分析，利益首先是客观的。但是利益的实现必须以人的活动为基础，所以从这个层面上分析，利益又是主观的。鉴于此，所谓利益是一定的社会形式中，由人的活动实现的满足主体需要的一定数量的客体对象。利益之客观性决定了法律只能保护利益，不能创设利益，但是法律可以指引人们对于一些利益的追求。一方面，可以根据利益的客观性判断立法的公正性，另一方面，立法者应当在众多利益之中选择值得保护的利益作为法律保护的法益。所有的法律都有其保护的法益范围，刑法亦不例外。作为最后一道防线，刑法所保护的法益范围较之其他部门法而言范围更加广泛。作为其他部门法的补充，刑法的手段较之

---

① 参见张明楷：《法益初论》（修订版），中国政法大学出版社 2003 年版，第 168 页。

② 张国钧：《邓小平的利益观》，北京出版社 1998 年版，第 2 页。

其他部门法而言也最为严厉。刑法从根本上说是其他一切法律的制裁力量。

（二）法益与犯罪客体

任何犯罪都会侵犯一定的社会关系。即侵犯的社会关系越重要，社会危害性越大。某种行为是否能够构成犯罪的标准在于，行为是否侵犯了任何一种刑法所保护的社会关系。犯罪客体往往是立法上界定犯罪性质、区分不同罪种以及设定轻重不同刑罚的重要标准。

犯罪客体究竟是社会关系还是法益呢？法益源于大陆法系三阶层犯罪构成理论。该理论最初认为，构成要件仅包括客观记述性要素；违法性是指行为违反了规范或者法秩序（刑事违法性），而要回答为什么刑法将某种行为规定为犯罪，则必须明确行为对于法所保护的利益造成了实质的侵害或者威胁；有责性即非难可能性的判断，考察行为人符合构成要件该当性、违法性之后，其年龄因素、智力因素、主观心态是否达到刑法规范的标准，以及行为人是否存在实施其他合法行为的期待可能性。在大陆法系刑法理论中，刑法所保护的法益是指刑法所保护的利益，即刑法直接保护法益；在我国，刑法的犯罪客体即刑法保护的社会关系，说明刑法首先保护的是社会关系，其次保护的是社会关系之后蕴含的法益。

大陆法系国家刑法理论认为，从保护的角度出发，刑法保护的客体是法益，从受侵犯的角度来说，法益是被害的客体或者是犯罪的客体。[1]那么，犯罪客体的内容究竟是社会关系还是法益？笔者认为，犯罪客体就是刑法上的法益。虽然在某种意义上说，

___

[1] 参见张明楷：《法益初论》（修订版），中国政法大学出版社2003年版，第180页。

刑法所保护的利益，都可以用社会关系或者社会主义社会关系来概括，[①] 但是有些时候不免有些牵强。事实上，刑法是在社会中占统治地位的阶级，在认识和确认本阶级根本利益的基础上，对各种利益进行分析和协调基础之上，通过对各种利益进行选择的结果后确认的合法利益的重要手段，同时也是刑法实现的动力与刑法的归宿。而刑法之所以保护利益，在于有利益的地方就有犯罪人，有利益的存在就存在被侵犯的可能。这说明，将犯罪客体理解为法益，符合法的本质，也符合犯罪的基本特征，这表明了将犯罪客体理解为法益的科学性；另外，从我国刑法分则规定可以看出，我国没有在任何一个分则的罪名之中使用"社会关系"一词作为犯罪客体的表述。相反，权利与秩序一词却在刑法分则中出现。权利与秩序均是法益的一部分。再如"危害国防利益罪"直接使用"利益"一词，并且刑法分则所规定的所有的客体内容均可以用利益来加以概括。这表明了将犯罪客体理解为法益的法律依据。以法益代替社会关系可以避免社会关系不是具体的，而是观念的抽象；避免造成犯罪客体的过于复杂化（比如经济犯罪侵犯社会利益，常常牵涉多重社会关系）。因此用法益取代社会关系是对社会关系进行理性的认识与分析后加以把握的结果。

　　综上，犯罪客体实际上就是刑法上的法益，其内容是刑法所保护的利益。事后自动恢复归根结底是对于刑法法益的恢复。法益本身的性质决定了事后自动恢复的存在与否，可恢复的同种类犯罪，存在事后自动恢复与否会产生裁量上的差异。出现差异的原因在于，行为的社会危害性存在不同，而评估某一具体行为危害性的程度，其中一个重要的方面，就是从研究和了解具体的法

　　[①] 参见高铭暄：《刑法学原理》（第 1 卷），中国人民大学出版社 1993 年版，第 471 页。

益受侵害的程度入手，事后自动恢复行为全部或者基本恢复了被害法益，使法益的受侵害程度得到了减轻，所以在处罚上与不存在事后自动恢复的同类犯罪存在区别。所以有必要根据法益科学地界定事后自动恢复的适用范围。

现实生活中，各种利益纷繁复杂，不同的利益性质各不相同。关于利益的划分，依据不同的角度进行划分呈现的结果也不同。比如，依据利益所反映出来的性质，可以将利益划分为物质利益、人身利益与精神利益；依据利益有无经济性的特征，可以将利益划分为经济利益与非经济利益；依据利益内容实现的时间不同，可以将利益划分为既得利益与将来利益；依据利益内容的合法性与否，可以将利益划分为合法利益和非法利益；依据利益的时间范围不同，可以将利益划分为长远利益、短期利益与眼前利益；依据利益的空间范围不同，可以将利益划分为整体利益、局部利益与个体利益；依据利益主体的数量不同，可以将利益划分为多数人利益与少数人利益；等等。①

事后自动恢复之所以存在成立的空间，是由刑法上很多法益的自身特点决定的。刑法上一些利益在被侵犯或者威胁之后，有一部分法益虽然从刑法的角度分析是受到了侵害和威胁，但是从物理的角度分析其并未得到破坏与毁损，典型的如盗窃罪，行为人盗窃财物使被害人的财产权益得到了一定程度的损害，但是财物本身从物理角度看，完好无损。还有一部分法益虽然在某种情况下即使不能恢复原状，也可以采取其他的手段达到恢复其原状的效果，比如行为人故意毁坏财物的，如果财物不具有特殊价值或者意义的，可以通过金钱的方式予以赔偿。因此，从法益自身的特点出发，首先应该在整体上将刑法所保护的法益划分为可恢

---

① 参见张文显：《法理学》，高等教育出版社1999年版，第217页。

复性法益与不可恢复性法益。可恢复性法益是指，法益被侵害之后，通过一定的行为可以使法益得到一定程度上弥补或是补救的法益，如财产权、名誉权等；反之则是不可恢复性法益，比如生命权等。事后自动恢复适用的范围只能是可恢复性的法益，而不可恢复性法益事后自动恢复则没有存在的空间。

犯罪的本质是对法益的侵害与威胁，事后自动恢复是对犯罪造成的法益的侵害与威胁的恢复。那么对于事后自动恢复的研究无可避免地需要从法益上着手。刑法所保护的法益千差万别，为了能够更好地归纳事后自动恢复成立的范围，有必要在整体划分法益的基础上，对各种犯罪所损害的法益做进一步的划分，详细讨论事后自动恢复成立的范围。根据刑法关于客体内容的规定，可以进一步将法益划分为个人法益、社会法益和国家法益三种。侵犯公民个人法益的犯罪包括：侵犯公民人身权利、民主权利的犯罪和侵犯公民财产权利的犯罪；侵犯社会法益的犯罪包括：危害公共安全、破坏市场经济秩序和妨害社会管理秩序的犯罪；侵犯国家法益犯罪包括：侵犯国家作用和侵犯国家存在的犯罪。以此为基础，对事后自动恢复的适用范围加以探讨。

二、侵犯公民个人法益犯罪中的事后自动恢复问题

侵犯公民个人法益的犯罪包括：侵犯公民人身权利、民主权利的犯罪和侵犯公民财产权利的犯罪两大类。笔者将对两类中的重点罪名加以分析，尽可能合理界定这两大类犯罪中事后自动恢复成立的范围。

（一）侵犯人身权利、民主权利罪中的事后自动恢复问题

人身权是指公民依法享有的与其人身不可分离且无直接经济内容的权利的总称，包括生命权、健康权、性自由权、人身自由

权、名誉权、婚姻自由权、男女平等权等。民主权利是指公民依法享有的参加国家管理和社会政治活动的权利，包括选举权、被选举权、批评权、申诉权、控告权、举报权、宗教信仰自由权等。其他直接与人身相关的权利，是指劳动权、休息权、住宅不受侵犯权、通信自由权、民族平等权、少数民族风俗习惯权等。[①]公民的人身权利和民主权利是公民最基本的权利，是财产权等其他权利的基础。

1.故意杀人罪、故意伤害罪等侵犯生命权、健康权的犯罪是否存在自动恢复的空间

故意杀人罪，是指故意非法剥夺他人生命的行为。本罪所保护的法益是公民的生命权利。生命权作为公民人身权利中最基本、最重要的权利，是其他权利存在的前提与基础。故意杀人罪正是基于对这种特定客体的侵犯，而成为侵犯人身权利犯罪中的最严重的犯罪。作为公民人身权利中最基本、最重要的权利，生命权一经剥夺便不可能存在恢复的可能。那么，对在犯罪人杀死被害人之后，对于被害人的家属、被害人承担赡养义务的人进行积极补偿的行为，能否认定为事后自动恢复呢？"人死不能复生"这个道理任何人都很清楚。对于被害人本人来说，其失去的生命权是无法得到修复的。但是，对于被害人的亲属来说所需要承担的不仅包括精神上的痛苦，有些时候还要因为被害人的死亡而承担生活上的压力。犯罪人积极的予以物质上的补偿自然是可以缓解其生活上的压力，对于这种行为如何定性呢？笔者认为，故意杀人后对被害人家属的物质补偿行为，至多只能作为酌定的量刑情节予以考虑。犯罪人通过物质上的补偿，可以在一定程度上弥补罪

---

① 参见赵秉志、鲍遂献等：《刑法学》，北京师范大学出版社 2010 年版，第 598 页。

过，但是这种行为并不能构成事后自动恢复行为，因为事后自动恢复行为，着眼于犯罪人对被害人法益的恢复，只有在被害人法益能够得到恢复的情况下，才能认定为事后自动恢复。对被害人法益的有效恢复，是对事后自动恢复犯罪人予以从宽处罚的依据，除此之外的其他补偿行为，不能成为事后自动恢复的对象，仅作为酌定情节予以考虑就能实现罪责刑相适应原则。同理，过失致人死亡罪同样不存在成立事后自动恢复的空间。

　　故意伤害罪，是指故意非法损害他人身体健康的行为。本罪的设立旨在对公民的健康权利予以保护。这里的身体健康权利，是指保持身体的生理机能健全的权利。侵犯他人身体健康，可以分为两种情形：一是对人的肢体、器官、组织的完整性的破坏，比如砍掉别人一条腿的行为；二是对于人的肢体、器官、组织的正常机能的破坏，如使人瘫痪、双目失明、听力减弱等。[①]与故意杀人罪类似，健康权受到伤害后通常也无法通过事后的行为予以恢复。比如，被害人被砍掉胳膊，使人体的完整性遭到了破坏，这种情况下无论事后采取任何行为都无法弥补。不过，现代医学水平发达，通过治疗往往可以使一些被伤害的被害人完全康复。如果犯罪人实施的故意伤害行为，没有造成人体完整性破坏的情况下，行为人在实施了故意伤害之后，将被害人送往医院并积极缴纳医药费，最终被害人彻底康复的情况能否构成事后自动恢复的问题值得探讨。比如，王某和赵某发生口角，王某非常气愤，一时冲动将赵某打成重伤。王某见状十分害怕，马上将赵某送到医院，并且支付了全部的医疗费用，后来赵某经过治疗，完全康复。这种情况下，王某的行为能否成立故意伤害罪的事后自

　　[①]参见赵秉志、鲍遂献等：《刑法学》，北京师范大学出版社2010年版，第610页。

动恢复呢？笔者认为，王某的行为构成事后自动恢复。原因如下：事后自动恢复需要犯罪人作出真挚的努力，并且"真挚性"并不排斥他人协助恢复法益的行为。但是，行为人必须自己主观上已经否定前罪，并付出了自己亲自恢复行为同等程度的努力。上述案件中，虽然赵某康复是因为受到医生治疗的结果，但是其经过治疗之后的康复结果，可以归功于王某的事后行为，王某将赵某紧急送往医院的行为说明王某对于已然的故意伤害犯罪的否定，并且其违反刑法的意思已经减弱，王某积极支付医药费的行为可以视为付出了自己亲自恢复行为同等程度的努力，王某的行为符合事后自动恢复的全部构成要件，因此构成事后自动恢复。可见，故意伤害罪中除造成被害人无法弥补的损伤之外，犯罪人在实施犯罪后积极救治被害人，并且被害人最终被成功救治完全康复的情况下，可以肯定事后自动恢复的存在。之所以认定部分的故意伤害犯罪存在成立事后自动恢复的空间，是从有利于被害人角度进行考虑的结果。因为现代医学发达，很多情况下被害人如果能够得到及时的救治就有很大的机会复原，但如果稍晚则可能造成无法弥补的后果。权衡利弊，不难发现及时救治对被害人的意义重大，同时认定犯罪人的行为成立事后自动恢复，可以促使犯罪人积极弥补自己的犯罪，使其对被害法益的损害降到最低。

综上，部分的故意伤害犯罪存在成立事后自动恢复的空间。同理，一部分过失致人重伤罪同样存在成立事后自动恢复的空间。鉴于生命权、健康权法益的特殊性（不可恢复性），事后自动恢复仅在部分的侵犯健康权的犯罪中有成立的空间。此外，强奸、猥亵等行为侵害了公民自决权，与侵害公民的生命权一样不存在恢复的空间。

2. 非法拘禁罪、绑架罪等侵犯自由的犯罪是否存在成立事后
自动恢复的空间

公民的自由权，是公民最重要的人身权利之一。从广义上说，
人身自由是指与人的行动相关的广泛的自由权利，包括公民享有
的行动自由、婚姻自由、通讯自由、迁徙自由等内容。[①]侵犯公民
享有的行动自由的犯罪主要包括非法拘禁罪与绑架罪。非法拘禁
罪，是指故意以扣押、关押、绑架或者其他方法非法剥夺他人人
身自由的行为。本罪侵犯的客体是公民在不受强制约束的情况下，
按照自己的意志，在任意的时间、空间内自由支配自己的身体进
行行动的权利。根据 2006 年 7 月 26 日最高人民检察院《关于渎
职侵权犯罪案件立案标准的规定》，非法拘禁他人人身自由 24 小
时以上的成立非法拘禁罪。如果犯罪人非法扣押被害人 25 个小时
以后，释放被害人的，能否构成事后自动恢复？笔者认为，这种
情况下不能构成事后自动恢复，行为人释放被害人的情节只能作
为酌定的量刑情节予以考虑。因为在被非法拘禁的时间里，行为
人丧失了自由支配自己的身体进行行动的权利，之后虽然犯罪人
释放了被害人，但是在一定时间段内，被害人丧失了自由支配自
己的身体进行行动的权利。这段时间一经过去就成为过去时，无
法得到恢复。可见，非法拘禁罪的场合，因行动自由的特殊性，
无法成立事后自动恢复。

绑架罪，是指利用他人对被绑架人安危的忧虑，以勒索财物
或者满足其他不法要求为目的，适用暴力、胁迫或者其他方法劫
持或者以实力控制他人，以及以勒索财物为目的偷盗婴幼儿的行
为。关于本罪的法益，刑法理论上存在争议。第一种观点认为，

---

① 参见赵秉志、鲍遂献等:《刑法学》，北京师范大学出版社 2010 年版，
第 625 页。

绑架罪的法益是被绑架人的自由。但是该观点无法说明偷盗婴幼儿的行为构成绑架罪的合理性。第二种观点认为，绑架罪的法益是对被绑架者的监护权或者人与人之间的保护关系。但是此观点不能解释正常成年人被绑架的情况。第三种观点认为，本罪的法益原则上是被绑架者的自由，但是当被绑架者为未成年人或者精神病人时，也包括被害人与监护人之间的人身关系。按照这一观点，在父母绑架自己未成年子女的情况下，无法解释为何构成绑架罪。第四种观点认为，本罪的法益是被绑架者的行动自由以及被绑架者的身体安全。①笔者赞同第四种观点。因为第四种观点可以解释偷盗婴幼儿的行为构成绑架罪的合理性，在父母绑架自己未成年子女的情况下，同样可以构成绑架罪。在被绑架人没有监护人的情况下，仍然可以构成绑架罪。在行为人绑架被害人之后，释放被绑架人的情况，行为人是否构成事后自动恢复呢？笔者认为，由于绑架行为侵犯的法益具有双重性，即被绑架者的行动自由以及被绑架者的身体安全，这也是各国将绑架行为规定为犯罪并且配置相对较重的法定刑的主要原因，不在于绑架罪对于被绑架者行动自由的限制，而是在于绑架行为对于被绑架者人身安全的严重威胁。因此，在绑架者释放被绑架人的情况下，被绑架者的身体安全就得到了恢复，从保护被绑架者的生命安全的刑事政策的角度考虑，有承认其构成事后自动恢复的必要，即在绑架罪既遂以后，行为人自愿释放被绑架人的，成立事后自动恢复。

3. 侮辱罪、诽谤罪等侵犯名誉的犯罪是否存在成立事后自动恢复的空间

侮辱罪，是指使用暴力或者是其他方法，公然破坏他人名誉、情节严重的行为。诽谤罪，是指捏造并散布某种事实，足以败坏

---

① 参见张明楷:《外国刑法纲要》，清华大学出版社2007年版，第482页。

他人名誉，情节严重的行为。两罪的法益都是他人的名誉。名誉有三种含义：一是外部的名誉（社会的名誉），是指社会对人的评价；二是内部的名誉，是指客观存在的人的内部价值；三是主观的名誉（名誉感情），本人对自己所具有的价值意识、感情。作为侮辱罪与诽谤罪的法益仅限于外部的名誉，外部的名誉又可以区分为本来应有的评价（规范名誉）与现实通用的评价（事实的名誉）。[①] 名誉权具有可恢复性，法律也有"恢复名誉，赔偿损失"等相关条文的规定。因此，侵犯名誉权的犯罪存在成立事后自动恢复的空间。针对侮辱罪、诽谤罪而言，行为人在实施侮辱、诽谤行为之后，自愿采取有效措施为被害人恢复名誉，且被害人的名誉得到恢复的情况下，可以认定构成事后自动恢复。

（二）侵犯公民财产权利犯罪中的事后自动恢复问题

侵犯财产罪（财产罪、财产犯、财产犯罪），是指以非法占有为目的，非法取得公私财物，或者挪用单位财物，故意毁坏公私财物以及拒不支付劳动报酬的行为。本类犯罪所保护的法益（客体）是公私财产的所有权。财产所有权是指所有人依法对自己的财产享有占有、使用、收益、处分的权利，包括占有、使用、收益和处分四项权能。其中，以处分权最为核心。处分权是指按照所有人自己的意志对财产进行自由处分的权利。一般而言，对任何一种权能的侵犯，都是对所有权不同程度的侵犯，而对处分权的侵犯，则是对所有权整体的最严重的侵犯。就侵犯财产犯罪而言，绝大多数犯罪表现为对公私财物的所有权的侵害，即完全地、永久地剥夺所有人对自己的财产所享有的所有权、如抢劫罪、盗窃罪等，但是也存在少数犯罪只是对他人财物所有权的部分权能的侵害，而不是从根本上剥夺所有人的所有权，如挪用资金罪。

---

① 参见［日］西田雅芝：《刑法各论》，弘文堂 2010 年版，第 107 页。

少数犯罪侵犯的财产所有权的权能主要是财产的使用权,当然对于财产的占有权和收益权也构成了侵犯,不过不涉及处分的问题。但这些犯罪仍然侵犯了财产所有权,而只能认为与大多数侵犯财产权的犯罪相比,在侵犯程度上存在差异。相比许多人身权利的不可恢复性来说,公私财产的所有权因其经济性的特点,一般都具有恢复性,并且侵犯财产犯罪在犯罪中一直占据着绝大多数,因此,对侵犯财产权利的犯罪的事后自动恢复成立的空间进行分析就显得很有必要。

最典型的事后自动恢复行为出现在侵犯财产犯罪之中。因为财产一般均可以以一定的金钱衡量其价值,与生命权、部分健康权的不可评估性不同,无论是有形财产还是无形的财产,都是可以得到等价交换或者是一定程度上的转换。所以对侵犯财产权益的犯罪而言,行为人是可以通过返还或者等价赔付来实现对被害法益的恢复的。比如,在盗窃、诈骗等窃取型、骗取型的财产犯罪中,只要行为人在实施了盗窃、诈骗犯罪之后,在被追诉之前,自愿返还被害人财物的,都属于事后自动恢复。侵占罪、挪用资金罪等侵占、挪用型财产犯罪,只要行为人实施犯罪之后,在被追诉之前予以返还的,同样构成事后自动恢复;故意毁坏财物罪、拒不支付劳动报酬罪等毁坏、拒付型财产犯罪,除被毁坏的财物为特殊的不可评估价格的财物以外,对于大部分被毁坏的财物而言,只要行为人积极赔偿并且弥补了被害人的损失的,就构成事后自动恢复,对于拒付型财产犯罪,只要行为人按照法律的规定进行支付的,同样构成事后自动恢复。综上,上述各种类型的侵犯财产类犯罪,通过行为人的积极有效的恢复行为,被害人的法益得到了恢复或者是基本的恢复,对这类犯罪人予以从宽处罚是必要的。这既有利于保护犯罪人的利益,同时也有利于及早恢复被害人的权益。对司法实践中本就情节轻微的财产类犯罪,笔者建议在行为人实施了事后自动恢复行为之后，对行为人可以考虑免除处罚或者不作犯罪处理。原因在于，特殊预防的目的因为事后自动恢复的存在而得到减弱，报应的目的因为法益的恢复基本上不存在意义。毕竟有限的司法资源不允许我们动用到那些没有任何犯罪损失的犯罪上面。

在侵犯财产的犯罪中，抢劫等暴力、胁迫型财产犯罪侵犯的法益存在特殊性，因此有必要探讨此类财产犯罪是否存在成立事后自动恢复的空间。抢劫罪，是指以非法占有为目的，对财物的所有人、持有人当场实施暴力或者以当场实施暴力相威胁，或者以使被害人不能抗拒的方法，迫使其当场交出财物或者夺走其财物的行为。本罪侵犯的客体为复杂客体，包括财产权利与人身权利两方面内容，这是抢劫罪与其他财产犯罪区别的重要标志，也是抢劫罪成为财产犯罪中最严重的犯罪的原因。既然抢劫罪包含对人身权利的侵犯，而人身权利又存在特殊性，那么抢劫罪是否存在事后自动恢复的空间呢？从法律规定来看，刑法将抢劫罪置于侵犯财产罪一章中，这说明刑法设立本罪的目的主要在于保护公民的财产权，刑法没有将该罪设置在侵犯公民人身权利、民主权利罪中，表明立法者规定本罪的主要目的不在于人身权利的保护。或许有人认为，任何抢劫行为都会侵犯公民的人身权利，因为刑法规定本罪必然起到保护人身的作用。但是这只是客观事实，而不是法律规定。鉴于此，抢劫罪所侵犯的主要客体是财产权利，同时侵犯了被害人的人身权利。那么，行为人在实施了抢劫行为之后，又主动将被抢劫的财物返还给被害人的行为，符合事后自动恢复的主客观构成，成立事后自动恢复。关于刑法第 263 条所规定的八种加重处罚情节中，除了"抢劫致人重伤、死亡的"这一结果加重情节之外，其余 7 种与普通抢劫一样，存在成立事后自动恢复的空间。"抢劫致人死亡的"，由于生命权的不可恢复性，不能构成事后自动恢复，且被害人已经死亡，行为人也就失去了可以恢复的对象。"抢劫致人重伤的"如果行为人积极救治被害人，被害人完全康复且将抢劫的财产返还给被害人的，可以认定犯罪人构成事后自动恢复；如果对被害人的健康权造成无法弥补的损伤，行为人即使将抢劫的财产返还给被害人的，仍然无法构成事后自动恢复。原因在于，关于抢劫罪中"抢劫致人重伤、死亡的"之所以被规定为加重情节，原因在于被害人在侵犯财产权益的同时，严重侵犯了被害人的人身权利，所以法律才将此类情节规定为加重情节，设置了严厉于普通抢劫罪的刑罚。因此，这种情况下考虑行为人是否构成事后自动恢复，要结合人身权益的损害程度进行综合判断。

三、侵犯社会权益犯罪中的事后自动恢复问题

社会权益是指刑法所保护的社会所代表的大众的利益，即刑法所维护的多数人的利益与权利。侵犯社会权益的犯罪是以社会上不特定多数人的利益为侵犯客体的犯罪。具体包括刑法分则第二章危害公共安全罪，第三章破坏社会主义市场经济秩序罪与第六章妨害社会管理秩序罪。但是这些犯罪并不都存在成立事后自动恢复的空间，需要做进一步的探讨。

（一）危害公共安全罪中的事后自动恢复问题

危害公共安全罪是指，故意或者过失地实施危害不特定多数人的生命、健康或者重大公私财产安全的行为。危害公共安全罪所保护的法益是公共安全，即不特定多数人的生命、身体的安全以及公众生活的平稳与安定。在危害公共安全罪中，笔者重点讨论理论界一直存在争议的刑法第116条、第117条、第118条以及第119条中行为人是否能够存在事后自动恢复的问题以及持有

类犯罪能否成立事后自动恢复的问题。

刑法第116条规定了破坏交通工具罪。该罪是指故意破坏火车、汽车、电车、船只、航空器，足以使其发生倾覆、毁坏危险的行为。第117条规定了破坏交通设施罪，即故意破坏轨道、桥梁、隧道、公路、机场、航道、灯塔、标志或者进行其他破坏活动，足以使火车、汽车、电车、船只、航空器发生倾覆、毁坏危险的行为。第118条规定了破坏电力设备罪与破坏易燃易爆设备罪。破坏电力设备罪，即故意破坏电力设备，危及公共电力安全的行为；破坏易燃易爆设备罪，即故意破坏燃气或者其他易燃易爆设备，危害公共安全的行为。第119条规定了上述四种犯罪的既遂后造成严重后果的法定刑。可见第116—118条的犯罪只要足以造成危险，即行为人的行为导致了刑法规定了危险状态出现后，行为就构成既遂。在此情况下如果行为人采取有效措施，避免了第119条的严重后果的情况的，笔者认为成立事后自动恢复。这很好地解决了理论界长期以来对于这种情况属于何种性质的争议（前文已述，在此不再赘述），并且对于行为人而言，如果仅仅是造成危险状态，继而行为人采取行为立即恢复的，实在没有必要判处过重的法定刑。

（二）持有型犯罪中是否存在成立事后自动恢复的空间

刑法上的持有，是指行为人对于特定物品事实上或者法律上的控制。这里的"控制"包括身体直接控制、利用他人控制和利用他物控制三种情形。以持有作为行为方式的犯罪，就是持有犯。我国刑法分则规定了一些持有犯罪，典型的如非法持有、私藏枪支、弹药罪；非法持有毒品罪；非法持有国家绝密、机密文件、资料、物品罪；非法携带武器、管制刀具、爆炸物参加集会、游行、示威罪等。关于"持有"的属性，理论界存在不同观点。作为说认为，持有违反禁止性规范，因而属于作为。不作为说认为，行为人有义务将所持有的物品上交给国家有关部门，应当上缴而不上缴，违反了命令性规范，因而，持有属于不作为。行为类型说认为，持有属于一种与作为、不作为并列的、独立的第三种危害行为基本表现形式。笔者赞同作为说。主要理由在于：首先，持有行为的特殊性并没有超出作为与不作为这两种危害行为的基本表现形式所能够涵盖的范围。持有违反禁止性规范，即不应当持有而持有，其属性完全符合作为"不应为而为之"的特征。其次，持有不属于不作为。不作为的基本特征是"应为而不为之"。刑法之所以将上述单纯的持有行为规定为犯罪，原因在于这些物品具有极大的社会危害性，因而将单纯的持有行为也规定为犯罪。

对于行为人犯"持有型"犯罪，而后又全部上缴的行为如何定性，有学者认为，即使持有人将这些物品上缴给国家有关部门，也不影响犯罪的成立，上缴的行为属于自首行为。[①] 笔者认为，上述行为属于事后自动恢复，并非单纯意义上的自首行为。因为根据我国刑法规定，成立自首需要同时具备自动投案、如实供述自己的罪行两个条件。但是自首的成立并不以法益的恢复为构成条件。持有型犯罪的犯罪人只要自动投案并且如实供述了自己持有刑法规定的禁止持有的物品的就构成自首，并不需要自动的上缴行为。那么在行为人自首后又主动上缴的行为可以认定为存在自首与事后自动恢复两个从宽的情节，对行为人适用刑罚时都应当予以考虑。

（三）破坏社会主义市场经济秩序罪中的事后自动恢复问题

破坏社会主义市场经济秩序罪，是指违反国家市场经济管理

---

① 参见赵秉志、鲍遂献等:《刑法学》，北京师范大学出版社 2010 年版，第 151 页。

法规，在市场经济运行或经营管理活动中进行非法活动，严重破坏社会主义市场经济秩序的行为。刑法规定本类犯罪，是出于保护社会主义市场经济秩序的目的。市场经济秩序，是指由市场经济活动所必须遵循的经济准则与行为规范所调整的模式、结构及有序状态。经济秩序本质上是社会经济利益的直接或者间接的表现，一定的经济秩序总是作为维系相应的经济利益格局而存在的；经济利益的任何调整和变动，都将导致经济秩序状态某种程度的变化。因此，可以认为，破坏社会主义市场经济秩序犯罪最终侵犯的是国家、社会与市场主体的经济利益。[①] 从刑法的规定上看，社会主义市场经济秩序包括正当竞争秩序，对外贸易秩序，对公司、企业的管理秩序，金融管理秩序，税收征管秩序以及市场活动秩序。因为本章的犯罪绝大多数都是侵犯经济利益的犯罪，而经济利益是可以用金钱进行衡量与估算的，所以大多数存在成立事后自动恢复的空间。比如金融诈骗犯罪、危害税收征管犯罪，只要行为人实施犯罪之后，在被追诉之前，主动退还诈骗所得、积极缴纳相应税款的，就能够成立事后自动恢复。此外，司法解释对信用卡诈骗罪的"恶意透支"的行为，规定了被动恢复的刑罚适用原则，那么对这类犯罪主动恢复的情况更应该从宽处理。对逃税罪，刑法明确规定了事后自动恢复的"免责条款"，这表明了刑法对于经济犯罪的事后自动恢复行为是认可的。

（四）妨害社会管理秩序罪中的事后自动恢复问题

妨害社会管理秩序罪，是指违反国家法律法规，故意或者过失妨害国家机关对社会的管理活动，破坏社会秩序，情节严重的行为。刑法出于保护社会秩序的目的，设立了此类犯罪。作为本类犯罪法益的社会管理秩序，是指社会生活所必须遵守的行为准

---

① 参见张明楷:《刑法学》（第四版），法律出版社 2011 年版，第 644 页。

则与国家管理活动所调整的社会模式、结构体系和社会关系的有序性、稳定性与连续性。人类并不仅仅满足于能够生存下去的状态，相反具有从混乱走向秩序的倾向。但是秩序的形成与维护也需要规范，一定的社会秩序总是与一定的行为准则相联系；秩序的形成与维护也需要管理，一定的社会秩序总是依赖于一定的管理活动。公民遵守行为准则与国家从事管理活动，是维护社会秩序的基本条件。因此，从某种意义上来说，社会秩序与社会管理秩序是同义词。社会管理秩序是外延极为广泛的概念，广义的社会管理秩序，包括社会任何方面的秩序。从广义上讲，刑法规定的任何犯罪都是从不同的角度、不同程度地侵犯了一定的社会管理秩序，但是，由于刑法将侵害或者破坏国家安全、社会公共安全、市场经济、公民权利、财产关系、职务行为廉洁性、国防利益、国家机关正常活动、军事利益等社会秩序的犯罪列入刑法分则其他章节，故本章所规定的犯罪侵犯的社会管理秩序，可谓是一种狭义的社会管理秩序。即包括社会公共秩序、司法秩序、国（边）境管理秩序、文物管理秩序、公共卫生管理秩序、环境资源管理秩序、毒品管制秩序、社会风化管理秩序。本章罪名又可以划分为9大类，即扰乱公共秩序罪，妨害司法罪，妨害国（边）境管理罪，妨害文物管理罪，危害公共卫生罪，破坏环境资源保护罪，走私、贩卖、运输、制造毒品罪，组织、强迫、引诱、容留、介绍卖淫罪，制作、贩卖、传播淫秽物品罪。限于篇幅，笔者就其中比较重要的罪名进行分析，探析事后自动恢复的成立范围。

1. 伪证罪

伪证罪，是指在刑事诉讼中，证人、鉴定人、记录人、翻译人对与案件有关的重要关系的情节，故意作虚假证明、鉴定、记录、翻译，意图陷害他人或者隐匿罪证的行为。本罪的客体是司法机关的正常活动。笔者认为，司法机关的正常活动存在可以恢复的空间。如果刑事诉讼中，证人、鉴定人、记录人、翻译人在司法机关作出最终决定前，出于自愿，撤销其伪证的，构成事后自动恢复。关于伪证罪的事后自动恢复，国外一些国家如克罗地亚等已经在刑法典中予以了明确规定。

2. 组织、领导、参加黑社会性质组织罪

组织、领导、参加黑社会性质组织罪，是指组织、领导、参加黑社会性质组织的行为。本罪的客体是社会治安管理秩序。秩序具有可恢复性的特点。根据法律和相关司法解释的规定，对于参加黑社会性质的组织，没有实施其他违法犯罪活动的，或者受蒙蔽、胁迫参加黑社会性质的组织，情节轻微的，则可以不作为犯罪处理。那么对于仅仅参加黑社会性质的组织，没有实施其他违法犯罪活动的，或者受蒙蔽、胁迫参加黑社会性质的组织后，行为人自己自动退出的，对社会治安管理秩序起到了恢复作用，构成事后自动恢复。应该不作为犯罪处理。

3. 妨害公务罪

妨害公务罪，是指以暴力、威胁的方法阻碍国家机关工作人员依法执行职务，阻碍人大代表依法执行代表职务，阻碍人大代表依法履行职责的行为，故意阻碍国家安全机关、公安机关依法执行国家安全任务，未使用暴力或者威胁方法，造成严重后果的行为。笔者认为，行为人在相关部门介入前自动放弃阻碍国家机关工作人员、人大代表、红十字会工作人员以及人民警察依法履行职务的活动的，可以构成事后自动恢复。对国家安全机关、公安机关依法执行国家安全任务行为人阻止的，只有在造成严重后果的情况下，才成立本罪，所以在这种情况下，对于严重后果行为人能够通过自动恢复予以消除的，也可以认定为本罪的事后自动恢复。总之，大部分秩序作为法益与财产一样，具有可恢复性，大部分妨害社会管理秩序的犯罪可以通过行为人的自愿作为得到一定程度的恢复。

四、侵犯国家权益犯罪中是否存在事后自动恢复

侵犯国家权益的犯罪，主要是指刑法分则第八章贪污贿赂犯罪和第九章渎职犯罪所规定的犯罪。根据国家权益的不同，侵犯国家权益的犯罪又可以详细划分为侵害国家安全之犯罪与侵害国家权力作用之犯罪。所谓侵害国家安全之犯罪，系指该犯罪行为直接且明显地侵害或危及国家安全及其存续。侵害国家权力作用之犯罪，则系指该犯罪行为固然未明显而直接地侵害或危及国家安全及其存续，但是却对国家公权力之行使或多或少造成了障碍。行为人实施的犯罪侵害了国家权益，能否通过自己积极有效的行为实现恢复呢？在这部分，笔者主要分析贪污犯和受贿罪是否能够成立事后自动恢复的问题。因为贪污罪、受贿罪侵害的法益具有特殊性，所以不能简单地对贪污罪、受贿罪是否存在事后自动恢复的空间下结论。笔者打算通过一个典型的案例的分析，对贪污罪、受贿罪是否存在成立事后自动恢复的可能进行探讨。

（一）贪污罪

贪污罪，是指国家工作人员利用职务上的便利侵吞、窃取、骗取或者以其他手段非法占有公共财物的行为。贪污罪的客体为复杂客体，即同时侵犯了公务行为的廉洁性与相关单位的财产所有权。对于贪污罪，因为该犯罪是侵犯国家权益的犯罪，并非简单的侵犯公共财产的犯罪，因此不能简单地判定是否能够自动恢复，所以笔者打算通过对典型案例进行分析，对贪污罪能否成立事后自动恢复进行探讨。

李某某贪污受贿案大致案情如下：

被告人李某某，男，1950年10月8日出生，原系首都机场集团公司董事长、法定代表人，曾任北京首都国际机场副总经理、北京首都国际机场集团公司总裁，曾兼任北京首都国际机场股份有限公司董事长、北京首都机场建设投资有限公司董事长。2008年2月4日，因涉嫌受贿罪被逮捕。

2008年12月24日被告人李某某涉嫌贪污、受贿犯罪一案由济南市人民检察院依法向济南市中级人民法院提起公诉。

被告人李某某犯罪事实如下：（1）贪污罪。2000年至2003年，被告人李某某利用担任北京首都国际机场集团公司总裁（总经理）、北京首都国际机场股份有限公司董事长职务上的便利，借北京首都机场集团公司和北京首都国际机场股份有限公司委托中国民族国际信托投资公司和北京北广联经济开发有限公司理财之机，先后3次私自转走理财款累计人民币8250万元，并采取降低理财利率、固定收益，多列亏空等手段做平账处理，使该款项完全脱离北京首都机场集团公司和北京首都国际机场股份有限公司的控制，而由其个人使用或者实际控制，但是，在案发前，其贪污罪名所涉款项都以撤资等形式收回公司的账上。

（2）受贿罪。被告人李某某在担任北京首都国际机场副总经理，北京首都国际机场集团公司副总经理、总裁、总经理，北京首都国际机场股份有限公司董事长、北京首都机场建设投资有限公司董事长期间，于1995年1月至2003年11月间，利用职务上的便利，为他人谋取利益，索取、非法收受陈某某、麦某某、北京北广联经济开发有限公司等6人和单位财物共计折合人民币2661.44万元。2009年1月21日，济南市中级人民法院依法组成合议庭，公开审理了此案。法庭审理认为：被告人李某某身为国家工作人员，利用职务便利，贪污公款8250万元，数额特别巨大，其行为已构成贪污罪；李某某利用职务便利，为他人谋取利益，收受、索取他人财物折合人民币 2661.44 万元，其行为已构成受贿罪。检察机关指控被告人李某某犯贪污罪、受贿罪事实清楚，证据确实、充分，指控罪名成立。李某某贪污数额特别巨大，情况特别严重，依法应当判处死刑，鉴于其贪污赃款已经全部退缴，对其判处死刑，可不立即执行；李某某受贿数额特别巨大，具有索贿情节，给国家造成特别重大经济损失，犯罪情节特别严重，虽然有近亲属代为退缴受贿赃款的情节，但不足以从轻处罚，应依法严惩。

2009 年 2 月 6 日，山东省济南市中级人民法院依照《中华人民共和国刑法》第 382 条第 1 款、第 385 条第 1 款、第 386 条、第 383 条第 1 款第 1 项、第 69 条、第 57 条第 1 款、第 48 条、第 59 条、第 61 条、第 64 条之规定，作出如下判决：

（1）被告人李某某犯贪污罪，判处死刑，缓期 2 年执行，剥夺政治权利终身，没收个人全部财产；犯受贿罪，判处死刑，剥夺政治权利终身，没收个人全部财产；决定执行死刑，剥夺政治权利终身，没收个人全部财产。

（2）追缴在案的被告人李某某犯罪所得人民币 10894.7 万元中的 8250 万元发还首都机场集团公司，余款 2644.7 万元依法上缴国库。

一审宣判后，李某某以量刑过重为由提出上诉。二审法庭审理认为，原审判决认定事实清楚，证据确实、充分，定罪准确，量刑适当，审判程序合法，关于上诉人李某某及其辩护人所提"李某某有自首、立功表现，且已退赔全部涉案赃款，认罪态度好，可从轻处罚"的上诉理由和辩护意见不能成立，李某某在二审期间揭发他人犯罪的线索，经查不能构成立功。2009 年 7 月 6 日，山东省高级人民法院依照《中华人民共和国刑事诉讼法》第

189 条第 1 项、第 199 条之规定，作出如下裁定：驳回上诉，维持原判，依法报请最高人民法院核准死刑。2009 年 7 月 31 日，最高人民法院裁定核准山东省高级人民法院维持第一审对被告人李某某以贪污罪判处死刑，缓期 2 年执行，剥夺政治权利终身，没收个人全部财产；以受贿罪判处死刑，剥夺政治权利终身，没收个人全部财产，决定执行死刑，剥夺政治权利终身，没有个人全部财产的刑事裁定。[①]

　　上述案例是贪污受贿犯罪中的一个影响很大的经典案例。当时李某某的辩护律师认为，李某某被指控的犯罪行为并没有给首都机场集团公司带来经济损失，因为其贪污罪名所涉款项都以撤资等形式收回公司的账上。其受贿行为也并没有给公司造成特别重大的经济损失。李某某已经全额退还贪污和受贿的所有赃款。同时，其家属已经代其主动退赃，根据最高人民法院的司法解释，被告人亲属应被告人的请求，或者主动提出并征得被告人的同意，自愿代被告人退赔部分或者全部违法所得的，法院可视为被告人主动退赔，酌情从宽处罚。所以，请求法院从轻处罚。但是从最后判决结果可以看出法院并没有采纳上述辩护意见。

　　李某某案审理时，《刑法修正案（九）》并没有出台，按照当时刑法关于贪污受贿犯罪的规定，对于贪污犯罪被告人在案发前就归还了贪污所涉及的款项的情况并没有明确处罚的原则。笔者认为，第一，李某某的归还行为发生在案发之前，符合事后自动恢复的时空条件——被追诉之前；第二，李某某的归还行为是出于自愿而为之，并且其归还行为的意思在刑法上是合法的，符合事

---

① 参见柴建民：《李某某贪污受贿案》，载 110 法律咨询网，http://www.110.com/ziliao/article-319447.html，2014 年 3 月 1 日访问。

后自动恢复成立的主观条件——自动性；第三，李某某实施了归还的行为，其行为符合事后自动恢复成立的行为条件——积极的恢复行为；第四，李某某的归还行为对法益起到了部分的恢复作用，因此符合事后自动恢复成立的结果行为——有效性；第五，李某某的恢复行为是因其之前的犯罪行为所引起的，所以符合事后自动恢复与已然犯罪之间的关系——因果性。通过上述分析可知，李某某的行为符合事后自动恢复行为的全部成立条件，其归还行为成立对贪污罪部分的事后自动恢复。之所以得出这样的结论，理由如下：

贪污罪的犯罪客体是复杂客体，即同时侵犯了职务行为的廉洁性与相关单位的财产所有权。刑法设立贪污罪的目的，重点是出于保护职务行为的廉洁性，相关单位的财产所有权仅为贪污罪的次要客体。详言之，现行刑法将贪污罪置于贪污贿赂罪一章中，这说明刑法设立本罪的目的主要在于保护职务行为的廉洁性；刑法没有将该罪设置在侵犯财产犯罪中，表明立法者规定本罪的主要目的不在于保护公共财产。在 1979 年刑法中，贪污罪属于侵犯财产罪，贿赂罪属于渎职罪。现行刑法为了突出对贪污贿赂犯罪的惩罚，将其规定为独立的一类犯罪。因此，贪污罪的主要客体也就转变为职务行为的廉洁性。对李某某的上述行为以及相关的贪污案件而言，即使行为人在被追诉前，自愿退还贪污款项的，其行为所恢复的法益也仅为贪污罪所保护的法益中的相关单位的财产所有权。贪污罪的主要客体——职务行为的廉洁性一经侵犯就不能够恢复，所以对于贪污罪而言，仅仅存在成立部分事后自动恢复的空间。相应地，对贪污罪事后自动恢复的从宽处罚幅度也是非常有限的。对笔者的这种观点，2015 年 8 月通过的《刑法修正案（九）》在对贪污受贿罪的法定刑作出修改时予以了肯定，将刑法第 383 条修改为："对犯贪污罪的，根据情节轻重，分别依照下列规定处罚：……犯第一款罪，在提起公诉前如实供述自己的罪行、真诚悔罪、积极退赃，避免、减少损害结果发生，有第一项规定情形的，可以从轻、减轻或者免除处罚；有第二项、第三项规定情形的，可以从轻处罚。"可见，该条文承认了贪污受贿犯罪存在部分事后自动恢复的空间。

（二）受贿罪

受贿罪是指国家工作人员利用职务上的便利，索取他人财物，或者非法收受他人财物为他人谋利的行为。关于受贿罪的法益，刑法学界存在争议。自 1979 年刑法颁布以来，我国刑法理论界关于受贿罪的法益（客体）主要存在以下几种观点：第一种观点认为，受贿罪侵犯了国家机关的正常管理活动，即正确执行国家机关对内对外职能任务的一切活动。这种观点在较长时间内是我国刑法学界的通说，不过该观点的缺陷在于，"国家机关的正常管理活动"的范围很难确定。第二种观点认为，受贿罪的法益除国家机关、企业、事业单位、军队、团体的正常活动之外还包括公司财产所有权。[1]第三种观点认为，国家机关、集体经济组织和其他社会组织体公务活动（简述为国家和社会管理公务）的正常进行及公务的声誉为受贿罪之基本法益，除此之外包括社会经济管理秩序和公私财产所有权。[2]第四种观点认为，受贿罪的法益是国家工作人员职务行为的廉洁性。[3]廉洁性说为我国刑法学界通说，但是持廉洁性说的学者表述并不相同：有学者表述为职务行为的廉

---

① 参见刘白笔、刘用生：《经济刑法学》，群众出版社 1989 年版，第 504 页。
② 参见韩建国、韦亚力：《受贿罪客体新论》，载《法学研究》1991 年第 3 期。
③ 参见高铭暄、马克昌：《刑法学》（第四版），北京大学出版社、高等教育出版社 2010 年版，第 709 页。

洁性，^①还有学者将其表述为公务人员的廉洁制度。^②不过廉洁性说究竟是以何种学说为立场（不可收买说、纯洁性说），尚不明确。^③

上述关于受贿罪法益的争论，并非仅仅在于形式意义。对法益的不同理解，必然导致对于受贿罪构成要件的不同理解，进而影响受贿罪的事后恢复行为的认定。比如，认为受贿罪的法益是职务行为的不可收买性，那么"不正当利益"就应当包括利益本身不正当和手段不正当，利益正当两种类型。对于行为人而言，即使基于正常职务行为收取一定的报酬的仍然构成受贿罪。如果采取以纯洁性说（即公正性说）为立场的廉洁性说，就会得出"不正当利益"即利益本身不正当，那么如果行为人就正当职务行为收取一定报酬的，就不构成受贿罪。从世界各国刑法的规定来看对单纯受贿罪均持肯定立场，即公务员是否因受贿而违反职务上的义务，并非受贿罪的成立要件，但对于这些纯洁性说显然无法应对。

笔者认为，受贿罪所保护的法益应该是国家工作人员职务行为的不可收买性。换言之，即国家工作人员职务行为的不可交换性。这种法益是超个人法益。国家工作人员行使职务行为的宗旨在于为国民服务，具体表现为保护和促进各种法益，由于国家工作人员的职务行为已经取得了正当的报酬，故不能再从公民或者其他单位手里再次收取职务行为的报酬。国家工作人员理所应当要合法、公正地实施职务行为。古今中外的客观事实表明，职务行为的合法性、公正性首先取决于职务行为的不可收买性，如果职务行为可以任意地进行交换，那么职务行为就成为为特定人服务的行为，以损害他人利益为基础，进而使公民丧失对职务行为公正性和国家机关本身的信赖，阻碍国家机关正常活动的开展。

---

① 参见马克昌：《刑法理论探索》，法律出版社1995年版，第255页。
② 参见赵长青：《经济犯罪研究》，四川大学出版社1997年版，第563页。
③ 参见张明楷：《刑法学》（第四版），法律出版社2011年版，第1061页。

所以，不可收买性应当包含职务行为本身的不可收买性以及国民对于职务行为不可收买性的信赖。①

在受贿罪中另外一个存在争议的问题是，构成受贿罪是否应当真正"为他人谋取利益"。换言之，"为他人谋取利益"是客观要素还是主观要素。对此刑法学界存在两种观点，即主观要件说与客观要件说。主观要件说认为，"为他人谋取利益"是受贿罪与行贿罪双方当事人达成的一种心理默契。针对受贿一方而言，"为他人谋取利益"只是受贿一方的一种主观的心理态度，因此"为他人谋取利益"符合主观要件的属性。②主观要件说虽然有一定的道理，但是存在值得商榷之处。首先，从刑法对于受贿罪的规定来看，"为他人谋取利益"不符合主观要素的表述体例。其次，根据主观要件说会把国家工作人员"虚假许诺行为"（受贿人事先做虚假承诺，进而收取财物的行为）排除在受贿罪之外，导致受贿罪的处罚范围被人为地缩小，不利于司法实践打击受贿犯罪。③最后，不能将许诺简单认为是受贿一方的一种主观的心理态度，从而认为"为他人谋取利益"属于受贿罪的主观要件，因为许诺本身也是行为的一种，可以明示作出亦可以是默示作出。

客观要件说是目前我国刑法学界的通说。该说与主观要件说相反，认为"为他人谋取利益"是受贿罪成立的客观要件。笔者原则上赞同客观要件说。原因如下：国家工作人员在收受了财物

①　参见张明楷：《刑法学》（第四版），法律出版社 2011 年版，第 1064 页。
②　参见喻伟：《刑法学专题研究》，武汉大学出版社 1992 年版，第 508 页。
③　当然，虚假的许诺是有条件限制的。张明楷教授认为，虚假许诺能否构成受贿罪是有条件限制的：第一，必须在收受财物后作虚假许诺。第二，许诺的内容必须与国家工作人员的职务有关系，如果根本不具备这样的职权，欺骗他人的，原则上构成诈骗罪。第三，收受的财物与许诺的职务行为之间形成交换的对价关系。参见张明楷：《论受贿罪中"为他人谋取利益"》，载《政法论坛》2004 年第 5 期。

的同时就已经侵害了职务行为的不可收买性，也就是说只要行为人存在为他人谋利的许诺，并且收受了财物的行为就构成受贿罪的既遂，而不要求行为人必须为请托人谋取到了利益才构成受贿罪的既遂。相关司法解释也持客观要件说。2003 年 11 月 13 日最高人民法院《全国法院审理经济犯罪案件工作座谈会纪要》规定："为他人谋取利益包括承诺、实施和实现三个阶段的行为。只要具有其中一个阶段的行为，如国家工作人员收受他人财物时，根据他人提出的具体请托事项，承诺为他人谋取利益的，就具备了为他人谋取利益的要件。明知他人有具体请托事项而收受其财物的，视为承诺为他人谋取利益。"之所以说原则上赞同客观要件说，原因在于，客观要件说无法包含目前社会上比较普遍的"感情投资行为"。有些人在贿赂国家工作人员时，并非当时有事相求，而是采取一种所谓放长线的感情投资，目的在于以后需要的时候用之。这种情况下，双方对于此事均心照不宣。法律规定对此类行为无法予以制裁，人民群众对此类事情深恶痛绝，不以受贿处罚实则是在放纵犯罪。而且将为他人谋取利益作为客观要件，不符合客观要件表述的体例，同时违背了刑法禁止重复评价的原则，引起了法条之间的冲突，造成了司法实践中对于受贿罪既遂、未遂评价的严重混乱。[①] 鉴于此，我国在将来修改刑法时，应该参照其他先进国家立法体例，考虑取消受贿罪中以"为他人谋取利益"的构成要件。

　　受贿人许诺为他人谋利且收受财物之后，在被追诉之前，受

　　[①] 既然将"为他人谋利"作为受贿罪的客观要件，那么受贿罪的成立就必须同时具备双重行为：一是非法收受贿赂，二是为他人谋取利益。然而持客观要件说的学者又认为，受贿罪既遂的标准应该以是否收受财物作为标准，这样的观点显然有违刑法理论。参见陈兴良、周光权:《刑法学的现代展开》，中国人民大学出版社 2006 年版，第 685-686 页。

贿人将其受贿所得返还或者上交的行为是否能够成立事后自动恢复呢？笔者认为，该行为成立部分的事后自动恢复。原因在于：受贿罪的法益是职务行为的不可收买性，受贿人返还、上交行为是对先前被收买的行为的恢复。不过，对于不可收买性中的国民对职务行为不可收买性的信赖而言，不足以恢复。所以只能认为上述行为部分恢复了受贿罪的法益。值得探讨的是，如果行为人为行贿人谋取到了利益后，又将受贿所得返还或者上交的行为，是否构成事后自动恢复的问题。笔者认为，这种情况只能认定为行为人的行为对于受贿罪的法益起到了部分的恢复作用，在量刑时应当与前述情况有所区别，对这种情况在量刑时作为酌定的量刑情节予以考虑是比较合适的。综上，与贪污罪相同，受贿罪作为侵犯国家权益的犯罪，能恢复的部分仅限于先前被收买的行为，其职务不可收买性中的国民对于职务行为不可收买性的信赖部分是不能恢复的。

鉴于此，对于贪污罪和受贿罪而言，因其保护法益的特殊性，行为人即使在被追诉前，自愿退还贪污罪款项、自愿退还受贿所得款项的，对法益也只起到了次要的恢复作用。其侵犯的主要法益因为涉及国家权益，都不具有可恢复性。不过承认贪污罪、受贿罪存在成立部分事后自动恢复的空间是合理的。因为对于贪污罪而言，承认其存在部分的事后自动恢复的空间可以避免造成公共财产的损失；对于受贿罪而言，可以避免造成更为严重的亵渎职权的行为，其积极意义显而易见。目前，相关司法解释规定对贪污罪、受贿罪的赃款赃物全部或者大部分追缴的情况下，明确贪污罪存在这种情况下一般应当考虑从轻处罚，受贿罪存在这种情况可以酌情从轻处罚。上述司法解释是关于两罪部分事后被动恢复的规定，那么对两罪的部分的事后自动恢复的行为，更应该从宽处理。目前对于贪污罪和受贿罪设置有死刑刑罚，因为目前在我国废除贪污罪、受贿罪死刑的条件还不成熟，因此多数学者的建议是目前对于贪污罪和受贿罪应该在司法实践中减少死刑的适用，《刑法修正案（九）》终身监禁的设立也是本着减少死刑适用的理念。所以，对存在事后自动恢复行为的贪污罪、受贿罪的犯罪人除造成极其严重的后果外，应当排除死刑的适用。

在本节的最后，笔者再对李某某案的判决结果谈谈自己的感受。李某某贪污数额为8250万元，受贿数额为2661.44万元。无论是贪污数额还是受贿数额，都特别巨大，情节特别严重，如果不考虑其他情节的话，论罪应当判处死刑。不过李某某贪污的部分，在案发前已经全部予以退还，构成贪污罪的部分的事后自动恢复。其受贿的部分，在案发后其亲友也积极主动地予以全部退还，根据相关司法解释的规定，视为本人主动退还，应当酌情予以从轻处罚。除此之外，李某某还具有自首等法定从宽情节。最终李某某被判处死刑立即执行。而同样是在2009年下半年宣判的"陈某某受贿案"，被告人陈某某在1999年至2007年6月间，利用其担任中国石油化工集团公司副总经理，总经理和中国石油化工股份有限公司副董事长、董事长的职务便利，在企业经营、转让土地、承揽工程等方面为他人谋取利益，收受他人财物共计人民币1.9573亿元。①本案中，陈某某的受贿数额特别巨大，情节特别严重，论罪应当判处死刑立即执行，但是法院考虑到其具有自首、退赃、检举他人等法定与酌定的量刑情节，最后判处陈某某死刑缓期两年执行，剥夺政治权利终身。对陈某某的判决充分考虑了法定与酌定的从宽情节，充分贯彻了宽严相济的刑事政策。相比之下，李某某案的判决结果是否合适有待进一步研究探讨。

① 参见彭新林：《酌定量刑情节限制死刑适用研究》，法律出版社2011年版，第294页。

第三节　共同犯罪中的事后自动恢复

一、我国共同犯罪事后自动恢复理论及其问题

　　这是一个关于共同犯罪事后自动恢复的案例。李某与汪某合谋盗窃。夜里，李、汪两人偷偷潜入被害人张某家中，李某实施盗窃，汪某辅助帮忙把风，最终盗窃现金 4 万元，李某分得 3 万元，汪某分得 1 万元。后来汪某非常害怕，建议李某将盗窃的现金送还张某，李某不同意。汪某见说服不了李某，就将自己分得的 1 万元悄悄送还到张某家中。显然，这是一起典型的共同犯罪。全案构成盗窃罪既遂。对于汪某盗窃数额的认定，理论上和司法实践通说观点认为，共同犯罪需要整体认定，表现为将二人以上的行为作为整体进行判断。① 按照传统理论会得出这样的结论：共同犯罪的事后自动恢复要求行为人有效实施相应行为，促使共同犯罪人也实施事后自动恢复行为。此案中，由于汪某没有促使李某也实施事后自动恢复行为，那么数额就需要整体认定，即盗窃数额应该认定为 4 万元。对于汪某的事后部分归还行为，可以在处罚时作为从宽的情节适当考虑。

　　按照通说观点，对汪某的事后自动恢复行为，法官将其作为酌定的从宽的量刑情节在裁判时加以考虑，表面上看似乎解决了共犯事后自动恢复适用刑法的问题，但是如果仔细斟酌推敲，这其中的不合理之处也非常明显。因为将汪某盗窃后归还盗窃财物的行为视为酌定量刑情节而处罚，缺乏必要的法律条文的规定，

---

① 参见张明楷:《刑法学》(第五版)，法律出版社 2016 年版，第 380 页。

需要依靠审判人员在这方面的法律意识的强弱来实现从轻处罚，且将盗窃罪的数额确定为4万元虽然符合传统共同犯罪的理论，但是对汪某而言，其毕竟已经在案发之前主动归还了所分得的1万元，对于汪某的盗窃数额认定为4万元欠妥。

我国传统共同犯罪理论在贯彻刑法罪责刑相适应原则方面存在明显不足，这是由我国共同犯罪理论存在瑕疵所导致的。

首先，对共同犯罪的"共同性"过分强调，坚持一人既遂全体既遂的理念，否定整个犯罪中任何犯罪人有可能出现的其他犯罪停止形态。按照这一标准，在共同犯罪中只要犯罪达到既遂的情况下，共同犯罪人就应当对共同犯罪所出现的所有后果承担刑事责任。通说观点立足于"罪"，以共同犯罪中的一致性作为出发点，但是结果会导致忽视共同犯罪人不同的行为以及犯罪既遂后行为人行为的多样性。这种针对共同犯罪的犯罪完整形态理论十分重视整体性结果，会得出否认部分共同犯罪人的中止与部分共同犯罪人的事后自动恢复行为存在的结论，只有在共同犯罪人能够阻止共同犯罪中其他人继续实施犯罪最终阻止犯罪完成的，才能够考虑成立犯罪中止。对于事后自动恢复的成立，按照通说也只能是在全案行为人全体实施事后自动恢复并且有效恢复被害法益的情况下才有存在的空间。这种过分强调共同犯罪共同性的通说，忽视了共同犯罪人之间的"个性"，不当缩小了共同犯罪的行为人成立犯罪中止和事后自动恢复的范围，不利于鼓励共同犯罪的行为人实施犯罪中止与事后自动恢复行为，及时中止犯罪和恢复被害法益。

其次，传统观点对于共同犯罪中教唆犯、从犯机械强调其从属性，不区分具体情况将其视为附属于实行犯的共同犯罪人类型，这也是只注重共同犯罪整体性忽视犯罪人自身独立性的表现。确实教唆犯和从犯的犯罪行为属于何种性质的认定上，应当适当参考实行犯的犯罪行为，但是作为相对独立的个人，教唆犯、从犯也不可能完全依附于实行犯的行为。鉴于此，有学者提出，在共同犯罪中，适当地承认和突出共同犯罪人个体的独立性是必要和符合事实的。换言之，共同犯罪人之间的差异和独立性本就是客观存在的事实，不同的仅是程度上存在差异而已。既然独立性是客观事实，那么在把握共同犯罪停止形态上就不宜搞"一刀切"，应当分清情况认定和把握共同犯罪中犯罪中止等停止形态。[①] 同理，在共同犯罪既遂后，共同犯罪人的行为也是千差万别的，在部分犯罪人存在事后自动恢复行为时，也需要充分区别和加以考虑。

最后，没有充分考虑各个犯罪人在共同犯罪中所体现出来的地位与作用，苛求共同犯罪人成立犯罪中止、事后自动恢复等行为的成立标准，不分情况一律设置为必须能够改变别人的行为。实践中绝大多数的情况是，在共同犯罪中各共同犯罪人之间特别是从犯、教唆犯等在一些共同犯罪中所起的作用很小，无法使其他行为人实施中止、事后自动恢复等行为。

二、脱离共犯关系：共犯部分事后自动恢复的理论尝试

对于共同犯罪人中存在事后自动恢复行为的处理，采取"脱离共犯关系理论"能够合理解释共同犯罪中部分犯罪人事后自动恢复的问题。该理论源自日本刑法学者的主张，能够较好地统一共犯的理论基础，对各共同犯罪人的关系以及部分共同犯罪人出现中止、事后自动恢复行为对共犯关系的影响、共犯的量刑问题能够给出合理的解释。相比我国部分学者提出的因果关系"切断"

[①] 参见于同志、陈伶俐：《共同犯罪中止新论》，载《人民司法》2007年第2期。

说、原因力"消除"论、阻止先前行为"被利用"论、行为"解除消除"危害论等，其理论体系更为系统全面。① 不过，由于"脱离共犯关系理论"最初是为了解决共犯中部分共同犯罪人的中止情形，所以在我国现有的刑法框架下，还需要在此基础上综合运用事后自动恢复理论将其上升至立法层面。

（一）脱离共犯关系的理论内涵

日本刑法学家大塚仁最早提出脱离共犯关系理论。旨在解决共同犯罪中的中止问题，不过却没有涉及防止损害结果发生的行为人的刑事责任问题。② 从这个角度看，该理论是为了解决准中止犯的问题。这一理论的主要内容体现在以下几个方面：

1. 立足于因果共犯论的脱离共犯关系概念。因果共犯论的主要内容是：共同犯罪中的行为人之所以受到处罚的原因在于，其加功行为通过他人的实行行为而与犯罪未遂或者犯罪既遂产生了刑法上的因果联系。换言之，在加功行为与犯罪未遂或者既遂不存在因果性或者因果性被切断的情况下，加功者对整个犯罪未遂或者既遂不负刑事责任。正如日本刑法学者西田典之所主张的："因果关系在共犯人之间得到扩张，即使是由其他共犯人的行为所产生的结果，也如同自己的行为所产生的结果那样，承担相同的责任。"③ 依据因果共犯论，共同犯罪是行为人的行为共同作用于犯罪发生的犯罪。虽然各个共同犯罪人出于不同的原因实施了犯罪行为，但是从效果上分析，不同的原因都与犯罪发生之间产生了物理的或者是心理的因果性。

2. 所谓共犯关系的脱离，是指在已然成立共犯关系的情况下

---

① 参见袁彬：《准中止犯研究》，中国法制出版社 2015 年版，第 272 页。
② 参见张明楷：《外国刑法纲要》，清华大学出版社 1999 年版，第 334 页。
③ ［日］西田典之：《日本刑法总论》，刘明祥、王昭武译，法律出版社 2007 年版，第 279 页。

至犯罪达到既遂之前，共同犯罪中的部分犯罪人主动切断与共同犯罪的关系，退出共同犯罪行为，其他共同犯罪人继续实施犯罪并且达到犯罪既遂的情况。[①] 在内容上，脱离是指行为人与原来的其他参与共同犯罪的犯罪人脱离了原本建立的共同犯罪关系，与之前的犯罪断绝了物理的、心理的联系。"与单独犯不同，共犯的因果性包含物理因果性与心理因果性。详言之，教唆犯以唤起正犯的犯罪意思的形态参与到共同犯罪中，从这一角度分析可知，教唆犯在共同犯罪中的因果性可以说几乎完全限于心理因果性；不同于教唆犯，在共同犯罪帮助犯的场合，要根据帮助犯实施的具体行为来分析因果性，如果帮助犯仅是实施了强化正犯犯意的行为，因果性当然只能限于心理因果性，但是在帮助犯同时实施其他比如提供凶器等帮助的行为时，则其因果性在具备心理因果性的情况下同时具有物理因果性。"[②] 在此前提下，如果上述行为人脱离共犯关系，进一步断绝了与共同犯罪之间的物理、心理联系的情况下，行为人当然不应承担断绝之后的犯罪的刑事责任。对于共同犯罪关系脱离的标准，当然就按照行为人切断共犯关系之前的行为与其他共同犯罪人之后的行为之间的因果性被切断作为判断依据和标准。

3. 在脱离共犯关系的场合，如果行为人要成立犯罪中止，那么这种共犯关系的脱离必须是由行为人任意作出的，具有任意性。但是在刑事法律并无中止规定的时候，比如某些国家的刑法并没有预备中止的规定，则脱离共犯关系就可以直接作为否定其可罚性的依据。"既然由于脱离而解除了共犯关系，那么，在脱离的同

---

① 参见［日］大谷实:《刑法总论》，黎宏译，法律出版社 2003 年版，第349 页。

② ［日］西田典之:《日本刑法总论》，刘明祥、王昭武译，法律出版社2007 年版，第 280–281 页。

时，共同实行的事实行为就已经终了，如果此时没有引起结果，那么自然成立犯罪未遂。在成立犯罪未遂的场合，就适用日本刑法中关于但书规定的中止犯。理由是脱离共犯关系的同时，违法性自然减少，在违法性减少的情况下，刑罚当然也就必须减免，这一点与阻止完成犯罪的刑事政策是一致的并且是相适应的。"①

（二）脱离共犯关系的理论尝试

传统共犯理论显然无法解释共同犯罪中的涉及中止、事后自动恢复的问题。鉴于此，在共同犯罪事后自动恢复的问题上，可以考虑引进脱离共犯关系的理论来加以解释并完善。

1. 传统理论关于共同犯罪中的犯罪共同说、共犯从属说理论在坚持的同时，对于共犯的独立性有必要适当强调。共犯的独立性，应当包含但是不限于共同犯罪中的教唆犯、从犯、实行犯，而是应当涵盖到各个实行犯，承认其相对独立性。因为在司法实践中，这种共同犯罪人之间的差异是客观存在的，在充分考量共同犯罪中各不同行为人之间地位与作用的同时，法律针对共犯中地位与作用不同的行为人应当提出不同的期待，法律不能也不应该对行为人提出过高的要求，因为"法律不强人所难"。

2. 罪责刑相适应原则是刑法的基本原则。这一原则当然应当体现在共同犯罪中。具体而言，在对共同犯罪人的行为进行定性的基础上，应当对行为人的责任大小进行充分的考量，所造成客观危害与主观恶性、人身危险性的变化来决定行为人的最终刑罚。

鉴于此，可以运用脱离共犯关系理论，将共同犯罪的事后自动恢复问题区别不同的情况分别予以认定：

1. 所有的共同犯罪人在共同犯罪既遂后，全部实施了事后自动恢复行为，并且法益被全部或者部分恢复的，全部行为人均成

①［日］大谷实：《刑法总论》，黎宏译，法律出版社 2003 年版，第 352 页。

立共同犯罪的事后自动恢复，这是最典型的共犯事后自动恢复的情形。

2. 共同犯罪既遂后，部分共同犯罪人实施了事后自动恢复行为，部分共同犯罪人没有实施事后自动恢复的情况。共犯中部分实行犯实施了事后自动恢复行为，有效恢复法益的情况，比如前述案例中汪某的行为对法益起到了部分恢复的作用。行为人实施事后自动恢复行为时就已经切断了与原来的共同犯罪的物理、心理的联系，这时实施事后自动恢复的犯罪人对于其恢复部分的刑事责任的承担与没有实施事后自动恢复的行为人相比，应当有明显区别。

（三）脱离共犯关系的实践困境

脱离共犯关系对于解决共同犯罪的中止提供了一种理论思路，但是从司法实践的角度分析，脱离共犯关系本身并不能作为共同犯罪事后自动恢复的认定标准。从本质上看，共犯脱离是解决关于犯罪结果归属划分的问题，而共同犯罪中部分行为人的事后自动恢复问题则是已经成立共同犯罪既遂的情况下，部分存在事后自动恢复行为的行为人的处罚问题，两者之间确实存在部分的重合之处，脱离共犯关系理论的确可能适用于共犯的事后自动恢复，但是两者本质上存在区别，主要体现在以下几个方面：

1. 脱离共犯关系与事后自动恢复的"自动性"存在冲突。关于脱离共犯关系中"自动性"是否是必需的构成要件，刑法学界存在极大争议。有学者认为，在共犯的脱离者不承担共同犯罪的结果责任的情况下，应当严格限定其成立的条件，在这种大前提下，脱离者必须是出于自动而放弃了犯意。[①] 但是对此也有学者持

---

① 参见刘凌梅：《论共犯关系的脱离》，载《河南省政法管理干部学院学报》2003 年第 2 期。

不同的观点，认为只要行为人退出共犯关系，并且消除自己的行为与其他共犯者之间的联系，此时便成立共犯的脱离，行为人从脱离共犯关系起就不再承担其他共犯人造成的结果所产生的责任，这与"自动性"不存在必然的联系。①而共犯事后自动恢复的成立，是成立在共同犯罪脱离基础上的，同时具备"事后自动恢复行为的自动性"与"法益被部分或者全部恢复"两个要件，脱离者方成立事后自动恢复。可见，脱离共犯关系理论不能解决事后自动恢复成立主观方面的要求——"自动性"问题，只能部分解决共犯事后自动恢复的客观要件问题。

2. 脱离共犯关系与"真挚性"存在冲突。从内涵上分析：脱离共犯关系理论与"真挚性"的冲突主要体现在以下方面：

行为人客观上成立脱离共犯关系，但是行为人的主观上并未表现出"真挚性"，对此能否成立共犯的事后自动恢复？如前所述，"真挚性"是事后自动恢复行为成立的条件，表现为积极恢复行为的相当性。在采取"真挚性"要件说的日本，刑法理论上对于"真挚性"的存在与否就存在必要说与不要说。其中"真挚性"不要说为日本刑法学界通说。大谷实教授就提出，"真诚要件到底包含哪些内容实际上无法明确，并且刑法第43条中的但书条款的规定也无法解读出'真挚性'的要求。所以，在实行行为所引起的导致结果发生的因果进程尚未开始的情况下，此时行为人放弃实行行为就脱离了共犯关系，又，在因果进程已然开始的情况下，只要行为人实施积极防止结果发生的作为就符合全部的构成要件要素，防止结果真挚的努力显然不应该作为成立要件而存在"。据此，行为人如果客观上成立了脱离共犯关系，即使主观上行为人

---

① 参见刘雪梅：《英日刑法理论中共犯关系脱离的要件之比较》，载《时代法学》2009年第2期。

并未表现出"真挚性"，也不影响行为的定性。

3. 脱离共犯关系与"事后"存在冲突。所谓共犯关系的脱离，是指在共同犯罪中，部分共同犯罪人出于本人的意志，停止实施犯罪行为，并且积极地阻止其他犯罪人继续实施犯罪，但是危害结果仍然发生的一种犯罪形态。[①] 其最初主要是出于解决虽然行为人为了中止犯罪，并作出了努力的情况下，仍然没有防止结果发生的共犯行为人的刑事责任依据的问题。简言之，实际上就是为了解决准中止犯的理论基础问题。事后自动恢复属于犯罪既遂后刑罚如何适用的刑罚问题，共犯的事后自动恢复是共同犯罪既遂后，部分行为人能否脱离共犯关系，成立事后自动恢复的问题。

鉴于此，脱离共犯关系理论更侧重于行为的客观特征，着重解决行为人与其他共同犯罪人之间的关系。共犯的事后自动恢复与脱离共犯关系理论属于不同的理论体系，两者成立的要件有所不同，那么严格按照事后自动恢复行为成立的要件来限制共同犯罪脱离的要件，必然会导致共犯脱离论无存在之必要。

三、脱离共犯关系理论：共犯事后自动恢复之合理解决

脱离共犯关系这一重要理论为共同犯罪中部分犯罪人的事后自动恢复问题的解决提供了一个理论指引，但是考虑到共犯的脱离与共犯的事后自动恢复针对的并非同一问题，单纯适用脱离共犯关系理论解决共同犯罪部分事后自动恢复的情形仍然存在一定的实践难题。鉴于此，应当以脱离共犯关系理论为基础，综合运用事后自动恢复的理论合理解决。其中，事后自动恢复的理论是关键所在。

---

① 参见叶良芳：《实行犯研究》，浙江大学出版社 2008 年版，第 194 页。

（一）共犯部分事后自动恢复：共犯事后自动恢复的问题核心

相对于共同犯罪的行为人全部自动恢复（整体自动恢复），共同犯罪中的部分事后自动恢复是指部分犯罪人基于本人的意志，在共同犯罪达到既遂形态之后，在被追诉之前，主动实施恢复其先前犯罪行为所侵害的法益，由于部分犯罪人的事后自动恢复行为使得被害法益得以全部或者部分恢复的情形。鉴于此，共同犯罪部分事后自动恢复的情形主要有两种：一是部分共同犯罪人在共同犯罪既遂后，主动恢复共同犯罪所造成的法益损害的行为，全部恢复被害法益的情况。例如：某甲与某乙共同盗窃，盗窃所得7万元，某甲盗窃得手后，怕受到法律的制裁，遂将7万元偷偷放回被害人处。这种情况下，实施了事后自动恢复的犯罪人成立事后自动恢复；二是部分共同犯罪人在共同犯罪既遂后，主动恢复共同犯罪所造成的法益损害的行为，部分恢复被害法益的情况。例如：某甲与某乙共同盗窃，盗窃所得7万元，甲、与乙平分，后来甲怕受到法律的制裁，遂将3.5万元偷偷放回被害人处。这种情况下，实施事后自动恢复的部分共同犯罪人成立部分的事后自动恢复。可见，共同犯罪部分的事后自动恢复之所以有成立的空间是因为，部分共同犯罪人切断了其先前犯罪与其他共同犯罪人之间对于被害法益的占有关系。

（二）共犯事后自动恢复的判断标准

如前所述，事后自动恢复行为的成立需要具备相应的成立要件。在共同犯罪中，成立事后自动恢复也需要符合事后自动恢复的构成要件。

第一，脱离共犯关系与"真挚性"。事后自动恢复语境下的共犯的脱离，是指在共同犯罪既遂之后，部分共同犯罪人基于自己的本意，通过自己的行为，积极恢复了其先前犯罪行为所侵犯的法益的全部或者一部分。可见，在事后自动恢复的语境下，共犯关系的脱离既要求行为人通过自己的行为恢复其先前犯罪行为所侵犯的法益，这种情形一般应当认定行为人具有事后自动恢复的"真挚性"的条件，因为共犯关系脱离的成立本身就要求行为人为恢复法益作出真挚的努力。

第二，脱离共犯关系与自动性。在事后自动恢复的语境下，脱离共犯关系一定要求行为人具备"自动性"的条件。因为对于脱离者而言，在刑罚的处理上完全有别于其他共同犯罪人，那么就要对其成立要件进行严格的限制，以便与事后被动恢复等情况相区别。

第三，脱离共犯关系与有效性。在事后自动恢复的场合，恢复或者部分恢复了被害法益即有效性是是否脱离共犯关系所必需的条件。因为在事后自动恢复的场合，先前的犯罪行为已然既遂，如果没有有效性这一条件限制，势必无法判断行为人是否切断了与共同犯罪之间的联系。

四、共犯事后自动恢复之立法选择

（一）共犯事后自动恢复立法之必要性

从完善刑事立法的角度出发，在构建事后自动恢复制度时，应当对共犯的事后自动恢复也进行明确的立法。理由如下：

第一，共同犯罪的事后自动恢复问题需要立法厘清。在中外刑法理论上，共同犯罪问题都是刑法理论界研究的重大疑难问题。而共同犯罪问题与事后自动恢复问题的交叉更是增添了问题的复杂性。在我国，共同犯罪的事后自动恢复问题既需要解决有效性的问题，又需要解决"真挚性"等问题，问题相当繁杂。在此背景下，刑法学界对共同犯罪中的事后自动恢复问题的解决肯定存在极大争议，但是对刑事司法而言，此类问题的分歧越大，对司法的公正性损害也就越大。这亟须立法的明确规定。

第二，共犯的事后自动恢复规定在刑法中与我国立法的发展趋势相符合。自 1997 年刑法出台以来，我国刑事立法总体上呈现两个重要的特点：一是刑法立法的明确性不断加强。这既归功于 1997 年刑法确立的罪刑法定原则的要求，更得益于我国刑事立法观念的转变。自 1997 年刑法实施以来，我国先后通过一部单行刑法，十一个刑法修正案，这些刑法修正案的内容明确，均是对刑事司法领域重大争议问题的立法明确，以便统一司法。二是刑法立法的人权保障趋势明显。在立法内容上，人权保障强调对犯罪人权利的保障，包括缩小犯罪的入罪范围、处罚力度等，比如《刑法修正案（八）》《刑法修正案（九）》就集中对死刑罪名进行了削减。共犯的事后自动恢复纳入刑法符合我国刑法立法的发展趋势。一方面，将事后自动恢复尤其是共犯的事后自动恢复纳入刑法有助于消解我国刑法理论和司法实务中关于共犯事后自动恢复定性的争议与处罚的争议，毕竟在现有的刑法框架内，不能够找到解决共犯事后自动恢复的条文规定，只有通过立法才能够彻底解决共犯事后自动恢复的定性问题。另一方面，共犯事后自动恢复制度的基础是罪责刑相适应原则，理论基础是人权保障。按照现行刑法规定，对于共犯的事后自动恢复的处理极易过重，很难实现罪责刑相适应原则，从强化刑法人权保障的角度，我国很有必要将共犯的事后自动恢复的处理在刑事立法上加以明确。

（二）我国共犯事后自动恢复之立法建言

我国刑法应在明确事后自动恢复制度的前提下，明晰共犯的事后自动恢复，在具体制度设计上，需要强调以下三个方面：

第一，共犯事后自动恢复的成立以共犯关系的脱离为基本前提。共犯关系脱离解决的是行为人恢复法益行为以及与先前其他共同犯罪人之间犯罪行为的关系问题。从事后自动恢复的角度看，行为人要成立事后自动恢复，首先必须消除其先前的犯罪行为对法益造成的影响。如果行为人不能够消除就很难判断行为人与先前的共同犯罪已经被切断。

第二，共犯的事后自动恢复的成立必须符合"真挚性"条件。在事后自动恢复的场合，"真挚性"要求行为人采取积极的行为去恢复被害法益，即为恢复被害法益作出了积极的努力。详言之，在共同犯罪的场合事后自动恢复的"真挚性"主要体现在：一是行为人为切断与其他犯罪人之间的因果关系作出了真挚的努力；二是行为人为了恢复其先前的犯罪行为所侵害的法益作出了真挚的努力。在实践中，行为人这两种努力可能具有同一性，即行为人为切断与其他犯罪人之间的因果关系作出了真挚的努力，实际上也是行为人为恢复法益所做出的努力。

第三，共犯的事后自动恢复的成立必须符合有效性的条件。有效性要求行为人在"真挚性"的基础上实施积极的恢复行为，还要求恢复行为取得一定的成效，即完全或者部分恢复了被害法益。共犯的事后自动恢复的有效性主要体现在：一是行为人完全恢复了共同犯罪所侵害的全部法益，二是行为人仅恢复了共同犯罪中自己所侵害的部分法益。对这两种情况均认定行为人构成共犯的事后自动恢复，两者仅仅在恢复的程度上存在差异。由于涉及共同犯罪问题，在笔者和师长同学的交流中，绝大部分观点倾向是，存在共同犯罪中的事后自动恢复，对上述两种程度的恢复，均应认定为部分的事后自动恢复。笔者认为，从恢复的效果以及鼓励共犯实施事后自动恢复行为的角度出发，对恢复全部法益的行为人应当认定为构成事后自动恢复，对于部分恢复法益的，认定为构成部分的事后自动恢复。虽然是共同犯罪，但是行为人恢复全部被害法益的情况与行为人单独实施犯罪恢复全部被害法益在结局上并无不同，所以没有必要设置两套处罚规制。

第四节　事后自动恢复之立法建议

　　大陆法系重视立法的传统决定了其总是倾向于首先通过立法的手段来处理法律实践的重大问题，事后自动恢复行为的处理是刑法实践中的一个重要的问题，立法当然会致力于这一问题的解决。就刑法而言，罪刑法定原则为其制度之根本，况且，立法是司法的基础，立法在事后自动恢复行为上如何处理也决定着司法对这一问题的处理原则与方式。立法不仅要"发现"刑法规范，还必须以某种恰当的表达方式表述刑法规范。因此，在前文对事后自动恢复的主客观要件、存在范围进行探析之后，笔者将对事后自动恢复的立法展开论述，最终完成这一制度的设计。

一、事后自动恢复的立法模式

　　法律是由具体的条文所构成，刑法亦不例外。条文是构成法律的最基本的单位。刑法作为一个法的部门具有其自身的特点，所以作为刑法立法的最后成果的刑法条文的设计也必须遵循其特有的原则，从总体上看，具体的刑法条文设置应把握明确性、合理性、严密性以及民主性原则，才能具有科学性。[1]并且一个具体的刑法条文必须与总体的刑法相协调，形成总体刑法规范的秩序性，这样才能满足刑法作为社会控制手段的需要。事后自动恢复作为刑法的条文，也必须满足明确性、合理性、严密性以及民主

──────────

　　[1] 参见徐文斌:《刑法条文设置的科学性研究》，上海人民出版社 2011 年版，第 15 页。

性的原则，而且必须与整体刑法的规范相协调。

立法不仅是发现规范的过程，还是表达规范的过程。因为"规范"的无形性，决定必须赋予其某种特定的、易于把握的形式，才能使人们感知规范的存在，进而约束指引人们的行为。现代社会的刑法，普遍采取成文法的形式，因而刑法规范就隐含在刑法条文之中。不过刑法条文与刑法规范并非等同的概念。刑法条文表达刑法规范，是刑法规范的载体，因此刑法规范是刑法条文的内容与实质。由于规范的内容是禁止做什么、允许做什么、应当做什么，所以刑法总则的许多一般性、原则性的规定并不属于刑法规范；一个条文可以表达几个规范，几个条文可以表达一个规范；刑法条文是直观的，而刑法规范却是隐藏在条文之后的，因此是非直观的。[1]对于事后自动恢复而言，刑法条文的表达质量必然影响人们对于事后自动恢复刑法规范的判断，就这要求事后自动恢复条文的表达必须遵循一定的原则，讲求一定的技巧，使普通民众与司法者都能够从刑法关于事后自动恢复的文本中合理推出事后自动恢复规范的内容，这是事后自动恢复发挥其社会功能的基本前提，也是刑法社会功能充分发挥的基本要求。

对事后自动恢复而言，为适应刑事法律确定性与社会发展灵活性之间的关系，在立法上宜采取"二元的立法模式"。即首先在刑法总则中对事后自动恢复的概念以及处罚原则作出原则性的规定，之后对成立事后自动恢复存在特殊要求的犯罪可以在刑法分则具体条文中加以特别的规定，这类犯罪事后自动恢复的认定适用分则的特别规定。

刑法规定基本概念的条文主要存在两种模式，一种是直接下定义，对具体的制度作出概念性的界定，另一种模式是作类型

---

① 参见张明楷：《刑法学》（第四版），法律出版社2011年版，第30页。

化列举。第一种模式的条文结构相对简单明了，一般使用判断词
"是"，即"A 是 B"结构，其中"A"是特定概念本身，而"B"
则是对于"A"的明确的界定，当然，亦可以采取"B"是"A"
的结构，即先对某一概念作出明确的界定，然后得出这一概念本
身。[1] 例如，我国刑法关于犯罪预备、未遂、中止等的规定既是采
取的这种模式。第二种条文模式为列举式，即"A"包括"B、C、
D……"结构。其中"A"为特定概念本身，"B、C、D……"是关
于"A"的分类的明确列举。我国刑法第 32 条刑罚种类的规定就
是采取的这种模式。一般来说，刑法总则采取类型化列举的形式
规定基本概念的原因在于，此概念通过列举就可以使人们有清楚
明确的认识，不至于使人们产生误解。

通过对事后自动恢复的成立范围的分析可知，只要是法益可
以被恢复的犯罪都存在成立事后自动恢复的空间。因此，采取类
型化列举的形式加以规定似乎并不现实，而且事后自动恢复作为
刑法的裁判性规范，旨在指示或者命令司法工作人员应当如何裁
定、判断行为是否构成自动恢复、对事后自动恢复应当如何科处
刑罚。所以使用直接下定义的结构模式规定事后自动恢复制度更
为合适。如前所述，下定义模式存在两种方式，"A 是 B"结构与
"B 是 A"结构。鉴于我国刑法总则关于犯罪中止、未遂、自首等
均是采用下定义模式中的"B 是 A"结构，事后自动恢复的条文使
用直接下定义中的"B"是"A"的结构模式更为合适。

二、事后自动恢复条文与刑法规范的系统化

在现代社会，法律已经演化成为一种非常复杂、高度理性化

---

[1] 参见徐文斌:《刑法条文设置的科学性研究》，上海人民出版社 2011 年
版，第 72 页。

的体系，每一种法律，又是该体系的一个子系统。因此，刑法规范不是以零散的形式对社会发生作用的，而是以一个有多数规范形成的规范体系发生作用的。[①] 在运用刑法这一社会控制手段时，立法不仅要发现和表述刑法规范，而且还必须将全体刑法规范按照一定的逻辑形式加以系统化，形成规范本身的秩序性，这样才能真正发挥规范的作用，满足建构社会生活秩序的需要。法律正是通过规则体系和制度的相互联系（规则界定、构成且调节着制度；而制度又创设且实施着规则，并且解决关于规则的存在、范围、适用性以及运作的问题），而把明确性、具体性、清晰性以及可预测性带入了人类交往中。[②]

　　在任何一部法律中，所有的规范必须做到内部协调一致，并符合价值评价体系之目的。事后自动恢复亦是如此。对事后自动恢复而言，除了要通过条文予以明确的表达之外，还必须将其置于刑法中合适的位置，才能使刑法典条文之间的体系协调，便于公民个人了解该制度的规定，便于司法工作人员准确地适用与执行，使该制度产生更加切实的规范效力。笔者认为，从事后自动恢复的性质出发，应该将该条文规定在刑法总则第四章刑罚的具体运用之中。具体而言，该条文作为与自首、立功相同的法定从宽的量刑情节，宜规定在刑法第 68 条立功条文之后。即在刑法第68 条后增加一条作为第 68 条之一，规定事后自动恢复。可能有学者会认为，事后自动恢复与实行终了的中止行为存在相似之处，所以可以将事后自动恢复的条文规定在犯罪中止条文之后。诚然，事后自动恢复与实行终了的中止之间确实在主观上存在一定的相

---

　　① 参见周少华：《刑法之适应性——刑事法治的实践逻辑》，法律出版社 2012 年版，第 244 页。

　　② 参见［美］约翰·菲尼斯：《自然法与自然权利》，董娇娇等译，中国政法大学出版社 2005 年版，第 214 页。

似性，但是两者的性质完全不同。犯罪中止是故意犯罪的一种停止形态，因此刑法将其规定在刑法总则第二章犯罪之中，而事后自动恢复属于犯罪之后的积极的补救行为，该行为在刑罚适用上具有单独评价的意义，属于量刑中应当考虑的情节。因此，事后自动恢复应该规定在刑罚的具体运用章节，而并非犯罪中止之后。

三、事后自动恢复之条文设计

事后自动恢复首先应当规定在刑法总则中。刑法总则条文在句子结构的构造中具有与其内容相适应的特点，由于刑法承担法益保护与保障人权的使命，所以在其条文的设计上有时为平衡两者之间的关系而陷入两难的境地，强调任何一方都可能使另一方面的功能遭到削弱。鉴于此，刑法总则的条文设计必须符合抽象性、概括性、内容明确性与确定性的特点。总则规范基本上是裁判性规范，因此刑法总则的条文首先就应该表现为大量的肯定句，在肯定的同时，设置下面的裁判性规范内容。也就是说肯定句后面的条文一般是给司法工作人员设定的刑事法律义务或者是裁判应当遵循的原则。这些规定必须有司法工作人员积极的行为才能实现，而对犯罪人本身进行裁判不经过司法工作人员的执法行为是不能实现的。比如，我国刑法第 24 条关于犯罪中止的规定，首先是用肯定句的形式明确了犯罪中止的概念，即"在犯罪过程中，自动放弃犯罪或者自动有效地防止犯罪结果发生的，是犯罪中止"。在明确犯罪中止之后，设置了对于犯罪中止的裁判性规范，即"对于中止犯，没有造成损害的，应当免除处罚；造成损害的，应当减轻处罚"。这里的"应当"，实际上是针对法官而言的，是法官在审理犯罪中止案件中应当坚持的裁判原则，是法律赋予法官的义务。如果不经过法官的认定与裁判，是不能够确认犯罪人是否构成犯罪中止的。不过，犯罪人在此情况下可以以此类规定作为依据，以法官未能严格执行此类"应当"的条款进行申辩，以此维护自己的合法权益。可见，虽然这类条款主要在于约束法官，赋予法官一定的义务，但是从另一个角度分析，对犯罪人而言也具有重要的意义。

对存在事后自动恢复情节的犯罪，采取"得减原则"的设计非常合适。因为一般情况下事后自动恢复的积极意义应当得到承认，当然对于特殊情况又不能忽略，这样的选择可以使法律的确定性与灵活性有机结合，保持刑法的适应性，从而使罪责刑相适应原则在任何事后自动恢复的情况下都能够得到落实。"可以"表明法律的倾向性要求。具体而言，对于具有事后自动恢复情节的犯罪人，其处罚原则中的"可以"，既不能作为"必须"与"应当"来理解，也不能够认为完全由司法工作人员随意掌握。"可以"是授权性规定而非命令性规定，对存在事后自动恢复情节的犯罪人，法官可以选择从轻、减轻或者免除处罚，也可以不予以从宽处罚，这两种处罚结论都不违背事后自动恢复的处罚原则。但是，与未遂犯等处罚原则的"可以"相同，从立法原意、刑法基本理论和司法实践综合考虑，"可以"并不意味着随意性，而是表明了一种倾向性的要求。[1]换言之，对存在事后自动恢复情节的犯罪人，一般应当予以从宽处罚，但是法律的要求在此问题上并不绝对化，如果综合整个案情分析，其社会危害程度、犯罪人的主观恶性、人身危险性较深时，也允许不考虑其事后自动恢复情节，不予以从宽处理。

综上，刑法总则中的事后自动恢复的条文可以表述为："行为人在实施犯罪之后，在被追诉之前，主动实施有效恢复被侵害之

---

[1] 参见高铭暄：《刑法学原理》（第3卷），中国人民大学出版社1993年版，第250-251页；赵秉志：《犯罪未遂形态研究》，中国人民大学出版社2008年版，第376页。

法益的行为，是事后自动恢复。对于完全恢复法益的，可以免除处罚；基本恢复法益的，可以从轻或者减轻处罚。在司法机关追诉之后，尚未抓获之前，行为人主动实施有效恢复被侵害之法益的行为，完全或者基本恢复法益的，以事后自动恢复论。"

刑法总则规定的是刑法适用的普遍规则，但是对具体的个罪而言，需要作出有别于总则的特别规定，而这种特别的规定只能在刑法分则中予以明确。这属于分则的非典型性条款（直接规定罪刑条款之外的条款）。这些条款主要是间接地规定罪刑形式的条款，或者是作为罪刑条款的补充性条款，或为对罪刑条款的适用所作的特别规定，在理论上往往称为技术性条款。[①]对事后自动恢复而言，除了在总则上进行原则性规定之外，为了将该制度落到实处，避免立法虚置，应该在分则中对某些具体的罪名的事后自动恢复作出规定。具体条文设计可以参照刑法第351条关于非法种植毒品原植物罪的事后自动恢复的规定。即非法种植罂粟、大麻等毒品原植物的，一律强制铲除。……非法种植罂粟或者其他毒品原植物，在收获前自动铲除的，可以免除处罚。对有必要作出提示性规定的罪名或者对于某些成立事后自动恢复有特殊要求的罪名（如拒不支付劳动报酬罪的事后恢复的时间规定为"提起公诉之前"）应该在具体罪名条文最后一款增加事后自动恢复的规定。总之，只有事后自动恢复的规范内容具有妥当性，才能正确评价恢复行为，并通过肯定恢复行为而保护犯罪人的人权，促进被害法益的恢复，维护社会秩序与法秩序。

在事后自动恢复制度构建之后，面临如何处理事后自动恢复与刑法第13条"但书"的关系问题。笔者认为，刑法第13条

[①] 参见徐文斌:《刑法条文设置的科学性研究》，上海人民出版社2011年版，第101页。

"但书"适用于一切符合其条件的犯罪、犯罪形态与犯罪情节,对存在事后自动恢复情节的案件,如果综合全案情况认定属于"情节显著轻微危害不大"的情况,直接适用刑法第13条"但书"的规定,对犯罪人不作犯罪处理。因为存在事后自动恢复情节的案件符合第13条"但书"的规定时,既不涉及犯罪认定也不涉及刑罚处罚,所以只需引用刑法第13条"但书"条款的规定,而不需要再引用总则与分则的事后自动恢复条款。

结　语

　　源于司法实践中对案例的思考，笔者在刑法学界首次提出了"事后自动恢复"的概念并进行了相应的制度设计。目前司法实践中，对犯罪既遂之后，行为人针对犯罪所造成的危害后果进行有效恢复的情形，往往被看作与行为人的一贯表现、犯罪动机、犯罪手段、犯罪对象等性质相同的酌定量刑情节，是作为犯罪后的"悔罪态度"而予以考量的酌定量刑情节。相比坦白、自首、立功等刑法明文规定的这些法定从宽量刑情节，事后自动恢复在地位上显然与之存在巨大差距。具体而言，首先，从司法实践中适用盖然性方面分析，作为法定情节的适用比例一定远远高于酌定情节的适用，因为酌定情节在司法实践中用或者不用几乎完全取决于法官，而法定情节作为刑法上明文规定的量刑情节，只要是能够认定存在法定情节的情况下，一般情况下法官都会予以适用。正如有学者所言，酌定量刑情节适用与否最多只关乎法官的"早餐的内容"，而法定情节是否适用则关乎法官的职业前途，与"饭碗"相关。① 其次，在适用的前提下，法定量刑情节与酌定量刑情节在量刑幅度上也存巨大差距。总结刑法典中法定从宽量刑情节的规定，任何一项法定从宽情节的规定均表述为，"应当"或者"可以"从轻、减轻或免除处罚，而酌定从宽量刑情节则只能在法定幅度内考虑从轻处罚，其他诸如减轻与免除处罚缺乏法律依据。

---

　　① 参见庄绪龙：《"法益可恢复性犯罪"概念之提倡》，载《中外法学》2017 年第 4 期。

最后，从效力影响层面分析，酌定量刑情节由于缺乏明确的法律规定作为指引，其成立的标准及其权衡依据只能依赖于法官的内心认知，社会公众对酌定量刑情节在认知储备与知识体系方面显然十分缺乏。

虽然当前的刑法以及司法解释对盗窃罪、诈骗罪、逃税罪等犯罪的行为人犯罪既遂后的事后恢复行为的处理作出了比较明确的规定，并针对不同情形规定了减轻处罚、免除处罚乃至作出罪的处理，但是现行刑法关于事后自动恢复行为的文本规定范围仅限于个别性罪名，且规定过于无序化、随意化。在事后自动恢复行为轻刑化、出罪化的成立范围、法益性质等基础内容方面并无涉及，且没有明确的理论支撑。这一发轫于司法实践但是值得理论界深入探讨的重要学术命题很遗憾尚未被理论所重视和发掘。笔者通过司法实践的案例和目前法律的规定，在进行系统的归纳与抽象的基础上，提出了"事后自动恢复"的概念，在此基础上进一步探讨了事后自动恢复的理论基础、制度构建等重要问题。胡萨克指出，刑法的重要目的之一是向犯罪行为人和社会传递何种行为属于不法行为的信息，即使并非每个人乃至所有人的行为因刑法规定的存在而改变，也不影响该目标的存在。[1] 按照胡萨克的逻辑，对事后自动恢复，我们可以将其延伸为：向犯罪行为人和社会传递"在犯罪行为既遂以后，在一定的时间范围内，行为人自愿实施恢复之前的犯罪行为侵犯法益的行为能够得到刑法上从宽甚至出罪的处理结果"这也是刑法的重要目的之一，即使并非每个人乃至所有人的行为因刑法规定的存在而改变，也不影响该目标的存在。其实，犯罪既遂后行为人自动实施有效的事后自动恢复行为，对于犯罪危害性起到的控制以及由此衍生的行为人

---

[1] 参见［美］道格拉斯·胡萨克：《过罪化及刑法的限制》，姜敏译，中国法制出版社 2015 年版，第 217 页。

尽早恢复利益以及对社会整体利益的维护作用不言而喻,"事后自动恢复"的提出与研究对我国刑事立法与刑事司法实践的意义重大。

笔者自博士论文选题开始关注"事后自动恢复"这一被忽视的理论和现实问题,通过多年的调研以及司法实践,对行为人实施事后自动恢复的良善举措与刑罚严厉或者刑法适用迥异现象之间的矛盾感触颇深。比如,理论界针对危险犯既遂后行为人出于自愿主动恢复法益行为的性质;在特殊犯罪中止以及类似中止的理论中反复,但是均无法给出合乎刑法体系和基本规定的合理解释。经由本书的研究和归纳,笔者自信"事后自动恢复"的概念抽象及其轻刑化、出罪化的命题能够合理解决困扰我国刑法理论界和司法实务界客观存在的并且亟须解决的问题,这一研究也是我国刑法理论和刑事司法实践中的"真问题"。当然,由于本书仅围绕事后自动恢复的概念归纳、理论根据、成立范围、成立条件以及制度构建等基础性内容进行了浅显探索,对事后自动恢复这一"真问题"至少在以下三个方面还需要继续展开深入的研究,本书引玉之砖,期待刑法理论界和司法实务界共同对以下问题展开深入探讨:

1.关于"事后自动恢复"从宽处罚的条件限定问题。"事后自动恢复"得以从宽处理乃至出罪,当然要符合一定的特定条件。本书虽然对"事后自动恢复"成立的范围提出了自己的见解,但是关于这一问题刑法学界尚存在不同观点。比如,有学者提出可恢复性的法益必须同时符合三个限定条件,即法益属性的非国家权力性、法益范畴的非人格性、法益侵害方式的非暴力性。[1]按照该论者的观点,在涉及国家公权力的犯罪中就不可能存在"事后

---

[1] 参见庄绪龙:《"法益可恢复性犯罪"概念之提倡》,载《中外法学》2017年第4期。

恢复"的可能。按照这一观点，在受贿人许诺为他人谋利且收受财物后，在被追诉之前，受贿人将其受贿之物返还或上交的行为不能成立事后自动恢复，因为受贿罪侵犯的法益是职务的不可收买性，一旦涉及公权力的情况下，法益就无法得到恢复。在法益的范畴上，按照该学者的观点，绑架罪等侵犯人身自由的犯罪由于具有人格性，同样不存在事后自动恢复的可能。可见，在事后自动恢复的范围、条件这些关键问题上尚需学界进一步研究。

2. 事后自动恢复行为实施以前的犯罪行为所引发的"副作用"的因果关系判断问题。我国刑法对一行为成立犯罪的规定往往采取"定性＋定量"的二元立法模式，一行为之所以构成犯罪行为，实质上是因为其行为达到了严重的社会危害性的程度，所以在将一行为评价为犯罪行为时，在秉承刑法谦抑的价值立场前提下要保持严肃理性的态度。在认定"事后自动恢复"的场合，同样也要保持这种态度。对于法益本身属于可恢复性法益，行为人恢复了法益的情况下，对行为人之前的犯罪行为往往会间接造成一定的"副作用"，这一问题在量刑上尚可以得到解决。但是，在与特定的损害后果存在特定关联的情况下，事后自动恢复行为是否仍然可以评价为"事后自动恢复"就值得探讨。例如，行为人窃取病人家属的钱包，后良心发现将钱送还被害人，但是由于钱包被盗导致病人未能得到及时医治而死亡的情况。在这种情况下，行为人的行为构成盗窃罪并且在盗窃罪的范围内完成了事后自动恢复行为，也全部恢复了盗窃这一法益。但是问题在于，行为人的行为与被害人家属死亡的结果之间存在因果关系，行为人在被害人家属死亡这一结果上负有间接的责任。在这种情况下，对行为人盗窃后的事后自动恢复行为，是否可以作出从宽处罚无疑也是事后自动恢复行为在处理上必须面对和解决的问题。

3. "事后自动恢复"从宽处罚路径在犯罪论体系中的协调与

构建问题。关于"事后自动恢复"从宽处罚的理论根据，本书虽然归纳了惩罚根据阙如、法益保护路径可逆、恢复性制裁法理等根据，阐述了其与刑法罪刑法定原则、罪责刑相适应原则等刑法基本原则相契合的基础内核，但是，从犯罪论体系协调角度以及该制度的构建仍然需要进一步研究。按照刑法的一般理论，出罪事由存在违法阻却事由和责任阻却事由两种，在"事后自动恢复"行为出罪化处理的场合，在性质上属于违法阻却事由还是责任阻却事由，或者是独立于上述两种出罪事由以外的单独的出罪事由体系？这一问题的明确关乎事后自动恢复归属于何种犯罪论体系的问题。"事后自动恢复"的出罪化处理与犯罪论体系的协调、适配路径显然需要进一步明确。本书限于体系性考虑，未对该问题展开研究，这也是笔者接下来会考虑的重要问题。关于事后自动恢复制度的构建问题，由于学界尚无相应的研究成果，本书针对事后自动恢复的条文设计等问题作出的结论仍有进一步研究的必要。

但是不论事后自动恢复的研究还存在多少需要解决的问题，可以肯定的是：在刑法上构建事后自动恢复制度所具有的现实意义。

以本书第一部分提到的"俞某绑架案"和"徐某盗窃案"为例，"俞某绑架案"中法院对俞某的量刑以及对徐某的量刑，充分说明和体现了事后自动恢复制度缺失所带来的刑法理论的混乱与司法实践的尴尬。确立一种规范犯罪人实施犯罪之后的恢复行为的制度，可以防止刑法理论的混乱，也可以防止司法者在处理该问题时存在的偏颇：要么仅依据法律的规定"亦步亦趋"；要么为了追求具体案件的公正而违背刑法的明文规定，忽视法律安定性的要求，损害刑法的权威性。前一种做法有碍于刑法实质正义的实现，后一种做法无疑威胁刑法的权威性与稳定性。事后自动恢复制度的构建，可以同时满足此类案件处理上的实质的正义与刑法形式稳定的要求，该制度是由刑法罪刑法定原则、罪责刑相适应以及刑罚目的理论、刑法谦抑论所决定的并以这些基本理论作为基础构建的，是刑法重视人权保障功能的特性之使然。当现存的制度经常不能满足社会需要的情况下，或者某种法无法规定的行为对现存的秩序威胁已经到了无法容忍的情况下，变革现存法律制度或者创立新的法律制度自然成为必要。

从"俞某绑架案"的判决结果来看，虽然要求法律必须稳定，但是法官并未苛求静止不变。借助自由裁量，判处了合适的刑罚，克服了亦步亦趋的判断逻辑。"俞某绑架案"的判决结果证明：法律犹如人类，要活下去，就必须在适当的时候寻求妥协。法官承担着探索妥协路径的任务，永不相忘。这才是法的真正精神。在堆积如山的案牍中秉承这一要义，创造性地促动法律成长，远比将上述案件固化成某一门类的判例更为珍贵。①

"俞某绑架案"和"徐某盗窃案"中表现出来的刑法的事后自动恢复行为的处理问题绝非偶然与个别现象，透过该案审判过程所带来的启示，我们有理由相信：只要人类社会继续存在与发展，生活的无限丰富性就会源源不断地在我们面前展开；只要人的理性和刑法制度本身无法达到完美的程度，刑法就面临着不断地完善。作为涉及立法与司法实践的重要问题，事后自动恢复制度的构建是刑法完善的一个缩影。

以上，是笔者对事后自动恢复这一问题研究的体会。

从事后自动恢复制度的研究，我们可以预见中国未来刑法的发展道路：由厉而不严的刑法结构向严而不厉的刑法结构的良性发展。

---

① 参见南都社论：《许霆案重审判决，胜利属于法律》，载《南方都市报》2008 年 4 月 1 日。

1. 刑罚由严厉向轻缓发展

封建社会的刑法以其严苛性、残酷性、恣意性著称。资产阶级革命，推翻了封建王朝，以发展势头强劲的商品经济为根据的新生资产阶级政权充满自信，认为无须依仗杀人维持统治的政治，加之民主、自由为主调的社会意识形态反射到法律制度上，首先体现在刑法的核心——刑罚制度上。[①]刑罚轻缓化自成为世界刑法发展的主体至今，不但生命刑、肉体刑在刑罚体系中的中心地位被自由刑取代，罚金刑正取代自由刑为西方各国司法实践所广泛采用。这是基于自由刑的弊端和罚金刑克服自由刑弊端的现实所作出的理性选择。自由刑的广泛运用存在使犯罪人复归社会存在障碍等弊端，而罚金刑作为财产刑可以克服上述自由刑的弊端，且许多犯罪甚至并不严重的暴力犯罪，只要使行为人受到财产上的剥夺，就能够实现刑罚的目的与效果。与自由刑执行的昂贵不同，罚金刑不仅无须国家财政的支出反而有利于增加国家的财政收入。因此在各国的适用率逐年上升，各国刑法典也在法律上扩大了罚金刑的适用范围。比如瑞士刑法典在其分则的220多个条文中，有130多个条文规定了罚金刑，其中单科罚金以及拘役或轻惩役选科罚金的条文就有120多个，[②]占整个分则条文的55%。除规定之外，欧陆国家的罚金刑在司法实践中的适用率更高。

我国于1998年10月签署了《公民权利和政治权利国际公约》并于2004年将"国家尊重和保障人权"的规定正式写入我国宪法。可见，我国是愿意纳入刑罚人道化与刑罚轻缓化的世界潮流之中的。但是，目前我国刑罚与世界上大多数国家相比较重。长期以来，重刑主义的刑事政策在我国根深蒂固，虽然《刑法修正

---

① 参见储槐植：《刑事一体化论要》，北京大学出版社2007年版，第60-61页。

② 参见储槐植：《刑事一体化论要》，北京大学出版社2007年版，第61页。

案（八）》《刑法修正案（九）》对我国的刑罚结构进行了进一步的调整与完善，但是其加重生刑等规定呈现出一定的重刑主义倾向使得我国刑罚的结构仍然较重。总而言之，在刑罚轻缓化问题上，我国刑法尚存在一定的完善空间。未来事后自动恢复制度的构建对于我国刑罚向轻缓化方向发展无疑起到了一定的促进作用。

2. 刑法规定由粗疏向细密的转变

粗疏型立法的特点是：在内容上，主要表现为只对认为重要的、基本的调整内容作出规定，认为次要的、细节性的问题不作规定；在表达方式上，主要表现为原则性、抽象性的规定较多，而规则性、具体性、描述性的规定比较少。细密型立法的特点正好与之相反，即对属于刑法所调整的内容尽可能作出全面的规定，并且采用明确的、具体的、描述性的表达方式和严密的逻辑结构，尽可能减少原则性、概括性、抽象性的规定。①

"宜粗不宜细"的立法原则是我国的法律文化传统在刑事立法上的反映，这种表面上看起来仅仅是立法技术的不同，实际上常常隐含着立法观念上的重大的差异，并最终导致司法实践中出现法律适用的不同效果。正如有学者所指出的："在刑法立法粗细的问题背后，其实隐含着国家权力与公民权利的对抗与协调。立法上的粗疏，不仅意味着承认了国家的立法权，同时，由于权力所具有的本身的强烈的扩张性，使司法机关能够将其触须合法地伸展到公民权利的各个角落，从而为司法权的行使提供了广阔的空间。立法上的细密在形式上似乎使得立法权得以无限的伸展，但相对于司法权的个别性特征，它具有一般性、规范性的特点。……因此，以细密的立法形式来制约刑罚权的行使范围与限度，应该

---

① 参见周少华：《刑法之适应性——刑事法治的实践逻辑》，法律出版社2012年版，第247–248页。

成为刑法的重要任务。从法律的发展趋势来看，细密的立法已经成为不可逆转的趋势，这与法治的基本要求是相适应的。既然我们选择了法治，就应该抛弃在立法技术上的所谓'特色'，走立法上'宁密不疏'的法治之路。"①在我国刑法已经确立了罪刑法定原则的基础之上，在立法上，只有采取更加明确、具体、周密的立法形式，才是罪刑法定原则真正实现的途径。事后自动恢复制度构建的提出在一定程度上使我国的刑法规定得到完善，是我国刑法规定由粗疏向细密的转变，事后自动恢复制度构建的提出表明未来中国刑法的发展趋势是根据现实的需要，适时设立、完善刑法规范，严密刑事法网，实现刑罚轻缓，进而增强刑事法律的社会适应性。

3. 刑法研究由理论的刑法学向司法的刑法学的转变

我国刑法学界一向偏重对犯罪论的规范分析的研究。在此背景下，虽然犯罪论的研究日趋成熟，但是这种规范分析的研究模式却是与司法实务渐行渐远。相比犯罪论的研究，目前刑法学界对与司法实务密切相关的刑罚论的研究则稍显不足。特别是对刑罚论中的量刑情节问题的研究尚缺乏系统性、综合性、实践性、开创性的理论贡献。刑法之所以制定，是以适用作为最终目的，学者之所以研究刑法，是为了在司法实践中更为科学地适用刑法，进而取得最佳的社会效益。因此刑法研究应当以实践为路径，发展面向司法的刑法学作为今后刑法学研究的方向。②事后自动恢复制度构建研究最终是立足于解决司法实践迫切需要解决的问题，所以进行事后自动恢复的研究无疑具有重要的意义。

---

① 吴丙新：《修正的刑法解释论》，山东人民出版社 2007 年版，第 190—191 页。

② 参见储槐植：《出罪应注重合理性》，载《检察日报》2013 年 9 月 24 日，第 3 版。

参考文献

一、中文参考文献

（一）著作类

1. 高铭暄、马克昌:《刑法学》（第四版），北京大学出版社、高等教育出版社 2010 年版。

2. 高铭暄:《新编中国刑法学》（上册），中国人民大学出版社 1998 年版。

3. 高铭暄:《新中国刑法学研究综述（1949—1985）》，河南人民出版社 1986 年版。

4. 高铭暄:《刑法学原理》（第 1 卷），中国人民大学出版社 1993 年版。

5. 高铭暄:《刑法学》，法律出版社 1984 年版。

6. 高铭暄:《中国刑法学》，中国人民大学出版社 1989 年版。

7. 高铭暄:《中华人民共和国刑法的孕育诞生和发展完善》，北京大学出版社 2012 年版。

8. 马克昌:《近代西方刑法学说史》，中国人民公安大学出版社 2008 年版。

9. 马克昌:《外国刑法学总论》（大陆法系），中国人民大学出版社 2009 年版。

10. 马克昌:《刑罚通论》，武汉大学出版社 2000 年版。

11. 马克昌:《刑法理论探索》，法律出版社 1995 年版。

12. 马克昌:《犯罪通论》，武汉大学出版社 1999 年版。

13. 储槐植：《刑事一体化》，法律出版社 2004 年版。

14. 储槐植、江溯：《美国刑法》（第四版），北京大学出版社 2012 年版。

15. 储槐植：《刑事一体化论要》，北京大学出版社 2007 年版。

16. 杨春洗：《刑事政策学》，北京大学出版社 1994 年版。

17. 杨春洗、杨敦先：《中国刑法论》（第三版），北京大学出版社 2005 年版。

18. 陈光中：《〈中华人民共和国刑事诉讼法〉修改条文释义与点评》，人民法院出版社 2012 年版。

19. 甘雨沛、何鹏：《外国刑法学》（上册），北京大学出版社 1984 年版。

20. 何秉松：《刑法教科书》（上卷），中国法制出版社 2000 年版。

21. 何秉松：《犯罪构成系统论》，中国法制出版社 1995 年版。

22. 陈兴良、周光权：《刑法学的现代展开》，中国人民大学出版社 2006 年版。

23. 陈兴良：《本体刑法学》，商务印书馆 2001 年版。

24. 陈兴良：《刑法的价值构造》（第二版），中国人民大学出版社 2006 年版。

25. 陈兴良：《刑法哲学》（上、下），中国政法大学出版社 2009 年版。

26. 张明楷：《外国刑法纲要》（第二版），清华大学出版社 2007 年版。

27. 张明楷：《法益初论》（修订版），中国政法大学出版社 2003 年版。

28. 张明楷：《市场经济下的经济犯罪与对策》，中国检察出版社 1995 年版。

29. 张明楷:《刑法的基本立场》,中国法制出版社 2008 年版。

30. 张明楷:《刑法格言的展开》,北京大学出版社 2013 年版。

31. 张明楷:《刑法学》(上),法律出版社 1997 年版。

32. 张明楷:《罪刑法定与刑法解释》,北京大学出版社 2009 年版。

33. 张明楷:《刑法学》(第四版),法律出版社 2011 年版。

34. 赵秉志、鲍遂献等:《刑法学》,北京师范大学出版社 2010 年版。

35. 赵秉志:《犯罪总论问题探索》,法律出版社 2003 年版。

36. 赵秉志:《犯罪未遂形态研究》,中国人民大学出版社 2008 年版。

37. 赵秉志:《外向型刑法问题研究》,中国法制出版社 1997 年版。

38. 卢建平:《刑事政策学》,中国人民大学出版社 2007 年版。

39. 卢建平:《刑事政策与刑法》,中国人民公安大学出版社 2004 年版。

40. 卢建平:《刑事政策与刑法变革》,中国人民公安大学出版社 2011 年版。

41. 梁根林:《刑罚结构论》,北京大学出版社 1998 年版。

42. 梁根林:《刑事制裁:方式与选择》,人民出版社 2004 年版。

43. 邱兴隆:《刑罚的哲理与法理》,法律出版社 2003 年版。

44. 邱兴隆、许章润:《刑罚学》,中国政法大学出版社 1999 年版。

45. 吴宗宪:《西方犯罪学史》,警官教育出版社 1997 年版。

46. 吴宗宪:《中国刑罚改革论》,北京师范大学出版社 2011 年版。

47. 吴宗宪、陈志海等:《非监禁刑研究》,中国人民公安大学出版社 2003 年版。

48. 张智辉:《刑法理性论》,北京大学出版社 2006 年版。

49. 张智辉:《刑事责任通论》,警官教育出版社 1995 年版。

50. 劳东燕:《风险社会中的刑法》,北京大学出版社 2015 年版。

51. 张鹏:《中止犯自动性研究》,法律出版社 2013 年版。

52. 李洁:《犯罪既遂形态研究》,吉林大学出版社 1999 年版。

53. 李洁:《论罪刑法定的实现》,清华大学出版社 2006 年版。

54. 张军:《〈刑法修正案(八)〉条文及配套司法解释理解与适用》,人民法院出版社 2011 年版。

55. 宋英辉:《刑事诉讼法学研究述评(1978—2008)》,北京师范大学出版社 2009 年版。

56. 谢望原、卢建平等:《中国刑事政策研究》,中国人民公安大学出版社 2006 年版。

57. 苏惠渔:《犯罪与刑罚理论专题研究》,法律出版社 2000 年版。

58. 王志祥:《危险犯研究》,中国人民公安大学出版社 2004 年版。

59. 包雯:《慎刑论》,中国检察出版社 2009 年版。

60. 陈谦信:《人身危险性的基本理念与定罪量刑制度》,法律出版社 2012 年版。

61. 陈瑞华:《比较刑事诉讼法》,中国人民大学出版社 2010 年版。

62. 程红:《中止犯基本问题研究》,中国人民公安大学出版社 2007 年版。

63. 戴建国:《宋代刑法史研究》,上海人民出版社 2008 年版。

64. 邓建鹏:《中国法制史》,北京大学出版社 2011 年版。

65. 狄小华、李志刚:《刑事司法前沿问题:恢复性司法研究》,群众出版社 2005 年版。

66. 樊凤林:《刑罚通论》,中国政法大学出版社 1994 年版。

67. 冯卫国:《行刑社会化研究》,北京大学出版社 2003 年版。

68. 韩轶:《刑罚目的的建构与实现》,中国人民公安大学出版社 2005 年版。

69. 何勤华、夏菲:《西方刑法史》,北京大学出版社 2006 年版。

70. 侯宏林:《刑事政策的价值分析》,中国政法大学出版社 2005 年版。

71. 胡嘉金:《恢复性司法——以和谐社会为语境》,吉林大学出版社 2009 年版。

72. 刘宪权:《中国刑法理论前沿问题研究》,人民出版社 2005 年版。

73. 黄荣坚:《基础刑法学》(下),台湾元照出版公司 2004 年版。

74. 贾洛川:《社会管理创新视域下出狱人社会保护创新与发展》,中国法制出版社 2012 年版。

75. 柯耀程:《刑法总论释义——修正法篇》(上),台湾元照出版公司 2005 年版。

76. 李海东:《刑法原理入门》(犯罪论基础),法律出版社 1998 年版。

77. 李立国:《社会服务与管理》,人民出版社、党建出版社 2011 年版。

78. 梁治平:《法律文化解释》,三联书店 1994 年版。

79. 林山田:《刑罚学》,商务印书馆 1995 年版。

80. 林山田:《刑法通论》(下册),北京大学出版社 2012 年版。

81. 刘白笔、刘用生:《经济刑法学》,群众出版社 1989 年版。

82. 刘宪权:《国刑法理论前沿问题研究》,人民出版社 2005 年版。

83. 鲁兰:《中日矫正理念与实务比较研究》,北京大学出版社 2005 年版。

84. 冯玉军:《法治中国中西比较与道路模式》,北京师范大学出版社 2017 年版。

85. 钱穆:《文化学大义》,台湾中正书局 1981 年版。

86. 沈家本:《历代刑法考》(上册),商务印书馆 2011 年版。

87. 苏宏章:《利益论》,辽宁人民出版社 1991 年版。

88. 孙国华:《法理学教程》,中国人民大学出版社 1994 年版。

89. 谭泓:《构建和谐社会理论与实践探讨》,山东大学出版社 2008 年版。

90. 王瑞君:《罪刑法定:理念、规范与方法》,山东大学出版社 2006 年版。

91. 王少安、周玉清:《社会主义和谐文化建设论》,人民出版社 2010 年版。

92. 吴丙新:《修正的刑法解释论》,山东人民出版社 2007 年版。

93. 吴富丽:《刑法谦抑实现论纲》,中国人民公安大学出版社 2011 年版。

94. 吴立志:《恢复性司法基本理念研究》,中国政法大学出版社 2012 年版。

95. 武树臣:《儒家法律传统》,法律出版社 2003 年版。

96. 夏甄陶:《关于目的的哲学》,上海人民出版社 1982 年版。

97. 徐春:《人的发展论》,中国人民公安大学出版社 2007 年版。

98. 徐光华：《犯罪既遂问题研究》，中国人民公安大学出版社2009年版。

99. 徐久生：《刑罚目的及其实现》，中国方正出版社2011年版。

100. 徐文斌：《刑法条文设置的科学性研究》，上海人民出版社2011年版。

101. 许春金：《控制理论与修复式正义：人本犯罪学》，三民书局2006年版。

102. 严励等：《中国刑事政策原理》，法律出版社2011年版。

103. 喻伟：《刑法学专题研究》，武汉大学出版社1992年版。

104. 张平：《中止犯论》，中国方正出版社2005年版。

105. 张千帆：《宪法学导论》，法律出版社2003年版。

106. 张文显：《法理学》，高等教育出版社1999年版。

107. 赵国强：《澳门刑法总论》，澳门基金会1998年版。

108. 赵长青：《经济犯罪研究》，四川大学出版社1997年版。

109. 周金刚：《量刑情节研究》，法律出版社2012年版。

110. 周少华：《刑法之适应性——刑事法治的实践逻辑》，法律出版社2012年版。

111. 朱苏人：《中国法制史》，北京大学出版社2010年版。

112. 蔡枢衡：《中国刑法史》，广西人民出版社1983年版。

113. 史景轩、张青：《外国矫正制度》，法律出版社2012年版。

114. 黄华生：《论刑罚轻缓化》，中国经济出版社2006年版。

115. 魏汉涛：《刑法从宽事由共同本质的展开》，法律出版社2012年版。

116. 丁后盾：《刑法法益原理》，中国方正出版社2000年版。

117. 王立峰：《惩罚的哲理》，清华大学出版社2006年版。

118. 陈子平:《刑法总论》,中国人民大学出版社 2009 年版。

119. 刘宪权:《刑法学名师讲演录总论》,上海人民出版社 2016 年版。

120. 吴振兴:《犯罪形态研究精要》,法律出版社 2005 年版。

121. 金泽刚:《犯罪既遂的理论与实践》,人民法院出版社 2001 年版。

（二）译著类

1. ［德］拉德布鲁赫:《法学导论》,米健等译,中国大百科全书出版社 1997 年版。

2. ［德］威廉·冯·洪堡:《论国家的作用》,林荣远等译,中国社会科学出版社 1998 年版。

3. ［德］H.科殷:《法哲学》,林荣远译,华夏出版社 2003 年版。

4. ［德］伯恩·魏德士:《法理学》,丁小春等译,法律出版社 2003 年版。

5. ［德］克劳斯·罗克辛:《德国最高法院判例:刑法总论》,何庆仁、蔡桂生译,中国人民大学出版社 2012 年版。

6. ［德］拉伦兹:《法学方法论》,陈爱娥译,商务印书馆 2003 年版。

7. ［德］康德:《法的形而上学原理》,沈叔平译,商务印书馆 1991 年版。

8. ［法］保罗·利科:《论公正》,程春明译,法律出版社 2007 年版。

9. ［法］马克·安塞尔:《新刑法理论》,卢建平译,香港天地图书有限公司 1990 年版。

10. ［法］孟德斯鸠:《论法的精神》（上、下）,张雁深译,商务印书馆 1982 年版。

11.〔法〕涂尔干:《社会分工论》,渠东译,三联书店2000年版。

12.〔美〕H.W.埃尔曼:《比较法律文化》,贺卫方、高鸿钧译,清华大学出版社2002年版。

13.〔美〕爱德华·S.考文:《美国宪法的"高级法"背景》,强世功译,生活·读书·新知三联书店1996年版。

14.〔美〕劳伦斯·索伦:《法理词汇》,王凌皞译,中国政法大学出版社2010年版。

15.〔美〕罗纳德·J.博格、小马文·D.弗瑞等:《犯罪学导论——犯罪、司法与社会》(第二版),刘仁文等译,清华大学出版社2009年版。

16.〔美〕迈克尔·D.贝勒斯:《法律的原则——一个规范的分析》,张文显等译,中国大百科全书出版社1996年版。

17.〔美〕乔治·B.沃尔德等:《理论犯罪学》,方鹏译,中国政法大学出版社2005年版。

18.〔美〕约翰·菲尼斯:《自然法与自然权利》,董娇娇等译,中国政法大学出版社2005年版。

19.〔美〕约翰·麦·赞恩:《法律的故事》,刘昕等译,江苏人民出版社1998年版。

20.〔美〕E.博登海默:《法理学:法律哲学与法律方法》,邓正来译,中国政法大学出版社2004年版。

21.〔美〕道格拉斯·胡萨克:《过罪化及刑法的限制》,姜敏译,中国法制出版社2015年版。

22.〔美〕富勒:《法律的道德性》,郑戈译,商务印书馆2005年版。

23.〔意〕贝卡里亚:《论犯罪与刑罚》,黄风译,中国大百科全书出版社1993年版。

24.［意］杜里奥·帕多瓦尼：《意大利刑法学原理》（注评版），陈忠林译评，中国人民大学出版社 2004 年版。

25.［意］加罗法洛：《犯罪学》，耿伟等译，中国大百科全书出版社 1996 年版。

26.［意］菲利：《实证派犯罪学》，郭建安译，中国人民公安大学出版社 2004 年版。

27.［英］边沁：《立法理论——刑法典原理》，孙力等译，中国人民公安大学出版社 1993 年版。

28.［英］边沁：《道德与立法原理导论》，时殷宏译，商务印书馆 2000 年版。

29.［英］哈特：《惩罚与责任》，王勇等译，华夏出版社 1989 年版。

30.［英］霍布斯：《利维坦》，黎思复等译，商务印书馆 1985 年版。

31.［英］洛克：《政府论》（下），叶启芳、瞿菊农译，商务印书馆 1964 年版。

32.［日］川端博：《刑法总论二十五讲》，余振华译，中国政法大学出版社 2003 年版。

33.［日］大谷实：《刑法讲义总论》，黎宏译，中国人民大学出版社 2008 年版。

34.［日］森本益之、濑川晃等：《刑事政策学》，戴波等译，中国人民公安大学出版社 2005 年版。

（三）法典类

1.《美国联邦刑事诉讼规则和证据规则》，卞建林译，中国政法大学出版社 1996 年版。

2.《俄罗斯联邦刑法典》，黄道秀译，北京大学出版社 2008

年版。

3.《美国模范刑法典及其评注》，刘仁文等译，法律出版社2005 年版。

4.《日本刑事诉讼法》，宋英辉译，中国政法大学出版社 2000 年版。

5.《芬兰刑法典》，肖怡译，北京大学出版社 2005 年版。

6.《德国刑法典》，徐久生等译，中国方正出版社 2004 年版。

7.《蒙古国刑法典》，徐留成译，北京大学出版社 2006 年版。

8.《克罗地亚刑法典》，王立志译，中国人民公安大学出版社 2011 年版。

（四）论文类

1. 陈兴良:《目的犯的法理探究》，载《法学研究》2004 年第 3 期。

2. 丁元竹:《关于建立和完善社会管理体制的若干思考》，载《江海学刊》2007 年第 5 期。

3. 李学举:《加强社会建设和管理，促进社会和谐稳定与发展》，载《求是》2005 年第 6 期。

4. 林东茂:《未遂犯》，载《月旦法学杂志》2006 年第 138 期。

5. 刘强:《刑罚方法与适用模式比较——美国社区矫正演变史研究》，载 http://www.chinalawedu.com/new/16900_178/2009_8_19_ji06228817191890021880.shtml。

6. 毛永强:《被追诉前主动交代属自首》，载《检察日报》2013 年 3 月 25 日，第 3 版。

7. 王文伟、梁素富:《论监狱行刑成本》，载《中国监狱学刊》2006 年第 6 期。

8. 吴丙新:《危险犯停止形态研究》，载《山东公安专科学校学报》2003 年第 2 期。

9. 杨建顺：《社会管理创新的内容、路径与价值分析》，载《检察日报》2010 年 2 月 2 日，第 3 版。

10. 张明楷：《危险犯初探》，载马俊驹主编：《清华法学评论》，清华大学出版社 1998 年第 1 期。

11. 卜安淳：《犯罪恶性探析》，载《政法论坛》2000 年第 1 期。

12. 陈鑫：《危险犯犯罪中止问题初探》，载《中国青年政治学院学报》2005 年第 3 期。

13. 储槐植、闫雨：《社会管理创新视野下我国轻罪刑事政策完善》，载《湖北社会科学》2012 年第 7 期。

14. 储槐植、闫雨：《刑事一体化践行》，载《中国法学》2013 年第 2 期。

15. 储槐植、张永红：《善待社会危害性观念——从我国刑法第 13 条但书说起》，载《法学研究》2002 年第 3 期。

16. 储槐植、赵合理：《国际视野下的宽严相济刑事政策》，载《法学论坛》2007 年第 5 期。

17. 储槐植：《试论刑罚机制》，载杨敦先等主编：《改革开放与刑法发展》，中国检察出版社 1993 年版。

18. 储槐植：《刑事政策的概念、结构和功能》，载《法学研究》1993 年第 3 期。

19. 储槐植：《严而不厉：为刑法修订设计政策思想》，载《北京大学学报》1989 年第 6 期。

20. 储槐植：《出罪应注重合理性》，载《检察日报》2013 年 9 月 24 日，第 3 版。

21. 冯亚东、胡东飞：《犯罪既遂标准新论——以刑法目的为视角的剖析》，载《法学》2002 年第 9 期。

22. 韩建国、韦亚力：《受贿罪客体新论》，载《法学研究》

1991 年第 3 期。

23. 黎宏、申键:《论未遂犯的处罚范围》,载《法学评论》2003 年第 2 期。

24. 李希慧:《论刑罚的目的及其实现》,载《法治研究》2011 年第 2 期。

25. 林山田:《评刑法修正草案》,载《刑事法论丛》1990 年第 2 期。

26. 刘明祥:《论危险犯的既遂、未遂与中止》,载《中国法学》2005 年第 6 期。

27. 刘艳红:《刑法的目的与犯罪论的实质化——"中国特色罪刑法定原则的出罪机制"》,载《环球法律评论》2008 年第 1 期。

28. 刘艳红:《再论犯罪既遂与未遂》,载《中央政法管理干部学院学报》1998 年第 1 期。

29. 刘雁平:《浅谈对逃税罪的理解和适用》,载《法制与社会》2009 年第 10 期。

30. 刘中发:《和谐社会视野下的轻罪刑事政策》,载《国家检察官学院学报》2006 年第 1 期。

31. 彭凤莲:《非法种植毒品原植物罪的犯罪形态研究》,载《贵州警官职业学院学报》2007 年第 3 期。

32. 邱兴隆:《犯罪的严重性:概念与评价》,载《政法学刊》2001 年第 1 期。

33. 唐经天:《试评析〈刑法修正案(七)〉逃税罪中的免责条款》,载《社科纵横》2010 年第 4 期。

34. 王鹏祥:《论宽严相济刑事政策的贯彻实施》,载《河南师范大学学报(哲学社会科学版)》2010 年第 1 期。

35. 王鹏祥:《重罪案件适用刑事和解制度探析》,载《河南师范大学学报(哲学社会科学版)》2011 年第 5 期。

36. 韦临、流鎏:《论报应、报应的制约与一般预防:兼论一般预防不应是刑罚目的》,载《法律适用》1997 年第 5 期。

37. 闫雨:《终身监禁:性质、适用与前景》,载《江西社会科学》2019 年第 2 期。

38. 谢锡美:《浅析收买被拐卖的妇女、儿童罪中的几个问题》,载《福建公安高等专科学校学报——社会公共安全研究》2001 年第 6 期。

39. 薛正俭:《对非法种植毒品原植物罪几个主要问题的探讨》,载《宁夏社会科学》1996 年第 6 期。

40. 叶良芳、卢建平:《也论人身危险性在我国刑法中的功能定位——兼与游伟研究员和陆建红审判员商榷》,载张仁善主编:《南京大学法律评论》(2008 年春秋号合卷),法律出版社 2009 年版。

41. 詹红星:《论人身危险性、主观恶性和社会危害性的关系》,载《石河子大学学报(哲学社会科学版)》2011 年第 6 期。

42. 张明楷:《法治的基础观念》,载《检察日报》1998 年 6 月 23 日,第 3 版。

43. 张明楷:《刑法在法律体系中的地位——兼论刑法的补充性与法律体系的概念》,载《法学研究》1994 年第 6 期。

44. 张明楷:《危险驾驶的刑事责任》,载《吉林大学社会科学学报》2009 年第 6 期。

44. 张永红:《刑法的刑事政策化论纲》,载《法律科学(西北政法学院学报)》2004 年第 6 期。

45. 张智辉、宋英辉:《刑事和解研究述评》,载《国家检察官学院学报》2007 年第 4 期。

46. 张文显:《市场经济与现代法的精神论略》,载《中国法学》1994 年第 6 期。

47. 赵秉志、王鹏祥:《论我国宪法指导下刑法理念的更新》,

载《河北法学》2013 年第 4 期。

48. 赵秉志:《我国现阶段死刑制度改革的难点及对策——从刑事实体法视角的考察》,载《中国法学》2007 年第 2 期。

49. 赵永红:《人身危险性概念新论》,载《法律科学》2000 年第 4 期。

50. 赵长青:《悔罪形态初探》,载《云南大学学报(法学版)》2006 年第 1 期。

51. 庄绪龙:《归纳与探索:"法益可恢复性犯罪"的刑法评价思考》,载《法律适用》2014 年第 1 期。

52. 庄绪龙:《论经济犯罪的"条件性"出罪机制——以犯罪的重新分类为视角》,载《政治与法律》2011 年第 1 期。

53. 杜宇:《司法观的"交战":传统刑事司法 VS. 恢复性司法》,载《中外法学》2009 年第 2 期。

54. 杜宇:《犯罪人——被害人和解的制度设计与司法践行》,载《法律科学》2006 年第 5 期。

55. 杜宇:《刑法解释的另一种路径 : 以"合类型"为中心》,载《中国法学》2010 年第 5 期。

56. 白建军:《刑法分则与刑法解释的基本理论》,载《中国法学》2005 年第 4 期。

57. 汪东升:《"既遂"中止问题研究——兼论对犯罪结果发生的理解》,载《中国刑事法杂志》2016 年第 3 期。

58. 王远志、李世清:《论犯罪的"既遂后中止"———以危险犯为视角》,载《云南大学学报(法学版)》2006 年第 5 期。

59. 庄绪龙:《"法益可恢复性犯罪"概念之提倡》,载《中外法学》2017 年第 4 期。

60. 陶弈成、汪义平、龙圣锦:《法益可恢复性犯罪的体系化解读》,载《南京航空航天大学学报(社会科学版)》2018 年第 6 期。

61. 丁华宇：《论事后悔罪行为制度》，载《江西社会科学》2016 年第 3 期。

62. 房清侠：《事后自动恢复行为轻刑化探讨》，载《河南财经政法大学学报》2021 年第 1 期。

二、外文参考文献

1. 〔日〕城下裕二：《量刑基准的研究》，成文堂 1995 年版。

2. 〔日〕川端博：《刑法讲义总论》，成文堂 1995 年版。

3. 〔日〕大塚仁：《刑法概说（总论）》，有斐阁 1997 年版。

4. 〔日〕木村龟二：《刑法学之门》，有斐阁 1957 年版。

5. 〔日〕平场安治：《团藤重光博士古稀祝贺论文集》（第 2 卷），有斐阁 1984 年版。

6. 〔日〕大野义真：《罪刑法定主义》，世界思想社 1982 年版。

7. 〔日〕美浓部达吉：《法之本质》，台湾商务印书馆 1993 年版。

8. 〔日〕平野龙一：《现代法——现代法与刑罚》，岩波书店 1965 年版。

9. 〔日〕平野龙一：《刑法总论》，有斐阁 1972 年版。

10. 〔日〕前田雅英：《刑法总论讲义》（第 4 版），东京大学出版社 2006 年版。

11. 〔日〕西田雅芝：《刑法各论》（第 5 版），弘文堂 2010 年版。

后　记

　　本篇论文作为博士学习生涯的总结，已经完成近七年的时间。七年间刑法历经数次修改，这篇论文也是几经修改，在即将出版之际，万千思绪萦回环绕，不尽感慨泉涌心间。

　　孩提时代的理想信念不曾模糊，我不是一个严格意义上的好学生，偏科是我学习上最大的问题。中学时期挑灯夜战学习数学的场景历历在目，很遗憾的是，数学从未选择过我。最难忘的莫过于高考升学志愿的填报，从事教育工作的舅舅希望我报考英语专业，可是本来对英语就发怵的我，第一次违拗了家长的意见，填报了中文专业。却未料第一志愿未通过而最终从东北远走江南，因为学校以理工科为主，没有设置中文专业，我被调剂去学习法学专业，从此，我便在法律的世界中徜徉徘徊，进而走上了这条学习和研究法学问题的"不归路"。的确，选择总是充满着未知和不确定性，一个看似不经意的选择足以改变整个人生轨迹。

　　我一向认为自己有文科的天赋，面对大多数人认为枯燥、乏味的法条、概念，我却相当感兴趣，每次上课都喜欢"抢占"第一排的位置。回想起来，本科时代的学生生涯是努力学习的四年，令人回味。当时法学专业的课程很多，特别是大二的时候，几乎每天都是 10 节课，每天六点多起来，跑去教室占座位，晚上 9 点下课后，我还要留在教室里复习老师一天讲过的知识。虽然我的大学生活太过书生意气，但它却奠定了自己进一步深造的兴趣和知识基础。

　　2006年本科毕业以后，同学大多数选择了工作，去开启人生新的航向。我选择安心复习司法考试，因为我无法抛弃我的专业，对于一名法学本科毕业生来说，如果还想从事本专业，除了继续深造以外，就只有通过司法考试这条路了。考研对于我来说曾经是认为一辈子无法实现的梦想，大学本科虽然我的专业课成绩非常突出，但是英语成绩无法让我继续求学的梦想。毕业季我选择了安心复习司法考试，虽然看到同学们都安定下来有了工作难免有些不淡定，但是为了自己的理想我只能孤注一掷。付出是否都有回报我不清楚，但是我成功了，2006年我通过了国家司法考试，拿到了梦寐以求的法律职业资格证书。之后，我在律师事务所找到了一份工作。但是在工作3个月后，我的好友孙鸥与刘茜双双考上同济大学国际法专业的研究生，我藏在心底的学术梦想被唤醒。不过对于我来说，英语似乎真的是无法克服的障碍。经过7天的内心挣扎，我辞掉了工作，拿着一个行李箱，离开江西，到广州学习日语。如今再次想起自己当时的举动，还觉得非常的冲动，不过，年少的轻狂有时也未必是一件坏事。第一周学习日语，我创造了背下800多个日语单词的"记录"。在学习日语4个月，政治没有复习完毕的情况下，我参加了研究生入学考试。这一次，幸运女神再次眷顾了我，我如愿考取了江西财经大学刑法学专业的硕士研究生。所有人都认为这是个奇迹，其实只有自己知道，每天上日语学习班学习6小时，我来回的车程就要4小时，回家后继续复习老师讲过的内容，考试前夕我的颈椎不堪重负，坐在椅子上就往下滑……这个所谓的奇迹是靠我的努力换来的。来到财大，经历了和本科阶段完全不一样的人和事，财大的老师基本都是北京名校毕业的博士，而我的硕士生指导老师是我见过的第一个法学博士，入师门的第一天我就立志要成为和硕导一样的人，于是，到北京读博士成为我下一个人生的目标。硕士阶段的学习是愉快的，我要感谢我的硕士生导师黄华生教授，甚至可以说如果没有他的鼓励和提携，自己可能没有机会读博、选择学术。从硕士到博士，恩师为我的成长进步提供了很多帮助。正是在他的悉心栽培下，我得到了不少发表论文的锻炼机会，而每一次的锻炼都是自己迈步向前的助推器。黄老师是至情至性至真之人，对生活和追求有过人之处。三年读研生活，受教于黄老师之处甚多，黄老师学问的高度和深度给了我深深的震撼。即便读博时身在北京，工作后远赴广州，背后仍然有其默默关注的目光，经常打电话，询问我的生活及工作情况。

2011 年，我进入北京师范大学刑事法律科学研究院攻读刑法学博士学位，师从著名刑法学家储槐植先生。来到北京，的确是不一样的天地。在这里，曾经顶礼膜拜的学者大师竞相云集，你有机会当面聆听他们的教诲；在这里，才华横溢的年轻人处处皆是，你可以和他们一起砥砺学问、畅谈人生；同样在这里，各种学术讲座和国际会议应接不暇，无论在知识还是视野上你都能大获裨益。博士生活是充实而值得回味的。在这三年里，汲取营养、积淀知识仍然是重要的主题，但我尝试着从一个纯粹的学习者向初浅的研究者转变。伴随着角色的转换，我开始撰写刑法学方面的学术论文，并学习如何申请和完成科研课题。虽然略显稚嫩，但每当捧起自己印成铅字的文章，心里总是会泛起几丝激动的涟漪。所有这些论文写作的经历都构成了自己学位论文不可或缺的前提。

谈到博士论文写作，这的确是一段奇特异常的"旅程"。博士论文的选题让我头疼了一年，从初始想法到最后成文，整篇文章已经面目全非。尽管一开始就构建起一个总体性的框架，但每一次的思考和讨论都可能修正之前的假设，甚而推翻既有的想法。查阅文献耗时费力而又极其枯燥，因为你不得不从浩如烟海的著述中去找寻选题的正当性理由。具体写作的过程同样挑战重重，当思路清晰时会感到才思泉涌，一天洋洋洒洒几千字；但如果遇到脑子短路，伏在案头半天也憋不出一个字来。好不容易拿出论文初稿，修改也是件头痛的事情，有时为了结构合理不得不忍痛删去大段大段的文字。但无论如何，当论文最终完整呈现在面前时，所有的困难艰辛都转化成了欣慰的笑意。

2014年我顺利完成博士论文答辩，于同年7月进入广东警官学院法律系工作。工作之后，我并未放弃博士论文这一"小众"的研究内容，而是在之前理论研究的基础上，通过到公、检、法等实务部门开展调研，了解实践中事后自动恢复问题的动向，进一步丰富自己的研究成果。其间发表相关学术论文5篇，其中4篇为CSSCI来源期刊，为2016年获评副教授奠定了基础。2016年获评副教授后，2017年7月本人通过"双千计划"到广州市公安局法制支队挂职锻炼，"五加二，白加黑"的工作节奏让平时从来不坐班的我有些招架不住。但在挂职过程中，我接触到了很多司法实践中亟须解决的问题，开拓了研究的视野，在一年的挂职锻炼结束之后，我发现有很多内容可以充实到自己的这篇博士论文中，对事后自动恢复也有了更进一步的思考。学术水平提高的同时，我对人民警察这份职业也多了一份理解和敬畏，很感恩这段经历让我能够近距离接触、了解这群和平年代最可爱的人。2018年7月，我结束在公安机关的挂职锻炼，于同年9月调入广东工业大学，在新的岗位上我开始思考将博士论文修改出版，以期得到更多同仁的批评指正，并希望更多的人能够关注到刑法事后自动恢复这一领域。

尽管在追求学术的道路上刚刚起步，但回望过去自己已经走了很远。一路过来，有太多的人需要感激，无数的名字值得铭记。最诚挚的谢意首先要送给我的博士生导师储槐植先生。还在读硕士的时候，我就看过先生的《美国刑法》与《刑事一体化》两部书籍，当时就被先生的学术造诣所折服。拜师至今，先生对我的影响更可谓至远至深。先生在刑法学界的地位和成就，浅薄如我辈，不敢置说一词。我只想说说，作为跟随先生读书的学生，在读博三年中的一些感受。

先生对学生的真诚和负责的态度，我感受至深。跟随先生读书三年，我的每一篇学术论文，先生都逐字逐句地阅读、修改。即使当时已经 80 岁高龄，每个月，先生和我都有一两个小时的固定谈话。先生治学，注重研究方法的指导，并不苛求学生与自己研究方向的一致性与观点的一致性。先生对于学生的做人与学术是严格的，但是先生对于后辈学人研究上存在的问题，总是在先肯定总体的前提下指出，所以先生在弟子们看来是宽容的，与先生相处，从无压力，可以畅所欲言，毫不拘谨。

先生富有激情的学术想象能力，我感受至深。先生治学领域之广、之大，学界对此有目共睹，自然无须后辈赘言。"观山则情满于山，观海则情溢于海"，先生著作虽然称不上汗牛充栋，但是其所倡导的刑事一体化是一座刑法学领域的思想宝库，成为刑法学界诸多后生弟子自觉的学术努力方向与追求。先生的刑事一体化思想影响了整个刑法学科建设的方向，这可以说是先生带给刑法学界宝贵的财富。先生在 1989 年针对刑法结构调整所提出的"严而不厉"的思想，得到了刑法学界和司法实务界的高度认同，我国刑事立法的发展也正在经历由"厉而不严"向"严而不厉"的结构性转变。这是先生为我国刑法体系与刑法结构的完善作出的独特的理论贡献。

以上先生教给我的东西，在学生的未来必将留下深深的烙印。

除了先生之外，这本专著，也凝聚着其他人的力量。非常感谢论文开题的时候，吴宗宪教授、刘志伟教授、王志祥教授给我提的修改意见，让这篇论文增色不少。非常感谢预答辩的时候，赵秉志教授、卢建平教授、左坚卫教授、周振杰教授、黄晓亮教授提出的修改意见，使这篇博士论文最终得到了优秀的外审结果。非常感谢刑科院传道授业解惑的高铭暄先生、王秀梅教授、李希慧教授、黄风教授、蒋娜教授……各位先生渊博的专业知识、诲人不倦的高尚师德让学生受益终生。非常感谢周振杰教授提供的大量的日文资料，大大开拓了我的研究视野。

感谢我的同学兼室友马云雪博士后，读博三年和你相处，喜笑欢颜，此乐何极！感谢我的朋友杨志博硕士在我写论文、找工作期间充当我的精神"垃圾桶"，听我发牢骚。感谢同学全翼翔博士在台湾访学期间对我的照顾。感谢北师大刑科院2011级博士班全体同学，同窗三载，受益良多。

感谢广东警官学院任克勤教授、夏蔚教授、沈晓敏教授、苑民丽教授在我工作中给予的帮助，让我完成了从学生到教师的转变。感谢广东警官学院何国强教授、戴鹏老师、高达博士、赵欣老师、褚婷老师，广东技术师范大学肖扬宇副教授，广州大学郭明博士、程荣芳女士，这些同龄的朋友在我工作和生活上给予的鼓励和支持，陪我一路走到现在。感谢广州市公安局我曾经一起工作过的同事们，是你们让我对学术和人生有了另外一份体会和感悟。感谢广东工业大学政法学院黄培清书记、邵俊武院长以及同事们对我的关心、支持和帮助，让我很快融入了新的工作环境。

感谢我的家人在我读书时给予的全力支持，没有你们的支持我很难顺利地完成专著的写作。如果感谢仅仅因为出于后记写作的必要才出现，从而流于形式的应付，那么在我不说也罢。但是正如米兰·昆德拉在《不能承受的生命之轻》中说："我不能对过去所发生的一切视而不见，从而忽视我生命中的美丽"一样，生活首先是活着，然后才是一种经验和意义的获得。如庾信所言：

"是知青牛道上，更延将尽之命；白鹿真人，能生已枯之骨。虽复拔山超海，负德未胜；垂露悬针，书恩不尽。蓬莱谢恩之雀，白玉四环；汉水报德之蛇，明珠一寸。某之观此，宁无愧心。直以物受其生，于天不谢。"一种特殊的虔诚让我认为拥抱别人的恩惠就是上帝，这又怎么一个谢字了得！

所有的一切，都过去了。无论何时何地，我都感谢这段过去的日子，它们再也不会回来，现在和将来的我从那些日子穿过，也会从弱小走向强大。在后记的最后，我用最喜欢的一首词作为结束语，与诸君共勉。

独立寒秋，湘江北去，橘子洲头。看万山红遍，层林尽染；漫江碧透，百舸争流。鹰击长空，鱼翔浅底，万类霜天竞自由。怅寥廓，问苍茫大地，谁主沉浮？

携来百侣曾游，忆往昔峥嵘岁月稠。恰同学少年，风华正茂；书生意气，挥斥方道。指点江山，激扬文字，粪土当年万户侯。曾记否，到中流击水，浪遏飞舟？（毛泽东——《沁园春·长沙》）

闫　雨

2021 年 2 月 28 日于广州